¡Plan BB!

¡Plan BB!

La manipulación
del milagro de la vida

Helga Valdés

EDICIONES URANO
Argentina — Chile — Colombia — España
Estados Unidos — México — Uruguay — Venezuela

1ª edición: octubre, 2015.

© 2015 by Helga Valdés Fiehn
© 2015 by EDICIONES URANO, S.A.U. Aribau,142, pral.—08036, Barcelona
EDICIONES URANO MÉXICO, S.A. DE C.V.
Avenida de los Insurgentes Sur #1722, 3er piso, Col. Florida, C.P. 01030
Álvaro Obregón, México, D.F.

www.edicionesurano.com
www.edicionesuranomexico.com

ISBN: 978-607-748-003-7

Fotocomposición: Marco Bautista

Impreso por Impresos Vacha, S.A. de C.V.
José María Bustillos No. 59, col. Algarín
C.P. 06880, México, D.F.

Impreso en México — Printed in México

A Jaime, mi centro.

A mi padre, por su inquebrantable espíritu.
A mi madre, por su esencia luchadora
y sus ánimos inagotables.
A Pablo, por su eterno apoyo.
A mi *Tita*, por enseñarme a *bastarle
a cada día su propio afán*.
¡Gracias por su amor sin límites!

Y a todas las maravillosas personas
que forman parte de esta historia.

Capítulo uno

Comencé a tomar pastillas anticonceptivas un mes antes de la boda. No quiere decir que no hubiéramos experimentado antes; no compraría la mercancía sin asegurarme de que funcionara de manera satisfactoria, pero fue hasta entonces que decidimos usar las píldoras durante dos años después de casarnos. A Jaime no le gustaba usar condón. "No se siente lo mismo", decía refunfuñando.

Tras la boda y la luna de miel, estuve un mes en nuestro nuevo hogar antes de volver al trabajo, por lo que tuve tiempo de poner en orden lo que sería nuestra morada. En un inicio, el comedor estaba conformado por una mesa de madera, blanca y ovalada, y unas sillas plegables que pertenecían a mi departamento de estudiante. Había llegado a Monterrey ocho años atrás para estudiar en el Tec, pues en Chihuahua, donde viví hasta los dieciocho años, no se ofrecía la carrera que elegí para ejercer mi vocación de comunicóloga y, dicho sea de paso, para salirme de mi casa en donde me sentía sofocada; no me permitían vivir con la libertad que los adolescentes anhelan. La beca que conseguí por buen rendimiento académico me permitió obtener mi título pero, un año antes de la graduación, me vi en la necesidad de conseguir trabajo para cumplir mi sueño de irme de mochilazo a Europa. Mis padres no me costearían un quinto. Además de que era una época difícil para ellos en cuestión económica, no me darían la plata para que me fuera al viejo continente, a la buena de Dios.

Concluido el verano, el trabajo me becó para que continuara con mis estudios de posgrado en Mercadotecnia, donde mi vida se cruzó con la de Jaime en una excursión a Matacanes, organizada por la Escuela de Graduados del Tec. El atractivo de ir a ese lugar era vivir una experiencia extrema. Un recorrido de diez horas sobre un río color turquesa, con suelo pedregoso y obstáculos de riscos, túneles y saltos de doce metros en medio de peñascos y formaciones rocosas, me resultaba muy excitante.

Y así fue.

Conseguí un marido.

Desde que formalizamos nuestra relación y fantaseamos con nuestro futuro, platicamos de los hijos que queríamos tener. Hasta consideramos los nombres, pero estábamos decididos a disfrutar de nuestro idilio durante dos años, antes de comenzar a cambiar pañales.

¿Y cómo no pensarlo si desde pequeñas a eso juegan las niñas? Las muñecas son los regalos que reciben de cumpleaños o en Navidad. En una ocasión, una amiga tenía como novedad una muñeca que hacía pipí; había que sentarla en su bacinica cuando lloraba, limpiarla y colocarle un nuevo pañal.

Yo le tenía mis reservas a esa mona, aunque viera que mi amiga la rellenaba con agua, la imaginación infantil nos hacía creer que en realidad se orinaba. ¿Qué afán de tener una muñeca así? No me parecía atractivo ocuparme de esos menesteres a tan temprana edad.

En cambio, ser mamá de animales me resultaba encantador. Fui una consagrada madre de diversas mascotas (si no tomamos en cuenta los dos conejos que fallecieron a causa de la secadora, tras un buen baño caliente con Head&Shoulders). "Tu casa parece un zoológico", decían mis amigas.

En el recibidor retozaba *Sabrina*; una gata cuyos largos pelambres blancos y ojos azul cobalto le daban la finta de ser una micifuza de angora, pero al llevarla con el veterinario nos enteramos de que no era de angora ni micifuza: tenía testículos. Aun así, continuó siendo *Sabrina*; total, el nombre de travesti ya lo tenía.

En el patio, ladraba *Neuwmann*, un gran danés más negro que la noche, con un diamante blanco moteado en el pecho. "Parece caballo", decían los vecinos.

En mi habitación tenía varios *roommates*: *Jack*, un goldfish anaranjado; *Vainilla* y *Chocolate*, dos hámsteres que no hacían otra cosa que dar vueltas en la rueda, más rápido de lo que mis neuronas giraban en mi cerebro. *Pepe Perico*, un loro postrado en una dorada jaula que hacía las veces de mi despertador por las mañanas y *Anastasia*, una tortuga que vivía en un minúsculo oasis de plástico azul con piedras verdes.

Junto a la mesa del comedor vivían *Melquiades* y *Lola*: un conejo color *muffin* de chocolate y una inquieta codorniz. No cabía duda, era yo una buena madre para educar y alimentar a tantos hijos.

—Esta casa huele a granja. No podemos estar todos aquí. Decide: los animales o yo —sentenció mi mamá con su enfático y autoritario tono alemán.

—Los animales —contesté sin titubear, lanzándole una mirada de por qué me preguntas lo que es obvio.

También jugaba con la Barbie, con su esposo Ken y sus hijos, en una casa en donde reinaba la felicidad. Ese era el *chip* que a todas las niñas nos implantaban. Al crecer, debíamos ser nosotras esas lindas mamás y bellas esposas, con un guapo marido y retoños perfectos. ¿Qué tan difícil podría ser lograrlo? Era lo más básico que una mujer podía ambicionar.

Cuando concluyeron los dos años de matrimonio llegó el momento de dejar los anticonceptivos para iniciar la tercera etapa de la vida: reproducirnos. Era ese el motivo por el que todo ser humano viene a la tierra, según los libros de ciencias naturales, la iglesia y la sociedad.

Pasaron tres meses y nada. Seis, ocho, diez meses. Fui al ginecólogo, y al realizarme un ultrasonido sus palabras fueron: Todo se ve perfecto; como libro de texto. Con seguridad pronto germinaría la semilla. Había oído y leído que no es tan fácil embarazarse durante el primer año, y que hasta después de ese tiempo es cuando los doctores comienzan a hacer estudios para revisar si algo anda mal. Pero nada de qué preocuparse, era el tiempo normal, así es que lo más probable era que en un par de meses estaría haciéndome la prueba casera y gritando con júbilo: "¡Jaime! ¡Jaime! ¡Estamos embarazados!".

No sucedió así.

Capítulo dos

Después de un año de eclipsados intentos, inició la travesía: ginecólogos aquí, ginecólogos allá; estudios aquí, estudios allá. Gastos, gastos y más gastos.

—Te voy a mandar hacer una histerosalpingografía —me dijo un renombrado doctor.

—¿*Histerosalpiqué*? —pregunté pestañando sin tregua. «Sí, puedo llegar a ser algo histérica, pero qué tenía que ver eso con mi imposibilidad para quedar embarazada», pensé.

—Es una radiografía para revisar que las trompas de Falopio no se encuentren obstruidas —contestó el médico, llevándose el dedo a la sien. Esa definición me pareció más razonable.

Tocar el tema con Jaime era cada vez más tenso, pues todos los resultados de mis estudios estaban bien; sin embargo, con sus resultados el panorama no pintaba igual. Sus conteos espermáticos estaban por debajo del promedio, y, aunque sí había espermas de buena calidad, nadaban poco, lo cual dificultaba su llegada hasta mi óvulo.

Fue para Jaime un golpe bajo enterarse de que

"sus niños" no nadaban con la velocidad necesaria. Su ego se desmoronó y, como consecuencia, se culpaba de la situación. Como si fuera un frágil y temeroso caracol, utilizó su caparazón de espiral para refugiarse; cada vez que yo intentaba hablar del asunto, me miraba como si lo quisiera atacar y protegía sus tentáculos dentro de su concha, iniciando un baboso distanciamiento entre nosotros. Para mí, no era cuestión de encontrar responsables; era un regalo que debería venir de allá arriba.

–El que no te pueda embarazar me hace sentir muy mal. Perdóname, flaca, quiero darte un hijo pero no puedo, *mis pinches balas son de salva* –me dijo Jaime un día en el que su carga emocional le ganó a su orgullo.

–No seas tonto –lo consolé dulcificando la voz–, la cosa no va por ahí; no te amaré menos por esto. Estamos juntos y no es error de nadie, son sólo circunstancias.

Yo sabía que sus bajos conteos requerían de asistencia médica y al insinuarlo con sutileza, mi marido se ofuscaba. Sin embargo, como toda esposa que no deja de molestar hasta conseguir lo que quiere, insistí tocando el tema desde diferentes ángulos y con distintos matices, hasta que Jaime accedió a ir al urólogo.

–Voy bajo protesta –decía mientras manejaba–, y que quede claro que soy muy hombre y que esto sólo lo hago por ti y porque te amo.

En ese momento entendí la razón de su resguardo, para él resultaba descomunal ser el culpable de nuestra desventura. No eran sus tentáculos los

15

que intentaba proteger, sino sus testículos. Me hizo mucha gracia su comentario y tuve que morderme la lengua para no soltar la carcajada porque no estaba *el horno pa'bollos*, sólo asentí.

–Claro, amor, te lo agradezco y valoro este sacrificio que estás haciendo –me costó trabajo no sacar a relucir que para mí tampoco era placentero que cada doctor que me revisaba introducía en mi vagina un armatoste con forma de pene para hacerme el ultrasonido, pero preferí comportarme como una bella dama y evitar una discusión sin sentido.

El urólogo le revisó sus partes nobles que nunca antes habían sido tocadas por otro hombre, desde que tenía uso de razón. Le recetó vitaminas y suplementos y aseguró que con eso sus espermas estarían nadando como Michael Phelps. No obstante, debíamos de esperar tres meses para comenzar a notar resultados positivos, pues ese es el tiempo que tardan los espermas, desde que se producen hasta que salen. Así que, mientras tanto, mi marido tenía que atiborrarse de cápsulas.

Esperamos uno, dos, tres, cuatro meses: espermograma. Había mejoría, pero muy poca, lo cual hizo que Jaime maldijera al doctor y a sus "mugrosas vitaminas caras que no sirvieron para una fregada".

Dejé pasar algún tiempo para que el tema se enfriara y poder retomarlo con más calma. El futuro era prometedor: los avances de la ciencia facilitarían el embarazo, aún con los resultados poco favorecedores de Jaime.

—Te recomiendo al doctor Wasanga. ¡Es buenísimo! Ha resuelto el problema de muchas mujeres que ya habían intentado con todo —me dijo mi amiga Mayra.

La recepción del consultorio del especialista estaba tapizada de fotos de bebés que trajo al mundo; algunas de gemelos, otras pocas de trillizos. Cada imagen tenía una dedicatoria de agradecimiento por parte de los padres a Wasanga por haberles concedido su milagro de vida.

Para este doctor, las balas de Jaime no eran de salva, aunque tampoco eran unas 44 Magnum, tenían un calibre más que suficiente para dar en el blanco. Tras revisar nuestros resultados, el doctor nos volteó a ver, se acomodó los lentes con una mano y pasó la otra entre su cabello rizado y castaño. Suspiró y dijo:

—Con estas cuentas espermáticas podemos lograr el embarazo a través de la inseminación artificial. Es un procedimiento tan sencillo que lo hago aquí en el consultorio. Te voy a recetar un medicamento para estimular tus ovarios, después haremos que revienten los óvulos que se generen. Jaime tiene que ir al Instituto de Infertilidad de aquí enfrente a dejar una muestra de semen, la cual van a capacitar. A las dos horas recogen la muestra y vienen para que a través de un pivote coloquemos los espermas directo en tu útero, así, el esperma busca su camino hacia el óvulo maduro. La ventaja de este procedimiento es que el recorrido del esperma es más corto y menos riesgoso.

Abrí los ojos como venado lampareado.

—¿Cómo? ¿Capacitar a los espermas? —era demasiada información para ser procesada en tan poco tiempo—. Necesito que me explique con más calma y me apunte las instrucciones —agregué confundida.

—No te apures. Los voy a ir guiando paso a paso para que todo salga bien —me tranquilizó el doctor, con una sonrisa de este caso *es pan comido*.

Nos preparamos para la inseminación artificial siguiendo cabalmente las instrucciones. El día en que estaba programada la función, Jaime fue al Instituto de Infertilidad a dejar su muestra espermática.

—¿Cómo te fue, amor? —indagué a su regresó.

—De la chingada. Esa sí fue una jalada, literal.

—¿Por qué? —pregunté con cierta serenidad que parecía genuina, pero por dentro me sentía alterada. Mis óvulos ya estaban listos para ser fecundados, necesitaba que los espermas de Jaime estuvieran "capacitándose" para entrar en mí.

—Había como seis tipos haciendo fila para usar el *masturbatorio*. Se tardaban demasiado, si esperaba mi turno se iba a hacer tarde para llegar con el doctor. Ya estaba veinte minutos retrasado y estresadísimo pensando: «Apúrense, que se le pasa el tueste a mi mujer». Mejor me fui al baño.

—¿Y qué? ¿Estaba asqueroso? —traté de adivinar.

—No, estaba limpio; pero no estuvo *cool*. Ahí estaba yo *cañangueándomela* y el vato de junto cagando. ¡Fresco el buqué primaveral! —dijo sarcástico.

—¿Pero dejaste la muestra?

–Sí. Al final, todo bien. Espero que la tengan lista a tiempo –me tranquilizó a medias.

Después del lapso estimado, regresamos al Instituto para recoger a los mejores espermas, con la intención de que el más hábil sacara la casta por nuestro equipo. En el camino, íbamos planeando la logística para tardarnos lo menos posible y estar en punto con Wasanga. Era el primer cometido de este tipo y ambos estábamos nerviosos.

–Tú te bajas a recoger la muestra, mientras yo le doy la vuelta a la cuadra para no entrar al estacionamiento, porque tendríamos que salir a Constitución, y volver a agarrar Hidalgo –me dijo Jaime.

Llegamos y me bajé presurosa. Se me hacían eternos los segundos en los que el elevador tardó en llegar a la planta baja, para subirme y presionar el número cinco. Como hecho a propósito, el mentado elevador se paró en cada piso. Señoras embarazadas o con recién nacidos en carriolas subían y bajaban; parecía un montacargas más que un ascensor.

En cuanto se abrieron las puertas salí vertiginosa. Tenía prisa, mucha prisa. Aún así alcancé a ver con detalle a la enfermera que me recibió en el *lobby*; pechugona y de contorneadas caderas. La bien dotada mujer cruzó una puerta que decía: Sólo personal autorizado. No supe más de ella en los siguientes diez minutos. Pensé que su puesto era estratégico en ese sitio. Tal vez el mirarle con discreción el escote ayudaría a los clientes a agilizar el motivo de su visita. Me senté en un cómodo sillón verde con descansabrazos de madera lustrosa y tomé la revista *TvNotas*. Ninel Conde, sensual, posaba en la portada. La comencé a hojear, pero me pareció que algunas páginas estaban pegadas entre sí. Tuve un desagradable pensamiento y me quedó claro que con la enfermera no era suficiente. La aventé en el revistero y, con asco, unté en mis manos gel antibacterial. Preferí tomar una *Hola* que estaba sobre la mesa de centro; me pareció más nueva, o menos usada, y de portada más discreta. La revisé sin prestar atención a lo que veía, mi mente estaba ya en el consultorio del ginecólogo. Los chismes de la realeza, que en otras ocasiones me pudieron interesar, esta vez me pasaron en blanco. No me importó que Felipe y Letizia vacacionaran en Mónaco, ni tampoco que la reina Rania apoyara a la sociedad de cáncer de Jordania. Quería tener en mis manos el tarro con los campeones elegidos y correr.

Por fin, la llamativa mujer salió del cuarto restringido y me entregó el frasco con un sobre cerrado. Sabía que dentro del sobre me encontraría un reporte con el número de millones de espermas, así como el porcentaje de los que eran normales, móviles y buenos candidatos. No lo abrí; decidí apurarme para que Jaime no tuviera que dar más vueltas a la cuadra; en diez minutos debíamos de estar con el doctor, no había más tiempo. Salí del Instituto y me subí al coche de inmediato.

–¿Por qué te tardaste tanto? Tuve que dar tres vueltas.

–Los inútiles no tenían lista la muestra; pero vamos a tiempo. Tranquilo –respondí.

—¿Viste los resultados? —me preguntó intrigado.

—No, me iba a tardar más, ¿quieres que los vea ahora?

—No, ya déjalo. Mejor pídele al de al lado que me dé el paso para no tener que llegar hasta el semáforo.

Cuando entramos a la recepción de Wasanga, ya nos estaban esperando. Pasamos a un consultorio diferente al que me habían atendido las veces anteriores. No me gustaba la palabra "inseminación"; me hacía sentir una vaca. Me recordaba el rancho de mi abuelo en donde se inseminaba a las hembras del ganado para lograr becerritos de buena percha. Y ahí estaba yo, acostada en el filo de la camilla, con las piernas abiertas cubiertas por una sábana desechable azul, esperando a que el pivote entrara lo más profundo posible, para conseguir un hijo de nuestra percha.

Wasanga tomó el recipiente con los espermas y se lo pasó a su enfermera, una mujer espigada que debía rondar los sesenta años, con el cabello corto pintado de negro. Ella preparó el instrumento mientras el doctor abría el sobre.

Tras un breve silencio, Wasanga cuestionó a Jaime con un agrio semblante.

—¿Había mucha gente en el Instituto?

—Bastante. Seis personas haciendo fila antes que yo.

—¿Eres muy estresado? —volvió a preguntar, mirándolo como si lo fuera a hipnotizar.

—Casi no, pero hoy sí estuve algo apurado y nervioso.

—¿Por qué, doctor? –intervine, frunciendo el ceño.

—Este es el peor resultado que ha tenido Jaime –dijo acariciándose el mentón–. En los estudios que me mostraron con anterioridad, aunque no eran los ideales, se apreciaba un buen conteo para tener éxito con una inseminación, pero hoy tenemos un resultado muy por debajo del promedio, incluso como para lograrlo con un procedimiento asistido de este tipo.

Palidecí y se me erizó la piel. ¿Qué significaba eso? Los dos nos quedamos estupefactos y callados esperando a que el doctor terminara su dictamen.

—Vamos a realizar hoy la inseminación, pero mañana repetiremos el procedimiento. En estos tres días tus óvulos van a estar receptivos –dejó la hoja y me miró por encima de sus delgadas gafas de titanio–. Pasado mañana van a tener relaciones sexuales de manera normal, para acrecentar la tasa de éxito.

La enfermera pretendió que todo estaba perfecto y sostuvo el pivote con *la melcocha*. Con voz aguda y pisándose la lengua, se atrevió a decir:

—Con estos muñecos vas a tener a tu bebé; son más que suficientes. Nada más con que no se hayan equivocado en el Instituto y te hayan dado los muñecos de alguien más. Imagínate que fueran siendo de un japonesito y que tu hijo salga con los ojos rasgados.

Forcé una sonrisa. El doctor, acostumbrado a las ocurrencias de su enfermera *hizo oídos sordos* y se abocó a inyectarme "los muñecos" a través de la cánula. Jaime, pasmado desde que supo que era su peor conteo, permaneció como estatua, parado a mi lado, sosteniéndome la mano, tenso.

La enfermera se quedó quieta en la esquina de la habitación, con la cabeza agachada, las manos entrelazadas y los ojos cerrados, susurrando un padrenuestro y luego un avemaría. Una vez que su jefe terminó la maniobra, y ella sus plegarias, dijo:

—Y ahora, la receta secreta para darle una ayudadita a Dios y al doctor; voltéate de cabeza.

Entre Jaime, el doctor y doña Graciosa, me giraron en la camilla para que mi cabeza quedara más abajo que mis pies; de esa manera, mi cadera estaría un poco desnivelada. Doña Graciosa no vaciló en poner un pequeño cojín bajo mi espalda para incrementar un poco más la inclinación. Permanecí pélvicamente inmóvil durante media hora, para después incorporarme y hacer mi vida normal, según el especialista.

—Pero, de preferencia, descansa el día de hoy y mañana nos vemos para repetir el procedimiento.

Ahí estábamos al siguiente día de nueva cuenta en el Instituto. En esta ocasión, Jaime pudo usar el *masturbatorio* con tranquilidad y no hubo tanto estrés. Recibí la muestra de manos de la pechugona en cuanto pregunté por ella en el Instituto, y abrí el sobre con los resultados espermáticos de mi marido. De manera mágica el conteo era mucho mejor que el del día anterior. Nos alegramos de los resultados favorables. Llegamos optimistas y a tiempo con Wasanga y todo transcurrió de igual forma: la cánula penetrándome, doña Graciosa rezando, Jaime tomándome de la mano y, entre los tres poniéndome de cabeza.

Al día siguiente, hicimos el amor bajo las instrucciones médicas; en la comodidad de nuestro hogar, en el cálido ambiente, con el tiempo y la sensualidad merecida. Si quedaba embarazada, no sabría qué conducto fue el que situó al esperma ganador. Desconocería en dónde había ocurrido la maravillosa y milagrosa unión de nuestras células, ¿en el consultorio del doctor o en mi lecho conyugal? No importaba, lo importante era el resultado.

Negativo. El resultado fue negativo. No hubo necesidad de ninguna prueba casera, ni mucho menos de laboratorio. Mi temible monstruo llegó a tiempo, como estaba biológicamente programado. Él no sabía de manipulaciones médicas ni de artificios de la ciencia; él sólo cumplía con su deber: llegar y joderme la existencia.

CAPÍTULO TRES

–*Kiiiringgggg. Kiiiringgggg.* Inhalen, exhalen. Inhalar es inflar, exhalar es desinflar –decía una voz grave, pero dulce a la vez, mientras estábamos acostados sobre unas colchonetas en un salón con piso de duela laminada en color arena.

Las luces se encontraban apagadas. Faltaba un cuarto para las diez de la noche y lo único que se veía a través del ventanal que fungía como pared era la nebulosidad de la sombra y, si acaso, algunos faros de las calles adyacentes. Con suerte, una estrella. Pero no debíamos mirar; teníamos que permanecer con los ojos cerrados durante nuestra meditación.

–Imaginen el color amarillo en su mente. Amarillo, amarillo, amarillo –continuó diciendo la misma voz, agudizando la penúltima sílaba–. Un amarillo tenue. Sigan respirando profundo; con calma. En el centro de ese color amarillo brota una gota de color azul. *Kiiiringgggg.* Mezclen los colores: el azul girando en el amarillo; como un vórtice. Vean cómo se entremezclan esos matices, poco a poco se van uniendo. Inhalen –tomaba aire permitiendo que las volátiles partículas que había en el ambiente se adentraran por su nariz–, exhalen –soltaba el aire con un pequeño resoplido–. En su mente, los colores se siguen mezclando, se mezclan, se mezclan. Ahora, agreguen una gotita de color rojo. Fusionen los tres colores hasta lograr un tono violeta, morado muy sutil; un color lila. Quédense con ese color en el pensamiento por unos minutos más. No se olviden de inhalar y exhalar, repitan este sonido en su interior: *Kiiiringgggg*.

Cuando la maestra nos guiaba, yo seguía sus instrucciones, pero al dejar la meditación a nuestra total responsabilidad, me costaba trabajo mantenerme relajada. La loca de la casa, es decir, mi mente, comenzaba con sus boberías. «Sería mejor si tuviera una cobija; tengo fríos los pies... ¿Quién diablos está roncando? ¡Qué falta de respeto para los que estamos tratando de concentrarnos!... ¿Quién se movió? ¿Por qué se mueven? Hacen ruido... estoy perdiendo mi kirring... ¡A ver, chula, concéntrate, amarillo y azul, mézclalos; rojo, mézclalos! Color lila en tu cerebro... ¿Lila gay o lila lavanda?»

–Abran sus ojos. Estírense. Incorpórense despacio –dos de los *spots* se encendían, pero no iluminaban la sala completa, sólo una luz tenue para encontrar nuestros zapatos y no calzar el de alguien más–. Namasté.

Jaime y yo nos levantábamos y salíamos del *Curso de Milagros* al que nos habíamos inscrito; todos los martes de ocho a diez de la noche. Se impartía en un recinto que nos quedaba cerca, por lo que la distancia no era problema. ¿Cómo convencí a mi marido para que se inscribiera conmigo en ese curso? No fui yo. Fue uno de sus colegas quien lo animó. Si la recomendación venía de un tercero, un profesionista exitoso en quien él confiaba, debía de ser bueno.

A mí me encantó la idea, todo lo que tuviera que ver con cosas raras, esotéricas, espirituales o aprender sobre los milagros me pareció muy oportuno. Estábamos planeando nuestra cuarta inseminación artificial, necesitábamos un milagrito. Si no venía del cielo, teníamos que aprender a crearlo nosotros mismos.

El curso estaba basado en un libro del mismo título; un manual de "tecnología espiritual" cuyo objetivo era recuperar la paz interna a través de un entrenamiento mental para activar las puertas de la conciencia unitaria la cual, trasciende todo, decía Aimeé, nuestra maestra.

–¡No inventes! ¿Qué onda con el que estaba roncando durante la meditación? –le dije a Jaime cuando íbamos de regreso a casa.

–¿Estaban roncando?

–¿No escuchaste?

–No. Me quedé dormido.

–¡Jaime, fuiste tú! Con razón oía los ronquidos tan cerca. Eres un descarado. ¿Cómo te quedas dormido y te pones a roncar interrumpiendo la meditación de los demás? –protesté divertida de saber que era mi propio marido quien se entrometía en mis pensamientos cósmicos.

–Eso es lo único que disfruto de venir a estos cursos. Se duerme tan a gusto –se justificó con una sonrisa ladina.

Durante tres meses asistimos al *Curso de Milagros*. Cada sesión cerraba con las meditaciones guiadas por Aimeé. De estatura baja, cabello rojizo y cincuenta y tantos años, se veía una señora culta, preparada y con estudios. Entre los temas destacaban el poder de crear con nuestra mente, el poder del perdón y el poder de hacer un examen de conciencia desde nuestra infancia, y de detectar a aquellos "tiranos" que nos habían lastimado o agredido en la vida. Uno de los objetivos era sanar nuestra alma.

***

–Siéntense con las rodillas flexionadas y crucen sus pies: el derecho sobre el izquierdo. La columna recta, mas no tiesa, y las manos sobre los muslos con las palmas hacia arriba. Junten el dedo pulgar con el dedo índice formando un pequeño círculo. Vamos a alinear y a desbloquear los chakras, que son nuestros centros energéticos y absorben la energía universal para alimentar nuestra aura y emitir energía al exterior. Los chakras unen el cuerpo físico con el cuerpo energético –dijo Aimeé–. El primer chakra es la base. Cierren los ojos y piensen en el color rojo. Centren toda su atención en el punto que está en el perineo; entre los genitales y el ano. La prosperidad de este chakra es la persona madura que camina hacia su destino. Desbloqueen el miedo. Cuando esta área no está alineada podemos experimentar una sensación de abandono, depresión y baja autoestima. Piensen en el color rojo. Rojo, rojo, rojo. Repitan en su interior: "Yo soy uno con todo lo que es". Tras unos segundos de silencio, la instructora continuó–. Pronunciemos todos el mantra LAM.

–LAAAMMMM, LAAAMMMM.

–Vamos ahora a alinear el segundo chakra, que es el sexual. Sitúen su atención entre el ombligo y el hueso púbico. Coloreen su imaginación de anaranjado. Anaranjado, anaranjado, anaranjado. Este punto es el responsable de la creatividad. Si lo hacemos florecer tendremos el poder suficiente para superar los obstáculos. La culpa lo bloquea. Es el responsable de los órganos reproductores femeninos.

«¡A la madre! Este es mi chakra importante. Aquí está el meollo. Lo tengo que resolver con energía positiva: karma hacia el aparato reproductor para que no me falle el motor, karma hacia el aparato reproductor para que no me falle el motor», pensé.

–Repasen la afirmación: "Yo me amo y me honro a mí mismo". Repitamos el mantra MAM.

–MAAAMMMM, MAAAMMMM –gemimos todos.

–Pasemos al tercer chakra, el plexo solar. Posicionen toda su energía encima del ombligo. Vacíen una cubeta de pintura amarilla en su imaginación; amarillo, amarillo, amarillo. Este chakra se bloquea con la vergüenza. «No, no creo que tenga bloqueado este chakra».

–El bloqueo nos producirá problemas respiratorios u hormonales –argumentaba Aimeé. «Ok, quizá sí lo tenga bloqueado». –Nos produce preocupación y estrés. «En definitiva, lo tengo bloqueado». –Afirmen: "Yo soy el creador de gran alcance de mi realidad". Repitan conmigo RAM.

–RAAAMMMM, RAAAMMMM.

No logré mantener la concentración. Mis abstracciones se perdieron entre el amarillo y el sopor al que incitaban las velas aromáticas. Pensé en mi marido, si acaso no se había quedado dormido, estaría cavilando algún mantra como: «Yo estoy pagando por escuchar estas guarradas... MTTTAAAA, MTTTAAA».

***

–Cierren sus ojos –nos pidió Aimeé en otra de las sesiones de milagros–. Imaginen que están en un magnífico bosque verde bajo la sombra de un frondoso árbol. Tienen siete años; son unos tiernos niños. Están vestidos de blanco. Una luz dorada emana de ustedes; es el aura que los rodea con divinidad. ¿Qué está pensando ese niño o esa niña a los siete años? Sientan el deleite de la infancia: la inocencia, la risa inquieta. Esa criatura se levanta y camina por el campo. Encuentra un camino; un camino que la lleva a subir una colina. ¿Cómo se imaginan ese camino? ¿Tiene flores o es sombrío? ¿Les da miedo continuar o avanzan gozosos? Al final del camino están ustedes: el yo de la actualidad. Ese hombre o esa mujer en la que se han convertido. Caminen hacia la criatura, caminen hacia ustedes mismos. En el camino, convergen con su yo infantil; lo tienen enfrente, están ahí, mirándose con nostalgia, con amor. Abracen a ese crío, abrácense, sientan cómo el infante los baña poco a poco con su energía blanca mientras una luz iridiscente sale de la tierra. Abracen con más fuerza a ese niño.

Los inconfundibles ronquidos de Jaime demolieron la tranquilidad que había amurallado la sala, distrayéndome y arruinando mi cosmovisión. Acostada boca arriba, sobre la colchoneta, la instrucción era que mantuviéramos las manos en nuestros costados, con los hombros relajados y las palmas hacia arriba; sin movernos. Aimeé, con sosiego, recorría el salón de un lado a otro mientras guiaba nuestro pensamiento. Abrí con discreción el ojo derecho para asegurarme de que la mirada de la maestra estuviera del lado opuesto y le di un sigiloso codazo a Jaime.

–¿Eh? –se despertó sobresaltado sin tener conciencia de dónde estaba.

–¡Sshh! –le chisté.

–Ah, sí –murmuró después de voltear a ambos lados para reconocer el lugar.

Recostó su cabeza en el colchón y no pasaron más de treinta segundos cuando su respiración volvió a rugir. Decidí dejarlo. Si lo intentaba callar las demás personas se darían cuenta de que él era el de la roncadera, y yo, la que le daba los codazos. Incluí los resuellos en mi bosque perfecto, imaginando que estaba un gracioso osito dormido.

—Graben en su corazón esa reconexión que han logrado —continuó la instructora con su discurso. «Carajo, se me perdió la reconexión. Concéntrate, abrázate fuerte. Aura dorada, ¡cúbreme!»—. Perdonen a esa persona que no es perfecta, más sí perfectible. Perdónense. Todos esos errores que cometimos en el camino van a quedar atrás. No más reproches, no más juicios, se han encontrado con su yo interno y han sanado las heridas que ustedes se causaron. A partir de ahora, dejamos de ser víctimas. Renacemos con una nueva oportunidad, con un nuevo comienzo. Ya no hay eslabones que nos impidan alcanzar los sueños que nosotros mismos hemos estado saboteando. Inhalen —aspiró aire a través de su exquisita nariz—. Exhalen —lo dejó salir con un comedido silbido.

La última frase me causó comezón. ¿De qué manera habría estado yo saboteando mi sueño?

***

—Hoy no quiero ir al curso —me dijo Jaime mientras me desvestía y arrojaba en el cesto de la ropa sucia mi vestimenta de oficina, para ponerme algo más cómodo.

—¿Por qué?

—Tengo flojera. Mejor me quedo viendo una película. ¿No te quieres quedar conmigo?

—Claro que no. Es el último mes, hay que ir.

—Quédate y alineamos nuestros chakras —me dijo sonriendo con picardía y arqueando las cejas. Aprovechó que aún no terminaba de vestirme para rodearme con sus brazos, restregarse contra mí y besarme la espalda.

–No seas payaso –me zafé de su apretón y le di un ligero manotazo en el pecho en forma de juego, alejándolo–. Alístate, ya van a ser las ocho. No me gusta dejar las cosas a medias; si empezamos el curso, lo vamos a terminar. Cuando regresemos alineamos nuestras energías –ahora fui yo quien le lanzó una mirada coqueta.

–Está bien, de cualquier forma, ahí *tiro flojerita* –dijo estirando su espalda–. Pero me cumples al regresar, flaquita –me amenazó dándome una nalgada cuando pasé junto a él para dirigirme hacia la puerta.

Nos gustaba sentarnos del lado del ventanal y recargarnos en él. Poco nos enteramos de la vida de los demás integrantes. Al finalizar las sesiones Jaime y yo nos retirábamos en seguida, no nos interesaba socializar. La mayoría de las personas eran señoras de arriba de cuarenta años. Una que otra muchacha y dos señores que iniciaron en el primer mes, pero abdicaron en el segundo. Para esas fechas mi marido era el único caballero.

–El día de hoy vamos a trabajar con el perdón radical. Entendamos que las experiencias han sido para llegar a un nivel más elevado de nuestra evolución; sin embargo, hay algunas anclas que nos impiden avanzar y nos mantienen estáticos –decía Aimeé, oscilando como un péndulo entre el ventanal y el lado opuesto, al frente de la sala–. Perdonar es liberarnos de un pasado doloroso, es una decisión de no seguir sufriendo; una elección de no conceder valor al odio ni a la ira. Debemos de eliminar los deseos de herir al otro o a nosotros mismos, por motivos pasados; de construir un puente imaginario desde nuestros miedos, hasta nuestro amor –continuó, haciendo ademanes con las manos para dar énfasis a su discurso–. A través del perdón salimos de la oscuridad para recuperar la luz; es decir, nuestra misión terrenal, así, encontraremos una fuerza que nos acaricie en nuestros sueños, y que al despertar nos brinde paz. Es renunciar a toda esperanza de cambiar nuestro pasado.

–¿Por qué nos es tan difícil perdonar? –preguntó Gloria. Su cabello magenta y rizado que sujetaba con una peineta me causaba conflicto; no le iba a su tez morena. Con frecuencia vestía ropa de ejercicio en distintos tonos de azul. Su mirada no inspiraba paz; los surcos en su rostro acentuaban su tristeza y su débil voz denotaba soledad.

–Porque el dolor se queda grabado en el subconsciente. Debemos de hacerlo consciente para poderlo trabajar. El problema radica en que es en el subconsciente en donde decidimos separarnos de Dios. Debemos de saber que nosotros somos nuestro propio Dios, como energía, como fuente de vida.

–¿Cómo que nosotros somos nuestro propio Dios? –pregunté a boca de jarro.

–Nosotros somos esa energía que nos mueve. Hay que aprender a tener esa conexión divina. A lo que le prestas atención, crece. Si le prestas atención a la abundancia, la tendrás –concluyó templada.

–¿Y el Dios que nos han enseñado que existe? ¿Al que le tenemos que rezar? –volví a cuestionar, insatisfecha con la respuesta.

–Nos han pintado a un Dios castigador. Él no es así. ¿Tú crees que Dios va a tener el tiempo de observarnos a todos y apuntar nuestros pecados en una libretita para castigarnos? –la taladrante mirada de la maestra me hizo saber que estaba esperando una respuesta de mi parte. Hizo una mueca que no logré interpretar.

–Dios es omnipresente –atiné en decir.

Ella sonrió con amabilidad antes de extender su explicación. –Los castigos nos los ponemos nosotros, nuestra misma conciencia. Dios no castiga. La iglesia habla de pecados capitales, confesiones, limbos, unciones para los enfermos, mandamientos para tener miedo y conservar el orden en la sociedad. Pero Dios va más allá de todo eso. Es una luz de la que dependemos y necesitamos conectarnos con ella todos los días para crear nuestras posibilidades –sus pupilas brillaban como si dentro de ellas estuviera encendido un cirio blanco–. Pero, si en nuestro corazón hay rencor y trabas del pasado, no vibraremos de forma correcta. Ahora, hagan un examen de conciencia de manera cronológica. Piensen en todos los tiranos que les han hecho daño a lo largo de su vida y anótenlos en la libreta.

–¡Huy! –externó cualquiera de las señoras–, pues mi mamá.

–Exacto –dijo Aimeé–. En algunos casos nuestros padres son nuestros más grandes tiranos.

–¿Pero cómo? Si los padres dan todo por sus hijos –dije yo.

–Muchas veces los padres somos los que fijamos los límites de nuestros hijos sin darnos cuenta. Lo hacemos cada vez que les decimos cosas como: déjame a mí, tú no sabes hacerlo; eres un terco; no puedes, estás muy pequeño; nunca vas a cambiar; me tienes harta, siempre con tus malas ideas; no sabes callarte la boca, vas a ser abogado, etcétera. Y la cosa se agrava cuando los ofendemos con groserías. Esas palabras se quedan marcadas creando cicatrices difíciles de borrar. Recibir juicios de nuestros padres causa muchos complejos e inseguridades que nos frustran a lo largo de la vida.

En mi examen de conciencia descarté que mis padres hubieran sido tiranos. Si bien era cierto que a mi mamá la apodé como doña Hu, por su personalidad mandataria y dictatorial equiparable, con ironía, a la de Saddam Hussein, en el fondo era más buena que el pan. Tal vez no aprendí a hacer pasteles porque ella me decía, "a ver, mejor yo lo hago para terminar pronto". La frase, "si no te acabas la comida te la voy a meter con un embudo", era parte de su repertorio de amenazas, y la remataba diciendo: "cuando mi papá vivió la Primera Guerra Mundial, no tenían qué comer, cocían el mismo hueso de pollo una y otra vez. Y ustedes, que tienen la comida servida, la desperdician". Yo no tenía idea de lo que significaba un embudo, me imaginaba algo tan grotesco que pocas veces me atreví a dejar sobras en el plato. Ya de más grandecita, la primera vez que tuve un embudo en mis manos, caí en cuenta de que era mera extorsión. Qué sandeces dicen los papás para chantajear a los hijos, pensé en aquel entonces. Sí, recibí regaños y, en un par de ocasiones, cintarazos, pero no creía que esas reprimendas hubieran sido graves. Sabía que mis papás no lo hacían con otra intención mas que la de educarnos. En ese aspecto, me sentí afortunada de no recibir embestidas mayores por parte de mis progenitores.

Con los párpados ocultando mis pupilas vi a Marcela, mi mejor amiga de la secundaria quien me bajó a mi novio. Berreé durante meses.

Al repasar mis catorce años no pude evitar pensar en la gringa, mi *roomate* en New Mexico Military Institute, el colegio militar del que yo soñaba con graduarme de la prepa siendo sargento. ¿Por qué? No sé. No me importaba tener que tender la cama tan estirada que una moneda rebotara en ella. Yo quería ser sargento. Me sentía realizada sacándole brillo a las insignias que pendían de mi uniforme de gala. Sin embargo, una tirana truncó mi realización. Mi *roommate*, una típica rubia de Wyoming intentó suicidarse y, para conseguirlo, me adormiló con un brebaje. Cuando me lo ofreció, una noche en la que estábamos terminando la tarea, noté que en el fondo de sus ojos azules zigzagueaba una inquieta serpiente. Al darle el primer sorbo a la bebida, me supo a medicina más que a bebida refrescante; por bruta me bebí hasta la última gota.

Llamaron a mis papás, quienes llegaron esa misma noche, más rápido que el efecto de una purga de magnesio. Sólo tengo flashazos de lo que ocurrió después. Estuve varios días en la enfermería y aunque me resistía a regresar a Chihuahua mis papás me convencieron con la promesa de que el próximo año regresaría.

Nunca volví. La gringa, sí se merecía el título de tirana. En su momento la odié. Ahora era tiempo de perdonarla.

Batallé para identificar a más tiranos. Tal vez una maestra de la universidad que se empeñaba en que mis notas no fueran buenas. A lo mejor un jefe que tuve y que nunca me cumplió el aumento de sueldo acordado. Quizá algún otro novio que me hizo derramar gotas saladas.

Traté de asociar el impacto de esos tiranos con mi imposibilidad para concebir. En mi autoanálisis, no logré empatar una correlación entre ellos.

...De momento.

Capítulo cuatro

El embarazo parecía seguro, pero no fue así.

Después de cuatro fallidas inseminaciones, y de haber pagado un caro ticket para subirnos a una violenta montaña rusa bipolar, el veredicto del doctor Wasanga fue el siguiente:

–Te tengo que hacer una laparoscopía, porque es probable que tengas endometriosis –aparición del tejido endometrial fuera del útero– y la única manera certera de comprobarlo es a través de este método –sentí calor y frío al mismo tiempo–. Si no la tienes, bien; pero si sí, en ese momento te corrijo el problema.

Salí del consultorio con la cara desencajada.

Me colgué de la palabra endometriosis e investigué acerca de los síntomas que provoca. No contaba con ninguno de ellos.

–No, ese doctor sólo nos quiere sacar lana. Vamos a buscar una segunda y hasta una tercera opinión –me dijo Jaime, enfático. Tenía razón, por desgracia muchos doctores se han distanciado de la ética médica para rendirle tributo al poderoso caballero don Dinero.

Para nuestra mala suerte, y de todas las parejas que sufren de infertilidad, el seguro de gastos médicos mayores no cubre los tratamientos ni padecimientos que derivan de ésta, así es que después de tantos estudios, medicamentos y procedimientos, nos habíamos gastado miles de pesos que, sentíamos, habíamos echado al retrete.

Buscamos dictámenes de otros especialistas y todos coincidían en el fallo:

–Si ya te hicieron cuatro inseminaciones y no se ha logrado el embarazo, lo que sigue es la fecundación *in vitro*.

Wow! Para mí esa palabra se me hacía fuera de este mundo, ya no era ciencia, sino ciencia–ficción. Era como el último recurso y creía que era tan costoso como un trasplante de riñón.

Estábamos hasta el copete del tema; agotados en todos los aspectos. Tras varios meses de descanso de todo este torbellino de emociones, la atención regresó a Jaime; sus espermas no tenían la motilidad necesaria.

Queríamos encontrar cuál era la raíz del problema. No avanzábamos; estábamos girando como un trompo chillador.

Navegando en el mar de información disponible en la red, me enteré de la existencia de los andrólogos –especialistas en infertilidad masculina–. Eso era lo que necesitábamos, no un ginecólogo, no un urólogo; un bendito andrólogo que le pusiera nombre y apellido a lo que fuera que tuviera Jaime, y no sólo eso, sino que lo corrigiera o lo aniquilara por completo.

En ese entonces, mi marido estaba ya más abierto a recibir ayuda, a ser revisado y a ponerse flojito y cooperando con los especialistas. Después de que fui yo quien me llevé la friega de las inyecciones para estimular los ovarios, de los subidones y bajones hormonales, de los chequeos constantes con ginecólogos, etcétera, mientras que su participación consistía en obtener de manera placentera una muestra de semen, accedió gustoso o, para no exagerar, accedió, sin renegar, a la cita con el andrólogo.

Las patillas plateadas y el poco cabello del doctor nos hicieron sentirnos en manos de alguien con mayor experiencia.

—Yo les aseguro que van a tener a su hijo —externó con una confianza implacable el doctor Paredes, haciendo un gesto que le permitió disimular cierta vanidad.

—¿Cómo está tan seguro? —pregunté esperando una contestación que me proporcionara certeza. Quería que sacara un papel y me lo firmara. Quería garantías.

—Hay parejas que con los conteos espermáticos que tiene Jaime logran el embarazo de manera natural. Cada persona tenemos un porcentaje de fertilidad. En otros casos, si la mujer posee el setenta por ciento, con el treinta por ciento que aporte el hombre, es suficiente. O viceversa, hay casos en donde si el hombre posee el sesenta por ciento, y la mujer, el cuarenta; también. En este caso, algo debe de estar pasando contigo —me volteó a ver y cruzó las piernas. Estaba vestido con ropa azul de quirófano. Sus tenis blancos K–Swiss, que causaron furor en los noventa, me intentaron distraer.

–No –me defendí–, todos mis estudios han salido bien. Revíselos –coloqué en su escritorio el altero de papeles con los resultados de todos los exámenes que me había realizado. Mi posición era retadora. Si él aseguraba que tendríamos a nuestro hijo, lo retaba. Si él decía que algo estaba mal conmigo, a pesar de que ya me habían revisado de la A a la Z, lo retaba. Chapulines verdes brincaban en mi cerebro.

Le echó una hojeada al folder que puse en su escritorio.

–Tengo que admitir que nunca había venido una pareja con tantos estudios –dijo sorprendido–. Me queda claro que le han invertido mucho tiempo y dinero, pero a veces, es difícil dar con la causa. De cualquier forma, le voy a encargar a Jaime unos ultrasonidos y ecografías para tratar de encontrar el origen de la erraticidad de sus conteos –concluyó meciendo su pierna cruzada y realizando apuntes con su pluma Mont Blanc.

El diagnóstico del doctor Paredes, de que Jaime tenía varicocele –dilatación en las venas del cordón espermático– nos pareció acertado. Leímos en Internet (nuestra fuente más confiable) que esta afección se presenta en el cuarenta por ciento de los hombres infértiles.

Por fin habíamos encontrado qué pasaba, así es que para corregir había que meter cuchillo.

No nos interesó buscar otra opinión, estaba muy claro que la dilatación en las venas de salva dicha sea la parte de mi marido estaba obstruyendo el paso del semen, lo que explicaba la inestabilidad de sus proyectiles.

—Nunca me han operado; siempre he sido sano —se ufanaba Jaime tratando de compensar su padecimiento—, pero ni hablar, todo sea por nuestro hijo.

Jaime entró al quirófano y salió el mismo día. Fue una operación ambulatoria, pero que lo hizo estar en cama durante una semana. Era mi deber atenderlo y consentirlo como se merecía después de someterse con valentía a tal procedimiento.

Había que esperar... Tres meses... Esperar.

Los árboles pelones y los ralos céspedes nos recordaron que era momento de repetir el estudio para comprobar que ahora sí sus niños atravesarían con propulsión el Canal de la Mancha para salir disparados con la velocidad de un rayo.

¡Decepción total! El conteo y la motilidad de los espermas estaban incluso peor que antes. Sobra decir que mi marido no estaba furioso, sino lo que le sigue: "No manches, pinche operación no valió madres, ahora resulta que estoy peor, blablablá".

Capítulo cinco

Después de tres años, habíamos gastado ya demasiado dinero y demasiadas lágrimas.

–Todo va a estar bien, bonita. Vamos a ser papás. Y si no, nos tenemos a nosotros, que es lo que importa –me decía Jaime, abrazándome con ternura, cuando yo me sentía triste y desesperada.

En los momentos en los que él flaqueaba y externaba su deseo de tirar la toalla, era yo la optimista que le transmitía esperanza y trataba de infundirle ánimos.

–Nuestro amor nos ha mantenido unidos; no hay que perder la esperanza, rorrito. La toalla es para limpiarse el sudor, no para tirarla. Vas a ver que Dios pondrá en nuestro camino a las personas que nos ayudarán a tener a nuestro bebé –le decía aparentando seguridad y meneando la cuchara de palo en la cacerola, mientras calentaba la sopa que doña Mary había preparado. Luego de colocar el plato en la mesa, me volteaba hacia la estufa y me cuestionaba si eso en verdad sucedería. Dentro de mí, titubeaba, pero tenía que aparentar estar de una sola pieza para que la energía entre nosotros no fuera del todo negativa, aunque ambos nos sentíamos en un piélago de confusión.

A Jaime le costaba más que a mí hablar del tema y me tenía prohibido platicarlo. Los únicos que conocían de manera abierta nuestra situación, y de los procedimientos por los que habíamos pasado, eran mis papás y mis suegros. "La gente ignorante confunde la infertilidad con la impotencia; y están bien pendejos, nadie tiene por qué enterarse de nuestros asuntos", decía mi marido.

Aun así, no podíamos tapar el sol con un dedo. Aunque las preguntas de los amigos y familiares de: ¿Y ustedes para cuándo?, ya no eran tan frecuentes, resultaba evidente que no conseguíamos tener familia. De cualquier manera, allegados bien intencionados, nos recomendaban médicos, oraciones y hasta el quedarme acostada media hora después de tener relaciones, con las piernas hacia arriba.

–¿De verdad? Muchas gracias por el *tip*, lo voy a poner en práctica –contestaba sonriendo con hipocresía. «Como si nunca lo hubiera hecho, bobita».

Otras personas me decían, "*N'ombre*, no pienses en eso, debe de ser que por estrés no te embarazas". O sugerencias como, "Váyanse a tomar unas copas y relájense, en una de esas pega". Esos comentarios, aunque eran sin dolo, me purgaban. ¿Cómo se atrevían a decir: No pienses en eso? «Porque tú te embarazas como coneja, no quiere decir que para todas sea igual de fácil», decía hacia mis adentros.

Aceptar este tema nos resultaba difícil, pues ya todos nuestros amigos, primos y compañeros tenían hijos y seguían embarazándose de los segundos. Era tan fácil para todos menos para nosotros. Me resultaba imposible no tener en la mente mi deseo de ser madre. Todo lo que nos rodeaba giraba en torno a bebés.

Mis eventos se convirtieron en *baby showers*, ir a la maternidad a conocer a los hijos de los amigos, bautizos y piñatas: niños corriendo y gritando por todos lados. Espectáculos de Barney, Dora la Exploradora o Las Princesas: Cenicienta, Bella, Blanca Nieves, Jazmín y cerraba con La Sirenita, una guapísima pelirroja con dos conchas tapándole los senos y una cola de sirena ceñida al cuerpo que brillaba por las lentejuelas verdes con las que estaba cocida. Ella movía sus caderas al son de "Bajo el mar" mientras los papás de los niños se acercaban despistados para lograr colocarse en primera fila.

—Están bien buenas, compadre, hay que pedirles la tarjeta —murmuraban entre ellos, girando los ojos hasta donde les alcanzaran, para verificar que su domadora no estuviera cerca.

Las criadas, con su uniforme rosa o azul, y un blanco delantal almidonado, eran quienes se hacían cargo de los párvulos para que las mamás comieran y charlaran sin desasosiego. A mí me tocaba estar sentada con las progenitoras (en algunas ocasiones ni las conocía: eran amigas de mis amigas), en las mesas cubiertas por manteles con caricaturas impresas, merendando las tradicionales marinitas. Acto seguido, quequitos rellenos de cajeta, embetunados con manteca pintada de algún llamativo color, eran degustados con singular alegría.

—¡Ay, amiga! No he podido regresar a mi talla después de que tuve a Miguelito y con Ivana el rollito de la lonja me quedó más aguado —se quejaban mientras le daban un sorbo a su Coca Light.

Después de la merienda, las pláticas *cri-cri* no podían faltar: crímenes y criaturas.

—Me causa gracia —le dije a Jaime riendo, mientras partía mi quesadilla con guacamole, a la hora de la cena—, que cuando haces una piñata tienes que considerar los platillos para las sirvientas.

—¿Y eso? ¿Por qué?

—Porque las mamás se llevan a las muchachas a la piñata para poder estar a gusto, y las sirvientas son las que cuidan a los niños. Con madre, ¿no? —concluí irónica.

—No te apures; cuando nosotros tengamos hijos te llevas a doña Mary, al cabo casi siempre anda vestida con su playera de los Tigres y sus mallas de leopardo. Iría bien uniformada.

La frase de Jaime "Cuando nosotros tengamos hijos", retumbó en mi cabeza y me hizo saber que mi esposo todavía tenía confianza y creía en ello, lo cual, me animó y me dio motivos para no abandonar la causa. Después de todo, existían espermas y óvulos, por lo que mes con mes tenía la esperanza de que pegara el chicle de forma natural o con alguna ayudadita alternativa.

***

El agua que caía de la pequeña fuente, colocada en la esquina de la sala de la doctora Mirna, me relajó mientras esperaba mi turno para ser diagnosticada a través de un rastreo mental y ser tratada por imanes. Hice la cita con un mes de antelación; era tal el éxito que la doctora lograba en los convalecientes, que tenía la agenda saturada. Salió un paciente y me pasaron al segundo piso de la casa, a esperar en la estancia. Los hijos de la doctora pasaban saludando con gentileza. Entraban y salían de sus recámaras sin importarles que personas desconocidas invadieran su sala de televisión.

—Y no se le olvide cambiar su cepillo de dientes, don Ignacio —dijo la doctora al paciente que por fin salió del consultorio—. Pásale, reina. ¿Qué tienes? —me preguntó mientras hizo un ademán con su mano indicándome que entrara y me acostara en la camilla.

—Tengo varios años tratando de embarazarme y no he podido —dije con voz débil.

—No te apures, ahorita te revisamos. Casi te puedo asegurar que tienes alguna bacteria.

Me acosté y me pidió que no me quitara los zapatos. Colocó un imán en mi nuca, me tomó a la altura de los talones, cada uno con una mano y, golpeteando las suelas de mi calzado entre sí, comenzó a decir como si estuviera repitiendo un mantra:

—Parietal, parietal, temporal, temporal, occipital, occipital, sien, sien, cabeza de páncreas, cola de páncreas, antecuerno, clítoris, clítoris, útero, útero, ovario derecho, ovario izquierdo, ovario, ovario... «No mames, no mames. ¿Qué es esto?».

—Aquí traes un problemita, reina. Mira: tu pierna derecha se hizo más corta. El cuerpo nos está hablando a través de los talones —incrédula, levanté la cabeza y pude apreciar cómo se me veía una pierna más corta que la otra. Me quedé observando mis pies y sus manos sosteniéndolos para ver en dónde estaba el truco; si es que ella estaba jalando más la otra pierna, pero no, parecía real—. Te voy a colocar dos imanes; uno positivo y uno negativo, para nivelar tu cuerpo con los polos de tierra —ubicó los imanes a nivel del útero, sobre la ropa, además de otros cuantos en la espalda, por otros problemas que me encontró en la columna.

El pie volvió a su sitio; elongándose. Me asomé de nuevo para constatar que mis piernas habían vuelto a la normalidad y así fue. Estuve acostada durante treinta minutos preguntándome cómo funcionaba este tipo de medicina, que si bien es cierto no ha sido aceptada por la ciencia, tiene tanto auge que pensé que debía dar resultados.

¿Será que en verdad el cuerpo responde cuando escucha el nombre de cada órgano? No sé, pero la camilla y el ambiente estaban muy cómodos, así es que decidí relajarme. Cuando sonó la alarma, la doctora, que en realidad no supe si estudió medicina, o si su título se lo ganó gracias a los enfermos que había curado, me quitó los imanes y afirmó:

–Ya te eliminé los virus y las bacterias que tenías. En unos meses estarás embarazada. Tienes que cambiar tu cepillo de dientes; está contaminado, y si lo usas, las bacterias volverán a entrar en tu cuerpo. Es todo. Cuídate, reina, y cuando tengas a tu bebé me lo traes para conocerlo.

Repasé rápida y despistadamente la habitación con los ojos intentando encontrar su título de medicina, pero lo único que alcancé a ver fueron diplomas enmarcados: "La Universidad Autónoma de Chatzingo, a través del Programa Universitario de Medicina Terapéutica Naturista, extiende el presente Diploma a Mirna Janeth Ríos Escalante, por su participación en el Diplomado de Par Biomagnético y Bioenergética", "El Centro de Salud Renacimiento confiere el siguiente Diploma a Mirna J. Ríos E., por su participación en el curso Biomagnetismo", "El Centro Antakarama Ki–Antun otorga el siguiente Reconocimiento a Mirna Ríos Escalante, por su valiosa participación en el seminario de Biomagnetismo Médico y Anatomía Clínica".

Me despidió de beso e hizo pasar al próximo paciente.

Esperamos varios meses a que mi cuerpo reaccionara ante el impacto de los imanes, pero pareciera que no fueron colocados en el lugar correcto, o que la bacteria era más resistente que los polos de la tierra.

***

En una charla escuché de un doctor de mucha confianza, familiar de una buena amiga, que se especializaba en situaciones difíciles de infertilidad.

Para ese entonces, ya no confiábamos en los médicos. No sabíamos si de verdad nos querían ayudar o si sólo querían sacarnos dinero, como en muchos de los casos sucede. Así es que si este doctor era honesto y había tenido muchos casos de éxito, no perdía nada con ir a una consulta.

Total, una consulta más.

Me cautivó la calidez del doctor Martínez: regordete, bonachón y de ojos risueños. Nos mandó hacer un estudio que ningún otro médico había pedido, lo cual parecía raro, pues ya nos habían hecho estudios como si fuéramos a trabajar en la NASA: anticuerpos antinucleares, anticuerpos anticardiolipina, anticuerpos antiperixodasa, anticuerpos anti Smith, anticuerpos anti la fregada, anticuerpos anticriptonita verde en sudor, por mencionar sólo algunos.

Este estudio era diferente, se llamaba Sims–Huhner. Consistía en tener relaciones a determinada hora, cierto día de mi ciclo, recoger los restos de fluidos después del acto, colocarlos en una pomadera y correr a la clínica para que analizaran el espécimen y tomaran de mi cérvix una muestra más. El objetivo era analizar cómo interactuaban los espermas de Jaime con mi moco cervical.

¡Claro! Algo tiene que ver mi moco cervical en todo esto que ha impedido que los espermas hagan su trabajo, dilucidé. Cuando salimos del consultorio Jaime y yo nos preguntamos por qué después de haber visitado a tantos doctores, nadie nos había solicitado este estudio. Una vez más renegamos de haber caído en manos inhábiles que nos veían el signo de pesos en la cara; estaban acostumbrados a atar a los perros con longaniza.

Llegó ese cierto día, a esa determinada hora en la que teníamos que coger. Esta vez no haríamos el amor, tendríamos relaciones sexuales, en friega, para llegar a la clínica a tiempo.

—¿Te falta mucho? —me preguntó Jaime durante el acto *express*.

—Sí, no me puedo concentrar. Pero dale, termina tú para ya irnos.

—No. Quiero que tengas placer.

—No hay bronca, luego me compensas, disfruta tú, pero apúrate —le dije en seco a mi marido. Mi mente estaba ya en la cita del laboratorio.

—Si quieres nos cambiamos de posición.

—No, se va a hacer tarde, acaba.

—Te amo, estás hermosísima —me susurró al oído.

—Yo también, pero no manches, no es el momento para que te pongas romántico, amor —respondí sin tomar en cuenta de que le estaba echando ganitas al asunto. Amor fue la única palabra delicada que me salió en ese momento.

—Es que me encantas.

¡Chingado! ¡Es la una y media y tenemos que estar a las dos en la maldita clínica! ¿Dónde está el mentado frasco?, pensé mientras manoteaba en el buró tratando de encontrar la pomadera.

–Ya casi nos tenemos que estar yendo –volví a presionar.

–Tranquila, bonita, estamos a tiemp... –un largo suspiro lo interrumpió.

Al recibir los resultados del estudio la interpretación decía: "La puntuación máxima para la evaluación del moco cervical es de 15. Toda puntuación mayor de 10 suele significar un buen moco cervical que favorece la penetración de los espermatozoides y menor de diez, moco cervical desfavorable".

Mi puntuación era de 6.5, y en el mismo papel venía una tablita en donde se especificaba que el 100% de los espermatozoides en contacto con mi moco, eran inmóviles.

–*Fuck!*

Capítulo seis

Judith, de largas y sedosas pestañas, despedazaba un bolillo integral para darle consistencia a la crema de champiñones, platillo de primer tiempo en el comedor del trabajo, mientras platicaba emocionada durante el receso:

—Mi prima Laura, que no se podía embarazar, fue con una señora que le sobó la matriz, le leyó las cartas y le dijo muchas cosas de su pasado que eran ciertas.

—Sí claro, la señora le dijo: Hay un hombre en tu vida, no te rinde el dinero, tienes problemas que te angustian y te deprimen los días nublados. ¡Ja! ¡Qué Walter Mercado ni qué nada! —comenté en tono de burla.

—Nooo —se defendió con la inocente voz que la caracterizaba—. Le dijo más cosas que no tenía por qué saber, cosas de su familia, y así. Laura se quedó muy impresionada. Y pues con la sobada tuvo; me acaba de hablar que la prueba le salió positiva: ya se embarazó.

Me quedé pensativa por un rato, espulgando los chícharos de la ensalada de pollo, plato fuerte del segundo tiempo, imaginando cómo sería una sesión de ese tipo «¿Ya se embarazó? ¿Y qué tal que a mí también me funciona? No, no es lógico que una señora que lee cartas logre lo que los médicos especialistas no han conseguido». Me sentí atraída por la experiencia esotérica, pero más me sedujo el resultado. En ese momento, la parte insensata de mi cerebro hizo lo suyo: «Quizá me tienen hechizada y por eso no puedo tener hijos. ¿Qué tal que alguien me hizo mal de ojo y necesito una limpia?»

De pronto, la razón imperó: «Pero si no creo en esas bobadas, los hechizos y brujerías no tienen efecto en mí, es mejor no sugestionarse. Pero, ¿y si sí?» Un debate comenzó entre mis dos hemisferios: «No hay problema, ¿cuánto me podría costar una sobadita? No estarían en juego miles de pesos, ni tampoco mi salud... Tal vez mi seguridad, pero de ir, no iría sola, además no estoy dispuesta a quedarme con la duda... En mi situación, cualquier remedio, por sencillo o tonto que parezca puede hacer la diferencia. Si a Laura le funcionó, ¿por qué a mí no?».

La lucha entre lo racional y lo absurdo fue derrocada por la esperanza.

Una opción era pedirle a Judith, mi mejor amiga del trabajo, que me acompañara. O bien, podría convencer a Jaime. Las probabilidades eran bajas, pero tal vez si se lo comentaba mientras estuviera absorto con un partido de futbol o al estar manejando un auto robado y cumpliendo la misión del jefe, inmerso en su juego *Grand Theft*

Auto, del Play Station, lograría mi objetivo, con tal de que lo dejara en paz en ese momento.

—Oye, ¿y dónde queda la señora ésa?

***

El día nublado, en conjunto con la llovizna y el frío húmedo que se sentía hasta los huesos, ameritaba que me vistiera con varias capas de ropa y unas botas afelpadas. Un atuendo confortable para un sábado grisáceo.

—¿Y a dónde es que vamos? —preguntó Jaime cuando salimos de la casa.

—¡Ay, amor! Acuérdate que te dije el miércoles. Con una señora que hizo que la prima de Judith se embarazara.

—¿Me dijiste? No me acuerdo. ¿Y esa señora qué o qué? ¿Dónde queda?

—Dale por Constitución y ahí te voy diciendo. Aquí traigo las instrucciones de cómo llegar.

—Por eso, pero... ¿dónde queda? —esta vez, Jaime fue más enfático en su pregunta. Volteando hacia el lado opuesto, con la cabeza agachada y tratando de quitarme un padrastro del dedo anular con los dientes, susurré:

—Por la salida hacia Saltillo.

—¿Por la salida a dónde? —se orilló y frenó la camioneta. Me volteó a ver con cara de estás loca.

—Ay, rorrito; es sábado y no va a haber tráfico —usé mi tono de voz dulce y coqueto que me funciona (la mayoría de las veces) en el arte del convencimiento conyugal—. Además no es como que tengamos algo muy importante qué hacer – le acaricié el cuello y me acerqué para darle un beso, asegurándome que percibiera el aroma del perfume Hugo Boss, que combinado con mis feromonas, le resultaba afrodisiaco–. Ándale, por favor. Yo manejo de regreso y después hacemos lo que tú quieras, ¿si? –agudicé aún más la voz e incliné mi cabeza intentando verme tierna, y sonreí.

–Ay, mi reinita, mi reinita –dijo bufando y pisó, resignado, el acelerador.

Una casita coqueta se distinguía de las demás. De color blanco y un porche con plantas en macetas de piso y colgantes en perfectas condiciones para ser invierno, hacían que la casa, a mitad de la cuadra con calle de terracería, en una colonia popular, llamara la atención.

–Aquí es –dije segura. Nos bajamos y desde la reja vimos a un joven alto y moreno trapeando el piso, a través de la puerta principal que se encontraba abierta.

–Buenas tardes –le grité desde la banqueta.

–Buenas tardes –contestó deteniendo su afanosa actividad para recargarse en el trapeador y enterarse de lo que se nos ofrecía.

–Venimos a ver a doña Martha.

–Pásele. Por el pasillo de la izquierda hasta el fondo –dijo mostrándonos el camino con la mano.

Entramos como lo indicó y al llegar al pequeño patio trasero, con piso de cemento, chatarra arrinconada, una llanta recargada en la pared al lado de una chimenea y una banca hechiza pegada a otra pared, con dos personas esperando, pregunté:

—¿Aquí es para ver a doña Martha? —las dos personas asintieron con la cabeza. Desde adentro de un cuarto de servicio, con la puerta entreabierta que sólo dejaba ver una cama con un cobertor tejido en color ocre, una voz de mujer de edad avanzada gritó:

—Siéntese. Ahorita la atiendo.

Nos acomodamos en la tambaleante tabla de madera sostenida por dos botes viejos de aceite. Abrí mi paraguas para que nos cubriera de la llovizna, y me sentí mal por las dos personas que se estaban mojando. "Tamales doña Chonita, no se espere y pruébelos ahorita: carne, pollo y frijol", se escuchaba que decía un altavoz colocado en alguna camioneta que pasaba por la polvorienta calle, amenizando nuestra espera para ser atendidos.

Cuando fue nuestro turno, pasamos a la habitación impregnada de olor a incienso. Además de la cama, había una mesa con cubierta de acrílico pegada a la pared, y tres sillas de Carta Blanca; en una de ellas estaba sentada doña Martha.

De baja estatura, que se acentuaba aún más por la joroba en su espalda, cabello corto y rizo pintado de rubio; vestida con sudadera y pants a juego color verde pino, calcetas blancas y mocasines negros, doña Martha, de alrededor de setenta años, se quitó sus anteojos bifocales dejando que colgaran de su cuello, sostenidos por una cadena de rocalla y se levantó para recibirnos.

—¿Quieres que te lea las cartas, muchacha? ¡Ahí sale todo! —me dijo con una voz un tanto seca

58

y rasposa, a la vez que me recorría con la vista de pies a cabeza.

–Pues sí, Doña Martha, a ver qué sale –contesté titubeante. Jaime y yo nos sentamos con reserva en los asientos más cercanos a la puerta, mientras que ella se sentó junto a la pared de la cual pendían cuadros y estampitas de santos y vírgenes.

–¡Huy tengo gentes que me hablan de todas partes del mundo! *Nomás* con oírles la voz, les tiro la baraja y les digo lo que traen –alardeaba mientras revolvía el mazo de cartas españolas con sus pequeñas y callosas manos–. Hasta tengo una clienta en *Justion*, allá por Dallas. Ah, también me han hablado de Los Ángeles y Chicago, rete lejos, pero ya saben que con una llamadita les hago sus amarres y desamarres. Si soy una brujilla famosa, pero brujilla de las buenas. A mí no me gusta hacer daño; al revés, lo hago para servir a mi Padre Dios. Hasta me mandan fotos, miren –sacó unas fotografías manchadas de grasa y lo que parecía ser salsa Valentina–, a esta muchacha la dejó el novio, y con un trabajito que le hice, lo volvió a ganchar. Y esta otra no se podía embarazar, por teléfono le hice el trabajo y le mandé un té que yo misma preparo; con eso, se arregló el asuntito – tomó de nuevo la baraja, una baraja vieja, rayada y doblada. La colocó en la mesa y sacó un cuaderno y un lápiz amarillo con punta chata–. ¿Qué quieres saber? Dime tres preguntas, muchacha.

Incrédula, aunque sorprendida por la seguridad con la que hablaba, contesté:

–Quiero saber si voy a tener hijos. La segunda pregunta sería cuántos, y... –no se me venía a la mente ninguna otra pregunta, así es que mascullé con ingenuidad–. Quiero saber cómo me va a ir –me miró por encima de sus anteojos esperando a que terminara la pregunta, y lo único que se me ocurrió agregar fue–, en general.

Con letra manuscrita, anotó las tres preguntas en su cuaderno y cuando lo dejó en la mesa, cerca de lo que parecía una mancha ocasionada por una quemadura de cigarro, dijo:

–Miren, aquí me apareció la Virgencita de Guadalupe. ¿Se fijan? –señaló la mancha con su dedo regordete y los dos la observamos tratando de encontrarle forma con nuestra imaginación–. Sí, aquí se le ve el manto, y hasta tiene las manos juntadas como si estuviera rezando. Una mañana llegué y ahí estaba mi Virgencita hermosa que siempre me cuida y protege a mis clientes – se persignó y besó la quemadura de cigarro–. Y acá –señaló otra chamusquina en la mesa–, acá me apareció un charro enamorado –Jaime y yo nos inclinamos hacia la otra mancha para apreciar mejor al charro–. Miren, aquí está el sombrero, apareció también de la nada. Son milagros que me manda mi Padre Dios. Este charro me ayuda a hacer los amarres, porque está enamorado.

–Ah, sí doña Martha. Se ven claritos. Es usted muy bendecida por tener a su Virgen y a su charro.

–Muy bien, ahora sí te voy a tirar la baraja.

Me pidió que colocara mi mano sobre el mazo, y después abrió y acomodó carta tras carta. Luego inició otra hilera hacia abajo y así sucesivamente. Tomó de nueva cuenta el lápiz y comenzó a contar desde la primera carta, marcándolas:

–Uno, dos, tres, cuatro, cinco, siete –se detuvo en una carta de bastos–. Aquí hay lágrimas. Has llorado. Has tenido tensiones transitorias y desacuerdos, pero se te van a pasar –dijo alargando la última sílaba, sin darle mucha importancia al asunto.

Desde la carta en la que se había quedado, volvió a contar:

–Uno, dos, tres, cinco, seis, siete…

Entre que contaba mal, y se saltaba algunas cartas, yo no sabía si era correcta su metodología o si la señora no había terminado la primaria. En esta ocasión se detuvo en una carta de oros.

–Aquí hay dinero, en un de repente no te rinde, pero de que va a haber abundancia, va a haber abundancia. Uno, dos, tres cuatro, cinco, siete –ahora fue el turno para un naipe de espadas, seguido de otro igual. Tras un pequeño silencio, fingiendo preocupación, y después, alivio, dijo–: ¡Huy! *Munchas gentes* te tienen envidia, pero tienes muncho poder para afrontar los *ocstáculos* –siguió contando, y al parar en una carta de copas, expresó como si de verdad estuviera emocionada–: ¡*Iren*! ¡Una boda! ¡Se van a casar pronto!

Antes de llegar con doña Martha nos habíamos quitado las argollas de matrimonio, con intención, para despistarla. Decepcionado, el hemisferio izquierdo de mi cerebro regañó al derecho: «Ándale, güey, sigue creyendo en estas tonterías», pero la parte soñadora no se intimidó: «Es de humanos equivocarse y la sesión aún no termina».

–No, doña Martha, ya estamos casados.

–Ah, con razón se ven tan felices –replicó sin mostrar el mínimo indicio de vergüenza–. Entonces habrá muncha felicidad en su matrimonio. Uno, dos, tres, cuatro, cinco, siete…

Al terminar, doña Martha realizó un resumen de lo que dijeron las cartas y tratando de enmendar su error, afirmó categórica:

–Pues es que se ven tan jóvenes y contentos que parecen novios. Mira qué sonriente está tu esposo. Y tú tan bonita, con tu pelito güero y delgadita, hasta pareces de *caché*. Por eso tienes tantas envidias –continuó la señora–, pero con una barridita te las ahuyento.

Agarró el cuaderno que permaneció todo el tiempo sobre la mesa, se colocó sus anteojos con la mano izquierda y enfocando su vista en el papel cuadriculado repasó para sí misma las preguntas de las que yo buscaba respuesta. Era evidente que no se acordaba de lo que había anotado con el lápiz amarillo.

–Ahora, préstame tus manos, vamos a ver qué dicen –las acomodó con las palmas hacia arriba y comenzó a hablar como merolico mientras las masajeaba–: Línea de la vida, de la cabeza y del corazón. El dedo pulgar es el ego, el yo y la razón. Líder por naturaleza. Juez, jurado y verdugo; lo que tú piensas y lo que tú crees que es, es lo que es, lo demás no lo es. Con lo poco o con lo muncho que tienen tus manos siempre están creando;

pero hay otra palabra que te quería yo decir, que se me antojaba más –cerró los ojos, apretándolos, y guardó silencio unos segundos buscando en su cerebro la palabra idónea, al abrirlos continuó–: ¡Improvisadas! Improvisan con lo que tienen. Eres ave nocturna, sensible, instintiva, intuitiva. Esto que aquí vemos, es el monte de Saturno, y acá está el monte de Venus –«Ah, caray, ¿qué ése no estaba en otra parte de mi anatomía?»–, y de este lado tenemos al monte de Júpiter, ¿vistes? Estas cruces que llegas a mirar, son símbolos solares y dan cosas buenas. Siempre llega la luz contigo. Vas a tener dos hijos con este muchacho que es tu esposo; y te va a ir bien, muchacha, te va a ir bien –en ese momento, se me ocurrió que mi tercera pregunta debió haber sido cuándo voy a tener hijos. Necesitaba ponerle fecha a mi inquietud y acallar mi mente. Pero era muy tarde ya: sus manos habían dejado las mías para sacar de un baúl viejo un retazo de tela negra y hacerlo nudo.

–Qué bueno que salió que sí vamos a tener hijos, doña Martha, porque fíjese que tenemos varios años intentando y nada.

–No te apures, ahorita te doy una sobadita en la matriz y te queto todas las envidias y malas vibras. Acuéstate, muchacha.

Con asco, y tratando de asegurar que no hubiera algún animalejo que se camuflara con el color ocre de la cobija, me acosté en la cama y alcancé a ver que en la banca de afuera había ya otros clientes esperando. Rozando la tela negra sobre todo mi cuerpo, comenzó a rezar: "En el nombre del Padre, del Hijo y del Espíritu Santo invoco a todos los Ángeles y a los Santos. Me dirijo a ti bendita Virgen María Madre Santísima; invoco la protección y ayuda de San Miguel, el Arcángel líder de los Ejércitos Celestiales, y de San Grabiel..."

Jaime permaneció al lado de la cama observando el rito. Cuando nuestras miradas se cruzaban, sonreía y me guiñaba un ojo. Doña Martha tomó un frasco y se untó un bálsamo negruzco en las manos, me pidió que descubriera mi vientre y lo sobó continuando con los rezos, mientras un olor a enebro y clavo se impregnaba en mi piel.

—Estaba muy frío tu vientre; ya te lo calenté. Levántate, *vamos a salir pa' fuera*. ¿Traes cámara? —me preguntó al tomar una caja de fósforos que estaba sobre la marquesina de la ventana.

—¿Cámara? No. ¿Para qué? —volteé a ver a Jaime para intercambiar una cómplice mirada de burla.

—Bueno, tomas las fotos con el celular. En la chimenea voy a quemar este trozo de tela con las malas vibras que te *queté* y al ver las cenizas sabremos lo que traes.

Una vez afuera, encendió un cerillo y lo arrojó hacia el trapo, el cual se comenzó a quemar de inmediato a través de una de las orillas y, cuando llegó al nudo, hizo una pequeña explosión pirotécnica. Jaime y yo retrocedimos; no nos esperábamos semejante numerito.

—Tómale fotos. Tómale mientras está la llama, y cuando queden las cenizas. ¡Pronto! ¡Pronto! —dijo con ímpetu doña Martha dándome palmaditas en el brazo para que me moviera en el acto.

Una vez que el fuego se consumió, revisamos las imágenes en la pantalla de mi celular.

—Aquí, mira, aquí sale un perro acostado, con la cola entre las patas —no atinó qué más agregar así es que pasé a la siguiente foto. Tras observarla unos segundos dijo—: Aquí hay una serpiente; es la gente mal vibrosa, enroscada y rencorosa —«Ajá, sí claro», pensó sarcástico mi hemisferio izquierdo—. Y aquí, mira fíjate bien, aquí hay una mujer sentada, está sosteniendo a un bebé recién nacido, ¿te fijas? Esa eres tú que vas a tener a tu bebecito con la sobadita que te di —«Sí, claro», pensó ilusionado el hemisferio contrario—. Y con seis más que te tengo que dar; una cada semana, porque en total deben de ser siete para que funcione. «¡Simón!», concluyó el hemisferio izquierdo, burlándose.

—Muy bien, doña Martha, ¿cuánto le debo? —ya había sido suficiente teatro.

—Mira, muchacha, son ciento cincuenta de la lectura de baraja y manos y otros ciento cincuenta de la sobada y la barrida. Si quieres, te puedes llevar el té *pa'* seguir calentando tu matriz. Vale trescientos, pero es *ocsional.*

—No, muchas gracias. Luego vengo por él —le di el dinero y, mientras lo guardaba en un monedero de estambre rojo que sacó del elástico de sus pants, agregó:

—Te espero la *prócsima* semana para la siguiente sobadita —nos despedimos de mano y salimos con paso veloz.

–Es todo un acontecimiento estar casado contigo: estás re loca –dijo Jaime camino a casa. El hecho de que no se acordara de mi ofrecimiento, en el que yo manejaría de regreso, era indicativo de que se había divertido–. No sé cómo es que me convences para venir a estos lugares –continuó mi esposo–, es lo que pagaría si hubiéramos ido al cine, con efectos especiales y todo. Hasta eso la brujilla le metió producción –imitando el tono de voz de doña Martha y colocando su mano derecha en mi muslo izquierdo, mi marido concluyó–: "Por cierto, *usté* huele muy rico, muchacha, a *Hugo El Jefe* con incienso. Hasta parece de *caché*" –dijo antes de que los dos nos carcajeáramos.

Capítulo siete

–¿Cómo está el cielo esta noche, Virginia? Después de servir los platos de la cena, en la casa de campo cerca de Florencia donde mi papá permanecía prisionero, y había perdido la vista casi por completo, volteé hacia el cielo, y con voz resignada y melancólica dije: *brillante*.

Los aplausos no se hicieron esperar. Se apagaron las luces y corrimos tras bambalinas. Regresamos al escenario para recibir los cumplidos y hacer reverencias al público que acudió a presenciar la obra de teatro escrita por Bertolt Brecht.

–No me voy a desmaquillar; cumple años mi hermana y quiero llegar al festejo cuanto antes – me dijo Ady, una vez que estábamos en el camerino–. ¿Pensaste lo del Taller de *El Secreto*? Anímate, es el próximo fin. No te vas a arrepentir.

–Déjame revisar con Jaime. Si no tenemos algún plan, sí te acompaño –le contesté mientras colgaba el atuendo negro que vestía a la hija de Galileo Galilei.

–Ok. Me dices en la función de mañana, para pagar el lunes y que nos hagan descuento –cerró el zipper de su maleta, se la colgó sobre el hombro y se despidió dejándome un beso coloreado en la mejilla.

Al retirarme las pestañas postizas y los restos del rímel, me perdí observando mi rostro en el espejo. Examiné mi taciturna mirada y me pregunté si habría cambiado la chispa de mis ojos a través del tiempo. Esa chispa de ilusión que poseen las veinteañeras creyendo que la vida es un flan con caramelo. Esa misma chispa que tuve yo, y que quizá se había desvanecido por las decepciones vividas.

Una lágrima negra salió de mi ojo derecho. No la dejé continuar, la absorbió el algodón con el que me estaba desmaquillando. Tal vez no sería mala idea asistir al dichoso taller. Ya había visto la película de *El Secreto*, y en mi trabajo había tomado varios cursos de programación neurolingüística (PNL). Me hacía sentido que, enfocarme en cosas positivas, podría modificar el resultado. Conocía la teoría, pero necesitaba aprender a practicarla. En todos los métodos intentados hasta ese momento, se habían tratado de curar los problemas físicos; las dolencias del cuerpo, pero no había reparado en el papel que estaría jugando mi mente en todo este tiempo.

Tal vez esa era la razón por la cual el *Proyecto Bebé* había resultado fallido hasta la fecha. Tal vez mi mente tendría que estar en una frecuencia superior para lograr el objetivo. Tal vez estaba tan enfocada en el problema, que me había hecho presa de un vórtice de negatividad. Tal vez tenía que aprender a pensar positivo, sin pensar en que estaba pensando positivo. Tal vez.

***

El despejado cielo permitía que la ciudad luciera resplandeciente a las ocho y media de la mañana, desde el ventanal del último piso del edificio, en pleno centro de Monterrey. Los asistentes al taller poco a poco fuimos llegando. Todos nos saludamos con cordialidad, como si nos conociéramos o como si supiéramos que teníamos algo en común; un objetivo sin lograr, o una mañana sin desayunar, pues las galletas y el café crearon un desabasto que no fue resurtido sino hasta media mañana.

Diversas dinámicas tuvieron lugar durante las dieciséis horas que duró el curso, entre sábado y domingo.

—Aprenderán a sentir la energía y a conectarse con el universo; a decretar lo que quieren y el impacto que esto tendrá en el resultado —dijo Mónica, la tutora, con su peculiar acento defeño.

Recibimos un diminuto celular de plástico que pendía de una tira dorada para que nos lo colgáramos del cuello. Representaba que al pedir algo al universo, marcáramos de manera adecuada y sin interferencia.

—La marcación es el pensamiento, la señal representa a la emoción, y la respuesta significa la experiencia —decía Mony, como pidió que la llamáramos.

Los pasos para hacer realidad los deseos eran muy sencillos: 1. Pedir, 2. Confiar, 3. Recibir. Aprendimos que algunos métodos para pedir son escribiendo los deseos, visualizándolos, agradeciéndolos o haciendo un tablero de visión. Éste último consistía en pegar imágenes y textos que simbolizaran nuestros sueños, en una cartulina o cartón de huevo.

—El poder del tablero radica en traer ideas a la realidad física y hacerlas concretas, pues observando las imágenes se activará en el cerebro la parte responsable de llevar las cosas importantes a la conciencia —gesticulaba la maestra no sólo con la boca, sino también con sus grandes y expresivos ojos negros a la vez que agitaba las manos con intención.

Lo único que teníamos que hacer era crearlo y colocarlo en un lugar en donde lo viéramos todos los días. Así, la ley de la atracción comenzaría a trabajar.

Otra actividad consistió en marcar en una hoja nuestro nivel de frecuencia en tres áreas: dinero, salud y relaciones. Debíamos escribir afirmaciones de lo que queríamos alcanzar y compartirlo con otras personas. Las mujeres empezaron a pedir:

—Ganarme la casa del Tec, los carros y el departamento en la playa.

—Un trabajo de medio tiempo en donde gane ciento ochenta mil libres y mi hora de entrada sea a las nueve y media.

—Un esposo rico, guapo y fiel.

—Estar flaca.

–Tres muchachas de planta.

– Ir al *SPA* una vez a la semana.

–Viajar por todo el mundo en primera clase.

Los hombres tampoco se quedaban atrás:

–Un Ferrari y un Lamborghini en la cochera.

–Una morrita bien buena, que se coma medio pedazo de pizza de una mordida y que nunca se ponga gorda.

–Escalar el Himalaya.

–Estar bien mamey sin ir al gimnasio.

–Tener un avión.

–Ser el director de la empresa.

–Llevarme bien con mi suegra.

Los deseos eran en grande. ¿Para qué andar con miserias? Si se trataba de pedir, no había mínimos.

Mi deseo principal era ser mamá, pero tampoco me vendría mal ser rica, viajar, estar sana y tener un matrimonio feliz. Era como escribir la carta a Santa Claus:

Quiero una familia. Una hermosa familia. Una hermosa y feliz familia. Una hermosa, feliz y sana familia. Una hermosa, feliz, y sana familia, con todas sus necesidades cubiertas. Una hermosa, feliz y sana familia, con todas sus necesidades cubiertas, que pueda darse el lujo de ayudar a familias con carencias y repartirles felicidad.

¿Estaría pidiendo demasiado?

Una de las hojas que nos dieron decía: *Sé que cuando pido lo que quiero, sin importar qué es lo que quiera, o qué tan imposible parezca, si creo y sé que es mío, la respuesta siempre será: "Tus deseos son órdenes".*

Yo quería todo eso, y si creía, debía de funcionar. ¿Por qué limitarme?

Después de todos los ejercicios, y conforme más escuchaba sobre la energía positiva, constelaciones familiares, sueños hechos realidad, riqueza, salud, ley de la atracción y el poder de nuestro yo interior, más me sentía *Wonder Woman*. Durante los *breaks* me acercaba al ventanal y me creía más pujante que nunca. Ahí les va la Helga *reloaded*, pensaba. Conquistaría el mundo al salir. Había aprendido a alinearme con el universo y a tener una comunicación directa con él. Todo lo que quisiera lo podría alcanzar.

Antes de terminar el taller, se abrió una sesión de preguntas y respuestas hacia la instructora.

¿Por qué si sabes usar *El Secreto* a la perfección, y todo lo que quieres lo puedes conseguir, estás gordita y no has ganchado marido a tus cuarenta y tantos? No pude evitar pensar en esa pregunta, que obviamente, no me atreví a hacer.

***

Al llegar a casa mis poros destilaban alegría e intensas ondas vibratorias; de las buenas. En la estancia, mi marido estaba tocando la guitarra y cantando a todo pulmón *A todo pulmón*, de Alejandro Lerner:

Qué difícil se me hace
cargar todo este equipaje
se hace dura la subida al caminar
esta realidad tirana
que se ríe a carcajadas
porque espera que me canse de buscar.

Mientras creaba la melodía, yo me movía con gracia y sutileza frente a él. Jugaba a ser una bailarina de ballet. Mi intención era desconcentrarlo, hacerlo reír y que me tomara en sus brazos, me sentara en sus piernas y volcara toda su atención en mí.

—¿Cómo te fue, bonita? —me preguntó, plantándome un tierno beso con sus labios gruesos y bien definidos.

—¡Increíble! Traigo mi celular con el que puedo hablar al universo las veces que yo quiera y con todo el tiempo aire del mundo —tomé con mi mano derecha el telefonito que colgaba de mi cuello, miré hacia el techo y lo puse en mi oreja diciendo con voz perspicaz—: ¿Universo? ¡Holaaaa, soy Helga! ¿Me puedes por favor mandar unas tostadas de ceviche? Una de camarón y otra de pescado. ¡Gracias! —volteé a ver a Jaime, y segura, concluí— ¿Ves, qué fácil? Ahora ponte tus zapatos y vámonos a comer porque mis tripas están dando un concierto.

Más tarde, al estar haciendo malabares con la mano, para que la tostada de ceviche no se partiera en dos, por la humedad del limón y las salsas con las que la había sazonado, le platiqué a Jaime que ahora tenía el secreto para alcanzar nuestros sueños y que lamentaba que no hubiera vivido esa experiencia conmigo.

—Pero no te apures, rorro, en tres meses vuelve a venir Mony a impartir el mismo taller.

—¡N'ombre! ¡Qué diantres voy a ir a esas charreadas! Si tú quieres ir, adelante, pero yo, ni de broma.

—¡Pero es que está lo máximo! ¡Yo vuelvo a ir contigo!

—No, gracias, mi reinita. Yo no creo en eso. Tus buenas vibras alcanzan para los dos.

—Bueno, si no quieres ir, no vayas, pero tenemos que hacer nuestro tablero de visión.

—¿Nuestro qué? —me preguntó sin darle importancia al tema.

Después de mi mágica explicación de lo que era, representaba y lograba un tablero de visión, Jaime se rió y dijo:

—Hazlo tú, bonita, nuestros sueños son los mismos; no tiene caso que hagamos dos.

—No, es que así no funciona. Es individual. Llegando a la casa lo hacemos, ¿si? —dije endulzando la última frase.

—¿Y me vas a dejar ver el partido de Rayados sin echarme bronca? —me preguntó enarcando la ceja derecha.

—Ok.

—Deal!

Estrechamos nuestras manos, ambos con una sonrisa triunfante.

Uno a cero, favor Rayados. El humor de mi esposo estaba ideal. Saqué mis revistas *Cosmopolitan, Glamour* y *Vanidades*. Durante el primer tiempo del partido había ido a la papelería a comprar cartón de huevo, pegamento y revistas para hombres *GQ, Revista H* y *Entrepreneur*; para motivar un poco a mi marido y que no me aventara mi literatura de baño en la cara. Acomodé todo en la mesa de cristal del comedor y amenicé el ambiente con música que nos gustara a los dos, *Jazz and the 80´s*.

–¡Listo, rorro, vente! –exclamé emocionada.

–¿Lo tenemos que hacer ahorita? –me contestó con flojera desde el segundo piso.

–Ándale, amor. Ya habíamos quedado, tú ya viste tu partido –entre mis palabras se traslucía un reproche al que no le convenía enfrentarse.

–Ok, ya voy –dijo resignado mientras bajaba las escaleras con pasos desganados.

En un inicio, Jaime renegó de la actividad. Conforme fue hojeando las revistas y encontrando mujeres con poca ropa, carros deportivos, motocicletas y *gadgets*, se fue motivando. Recortamos por el contorno las ilustraciones aspiracionales para nosotros, y las frases que nos gustaban. Después de un rato, logramos enfocarnos en la actividad y, con diversión, la fuimos tomando en serio.

En el centro de mi tablero coloqué un retrato en el que se apreciaba a un niño, de unos tres años, besando el vientre de una mujer embarazada, así como la palabra *Baby*. Abajo, un poco traslapada, quedó la imagen de un feto chupándose el dedo, en sus últimos meses de gestación. Pegué la siguiente frase: *AMOR letra por letra*, así como una pintura de cuatro personas tomadas de las manos rodeando el mundo y, una cruz, envolviéndolas. En la parte superior derecha predominaban varias fotos de parejas divirtiéndose: en bicicleta, en un campo repleto de flores, en un jacuzzi, en un antro, en un casino de Las Vegas, en la playa y apreciando un atardecer. También quedaron plasmados un corazón, una imagen de amigas tomando malteadas, y otra imagen de las cuatro protagonistas de la serie *Sex and the City*, así como las palabras *Belleza*, *Fiesta* y *Sexo*.

Un perro labrador, tendido con placidez en la terraza, también era parte de mi tablero, así como las palabras *Sol* y *Ayudar a otros*, seguidas de unas flores anaranjadas, amarillas y rosas que quedaron colocadas en la parte inferior central. A la izquierda estaban las siguientes imágenes: una Mac (la última versión de Apple de ese entonces), una cámara profesional Nikon, un libro, una camioneta blanca, la florecita del característico logotipo de Mont Blanc y la frase *Porque tú lo vales*. Un poco más arriba pegué las imágenes de una mujer de buen cuerpo haciendo ejercicio, una pareja jugando tenis, y las palabras *Salud* y *Antiedad*, al lado de una pareja en un gimnasio. Por último, en la parte superior izquierda, adherí las siguientes ilustraciones: un globo aerostático, una bonita casa, la estatua de la libertad, un crucero Royal Caribbean, una pareja bailando hawaiano, en Hawaii; la ópera de Paris, una pareja remando en kayak, unos adultos nadando con delfines, y las frases: *Más de la felicidad, Pon tu mente en ello* y *Play everyday.*

¡Mi tablero estaba listo! Tenía todo lo que deseaba en la vida: salud, pareja, amor, familia, espiritualidad, diversión, amigos, viajes, experiencias y cosas materiales que "necesitaba".

El tablero de Jaime tenía casi los mismos elementos pero más varoniles: Una pick up de doble tracción, una bicicleta de montaña, varias fotos de personas esquiando, y otras de golfistas, imágenes de la serie NASCAR, de una raqueta de tenis, de un billete de cien dólares, y de una mano sosteniendo un diamante. Al terminar colocamos los tableros en el clóset, cada quien de su lado, así nos aseguraríamos de verlo todos los días.

Desde que amanecía, pensaba de manera muy positiva. Me alineaba con el universo, veía mi tablero de visión; a veces de manera consciente y otras inconscientemente.

Comencé a utilizar la ley de la atracción en cosas pequeñas y sencillas. «Decreto que voy a encontrar un buen lugar», pensaba cuando buscaba estacionamiento en alguna concurrida zona. Y así sucedía: como por arte de magia, un auto salía de reversa para que yo me acomodara y lo mejor es que quedaba casi enfrente de la entrada. "Decreto que nos va a salir verde en el semáforo". Y así era: salvábamos sin problema la aduana, al regresar del *shopping* de Mc Allen, habiendo gastado sólo un poquito más de lo permitido. "Decreto que me van a cambiar el colchón". Y así pasaba: los muchachos de Súper Colchones pasaban por mi colchón usado para cambiarlo por uno nuevo, sin costo alguno, ya que me comenzaba a doler la espalda.

¡Funciona! ¡La ley de la atracción funciona! Había aprendido a usarla.

Era tiempo de agrandar mis peticiones:

"Decreto que este mes voy a quedar embarazada".

Mancha.

"Decreto que este mes me voy a embarazar".

Mancha.

"Decreto que en nueve meses voy a ser mamá".

Mancha.

Mancha.

Mancha.

Mancha... Maldita y repulsiva mancha.

Cada veintiocho días, que veía la mácula de sangre anunciando la llegada de mi ciclo, y por lo tanto la no concepción, me desilusionaba. El peor momento para que una mujer se entere de que no está embarazada es en sus días, por el contrario, bendita menstruación para las adolescentes con retraso, después algunas noches locas. Estar en mis días, y saber que no me podía embarazar, eran una mala combinación. Por fortuna, mi estado de ánimo mejoraba cuando las hormonas se alborotaban. Pensaba: quizá este mes; hay que echarle ganitas. Anotaba en el calendario mis días fértiles.

Esos días, seducía con mayor insistencia a mi marido. Me preparaba con algún conjuntito sexy, en seda o encaje. Piernas y área del bikini depiladas. Perfume Hugo Boss, música *Erotic Lounge* y cabello suelto. Iluminación tenue; velas en ocasiones. Fresas con chocolate o juguetitos para variarle a la gestión.

–¡Hola, bombón! –me decía Jaime con tono de cazador, dejando ver en su voz la excitación que le provocaba encontrarse a su mujer en tal o cual posición.

–Hola, guapo –me acercaba coqueta y empezaba por besarle el cuello de manera sensual.

–Deja me echo un baño rápido.

–No, así estás bien –le susurraba mientras dejaba caer su cinturón en el piso, una vez que se lo había desabrochado.

–Huelo a león –subía el brazo derecho acercando su nariz a la axila–. ¡Uf! Apesto. Tú estás muy hermosa y hueles riquísimo, yo ni siquiera me rasuré; no quiero hacerte *peeling*.

–Bueno, pero en friega, porque ya es tarde y hay que ir a hacer súper.

–No hay prisa, bonita. Después vamos al súper –sus ojos eran dos candelas.

–El refri está vacío. No hay nada para que Mary haga mañana de comer. ¿Qué prefieres: cogida o súper?

–Una súper cogida.

El tiempo siguió su curso.

La mancha de sangre no dejó de aparecer.

CAPÍTULO OCHO

Así como con biomagnetismo, brujillas famosas, cursos de *Milagros* y de *El Secreto*, también experimentamos con acupuntura, naturismo, iridiología, homeopatía, terapia neural, oraciones, tés, polvos traídos de Jerusalén y de cuanto remedio espiritual, supersticioso, alternativo, casero o religioso escuchábamos. En mi desesperación, no desaprovechaba ningún método que me ilusionara. Cada técnica era aprender un poco sobre tantas cosas que se ofrecen a los clientes o pacientes que insistían en encontrar una solución a su dolencia.

–Durante tres meses les insertaré pequeñas agujas en ciertos puntos de su cuerpo para estimular, en ti la ovulación y en Jaime; la producción de espermas. Tonificaremos el *yin* y el *yang* –dijo parco el perito en medicina oriental a quien visitábamos cada semana para tumbarnos, en cubículos separados, treinta minutos en una cómoda camilla de vinipiel café. Alto, con barba cerrada y tan delgado que casi se transparentaba, el doctor Keing Lang tenía todo menos pinta de asiático. Si su consultorio no estuviera en un hospital de renombre y no hubiera sido el doctor Martínez quien nos lo recomendó tras los fatídicos resultados del estudio Sims–Huhner, no hubiera creído en su capacidad de curación, y, ni de broma, le hubiéramos pagado mil doscientos pesos en cada consulta... ¡Por cada uno!

–Eliminará las toxinas de su cuerpo ayunando con fruta una vez por semana –me dijo el licenciado Turín, reconocido naturista que radicaba en Chihuahua, aunque de raíces sureñas. Era amable, culto, modesto pero efectivo; nada carero; poseedor de la frugalidad de un monje. Aprovechamos un fin de semana largo para ir a una consulta con él; mis papás le tenían fe ciega a los remedios que habían restaurado la salud en mi familia a lo largo de décadas–. Descartará de su dieta todo alimento que no sea cien por ciento natural –continuó el licenciado–, y prescindirá de la carne roja, azúcares, harinas, grasas, embutidos y quesos. Limpiará su intestino y se dará dos baños de asiento; uno por la mañana, y otro por la tarde: en ayunas. Se untará todas las noches aceite de ricino en su pelvis y a la altura del hígado. Todas las mañanas tomará medio vaso de jugo de zanahoria fresco y comerá diez pepitas de calabaza. Fruta ácida, de temporada, antes de cada comida. Alcalinizaremos el cuerpo, porque usted, por genética, es ácida; al igual que su mamá.

–¿Y Jaime también va a seguir las mismas indicaciones? –pregunté esperando una positiva de su parte.

–No. Su esposo está bien. Es usted la que debe

preparar al cuerpo –contestó sereno el licenciado. A sus más de ochenta años su sabiduría y lucidez mental eran asombrosas. Las cuatro paredes de su consultorio estaban tapizadas con estantes colmados de libros de todos los temas; desde la *Ley Federal de Trabajo*, hasta *La vida es un enigma*. Su cabello se conservaba tan negro como en antaño y su rostro carecía de arrugas.

–Es que él come muy mal; se puede zampar una pizza en una sentada –dije decepcionada por su respuesta, con la intención de que lo increpara y fuera enfático en la importancia de la buena alimentación en ambos.

–Él tiene dos manos: una para acercarse la comida que le convenga, y la otra, para alejar la que no encaje.

No tuve más opción que resignarme. Otra vez la de la jarana sería yo; era mi vientre el que tenía que estar preparado.

–En su ojo se percibe un bloqueo a nivel de los ovarios. Le colocaré unos imanes en la oreja que se disimularán por la cinta color piel. Cada mes tiene que venir para que se los reemplace y colocar de nuevo los que se hayan caído. No se los vaya a quitar –me dijo un doctor chaparro y bigotón especialista en no sé qué, recomendado por Carolina, una amiga cuyo papá había librado el cáncer gracias a esos imanes colocados en las orejas.

–Cuatro tabletas de *Pulsatilla* cada cuatro horas, *mija*. Con eso balancearemos las hormonas y haremos trabajar a los ovarios, ¿ajá? –dijo el famoso doctor Dinter, homeópata y doctor de cabecera de toda la vida de mis papás, también de Chihuahua y de raíces alemanas, a quien visité aprovechando algunos días de vacaciones en mi tierra.

–Vamos a resetear el cuerpo con estas gotitas que poseen cargas electromagnéticas. A partir de este reinicio neutralizaremos el organismo. Cada mes te inyectaré en puntos específicos para que tu sistema nervioso busque un nuevo orden; así, el desarreglo hormonal ya no tendrá necesidad de ser –me dijo una señora joven y rellenita, cuya bata blanca y maletín repleto de frascos y goteros la hacían ver muy profesional.

–¿Y qué es lo que te va a inyectar? –me preguntó escéptica doña Hu cuando por teléfono le platiqué de esta nueva terapia que reiniciaría mi cuerpo.

–No sé, no me acuerdo. Me explicó pero ya se me olvidó, usó puras palabras raras, pero va a equilibrar mi cuerpo –contesté sabiendo que me reprendería por dejar que me inyectaran sabrá Dios qué.

–¡Ay, mijita! ¿Cómo dejas que te inyecten sabrá Dios qué?

–Mamá, no pasa nada. Es una doctora que viene de México y se está quedando en casa de Pili, una compañera del trabajo. A ella le dio una embolia y la curó. ¿Tú crees que Pili me la recomendaría si fuera una charlatana? Para empezar, ella no se hubiera curado. Tiene muchísimos pacientes y a todos les ha ido muy bien. Tengo que confiar –concluí tajante.

–Lee todas las noches este librito de la Virgen de la Encarnación. Es tan milagrosa que escucha todas las plegarias de las mujeres que queremos ser mamás. Gracias a ella nació María Pau –en cualquier reunión me recomendó Teresa, quien se había convertido en madre hacía pocos meses, después de haberse atendido en Estados Unidos sin éxito alguno.

–Te traje este té de mi pueblo, pues –me dijo mi amiga Michelle cuando regresó de Guaymas–. Es de raíz de chicura, sirve para calentar la matriz. Pero cuidado, tienes que estar muy al pendiente; si tienes retraso, déjalo de tomar, porque es tan fuerte que también funciona como abortivo –terminó diciendo mientras me entregaba el elixir en una cajita verde con una silueta de una mujer embarazada en el centro.

–Helga, te compré esto en mi viaje a Tierra Santa –me dijo Irma, amiga y compañera del taller de fotografía, apartándome por un momento del grupo mientras tirábamos flashes a una guapa modelo con vestido de lentejuelas, en medio de un yonke saturado de chatarra automotriz.

En ese entonces, decidí maximizar mi gusto y talento por el arte de capturar imágenes y me animé a tomar sesiones fotográficas. Monté mi estudio en uno de los cuartos de la casa y mi nueva profesión se adaptó perfecto a mi agenda, pues la llevaba a cabo los fines de semana, sin interferir con mi horario laboral.

Irma me entregó un sobre cerrado que abrí con curiosidad. En el interior venía una bolsita transparente con un polvo color arena. La volteé a ver con un gesto de duda.

–Son polvos de la Gruta de Leche –dijo esperando una reacción positiva en mí.

La miré con ojos vacilantes y mi cara de signo de interrogación se intensificó. Su respuesta, y nada, eran dos nadas.

Dedujo que yo nunca había escuchado de aquella gruta, por lo que tomó aire y se acomodó su larga cabellera rizada por detrás del hombro izquierdo antes de explicar:

–Es una gruta que está en Belén. En ese lugar, cuando la Virgen estaba dando pecho al niño Jesús, cayó una gota de leche en la piedra y la gruta se hizo blanca. Por esa zona todas las grutas son de roca negra, pero ésa, se emblanqueció. Ahí los franciscanos venden estas bolsitas con polvo de la gruta. Tienes que disolver una pizca en un vaso y rezarle a la Virgen de la Leche todas las noches. Está bien bonito porque hay una capilla llena de fotos de niños que han nacido gracias a este polvo.

Capítulo nueve

Aunque nos resistíamos a ponerle el cascabel al gato, estaba claro que los métodos anti alópatas no eran para nosotros; ya lo sabíamos y lo habíamos corroborado durante años. Era hora de tocar el fragoso tema, situando los puntos sobre las íes.

Varias charlas tuvieron lugar en nuestra habitación. Conversábamos mientras oscurecía y se encendían las luces de la ciudad, entre lágrimas, miedo, e incertidumbre. Bajo el edredón de bolas de colores que tanto me gustaba, pues combinaba con una pared azul turquesa, debatíamos sobre el futuro y las decisiones que debíamos de tomar. Ante el panorama poco alentador, estábamos conscientes de que el siguiente paso era la fecundación *in vitro*.

Escuché del doctor Mendieta, por una conocida que había intentado dos procedimientos fallidos en Nueva York y con él tuvo a su bebé en el primer intento. Mendieta era miembro de una prestigiada clínica de reproducción asistida y mi instinto lo eligió.

De estatura baja, más de cuatro dedos de frente y piel acaramelada, Mendieta nos recibió risueño con un amable apretón de manos. Estudió en Francia y contaba con las subespecialidades suficientes para depositarle nuestra confianza. Le encantaba hablar en términos estadísticos y hacer analogías para que nosotros, los mortales, entendiéramos sus términos médicos y científicos.

Aun con sus esfuerzos por explicarnos de forma terrenal las probabilidades de éxito, los pros y contras, y todo lo que debíamos de saber, en ciertos momentos me costaba trabajo mantener la atención. Un cuadro colocado atrás de su escritorio me distraía. El turbulento mar azul intenso, pintado en óleo sobre lienzo, bajo un cielo nublado en distintos tonos de grises, me tranquilizaba y al mismo tiempo me inquietaba. Era un cuadro tan sencillo y a la vez tan intimidante, que de pronto lo miraba y me causaba paz; la paz que causa mirar al horizonte frente al mar. Volvía a ponerle atención al doctor, pero de nuevo, el cuadro jalaba mi vista y, de la nada, me causaba temor; el temor de morir ahogado azotado por una ola en medio de una tormenta. Preferí quedarme con la primera evocación. Después de analizar nuestro caso con detenimiento, el doctor Mendieta confirmó lo que ya sabíamos: el *in vitro* era, sin lugar a dudas, el siguiente paso. Hablamos de costos y, aunque el procedimiento no era barato, tampoco era inalcanzable.

Tras darle vueltas en la cabeza, aunque la cuestión ya estaba muy platicada entre nosotros, lo volvimos a hablar y revisamos nuestras finanzas. El conocido dicho "El que no arriesga no gana", cobró sentido en nuestra situación, por lo que decidimos poner toda la carne en el asador. Nació en nosotros una nueva esperanza; nerviosa, miedosa, pero al fin esperanza. Un anhelo que me hacía soñar. Soñar un embarazo, soñar un parto, soñar una sonrisa inocente, una mirada dependiente; soñar alcanzar nuestro sueño.

A partir del segundo día de mi ciclo, y durante diez días más, me tenía que inyectar, a las nueve de la noche en punto, una sustancia llamada *Menotrofina*, que es un tipo de hormona foliculoestimulante. Había que preparar las inyecciones uniendo un polvo blanco con una ampolleta diluyente y colocarla de manera subcutánea en mi abdomen, cerca del ombligo. Jaime fungía como mi enfermero, así es que a las nueve de la noche, teníamos una cita en el área de los lavabos de nuestra habitación, entre el clóset, y el baño (¡romantiquísima!).

Él me preparaba las inyecciones y yo tomaba una torunda de algodón con alcohol, la colocaba en un área de mi abdomen, pellizcaba con mi mano izquierda ese pedazo de piel, y, con la derecha, me pinchaba para que la sustancia penetrara en mi cuerpo.

Conforme avanzaban los días, los espacios entre los piquetes eran menores, mi abdomen parecía un colador y me sentía tan hinchada como una víbora que se había tragado un ratón. Luego de exámenes de laboratorio y monitoreos con el doctor cada tres días, para revisar el número y tamaño de los folículos y, con base en eso, decidir si se aumentaba o disminuía la dosis del medicamento, llegué a tener quince folículos; algunos de ellos ya estaban en el tamaño ideal. El siguiente paso era acudir a cualquier clínica y que una enfermera me colocara un pinchazo intramuscular, de otra sustancia igual de interesante, para que maduraran los folículos y a las treinta y seis horas se produjera la ovulación. Justo en ese momento había que aspirarlos en quirófano. Todos los tiempos debían de ser exactos para garantizar el éxito del *Proyecto Bebé*.

Pasaron las treinta y seis horas. Teníamos la cita a las doce del mediodía en la clínica. Nos pidieron que llegáramos una hora antes. A las once estábamos en unos cómodos asientos de un *lobby* decorado en colores cálidos que por alguna razón me hacían sentir que estaba en una tienda de persianas Hunter Douglas, más que en un lugar en donde se creaban vidas.

De los óvulos que se extrajeran, los de mejores características serían colocados junto con los espermas de mejor calidad de Jaime, en una cámara con el ambiente controlado. Los óvulos que lograran ser fertilizados por los espermas y se dividieran, se convertirían en embriones, los cuáles serían vigilados por el personal del laboratorio para asegurarse de que crecieran de manera adecuada y que las células continuaran dividiéndose activamente.

Tres días después de la aspiración, estando en mi oficina, recibí la llamada de Mendieta informándome que se habían logrado tres embriones, los cuales tenían que ser transferidos al día siguiente dentro mi útero a través de un catéter. Apenas colgué, le marqué a Jaime para avisarle que teníamos tres embriones en incubación. A esas alturas todo iba perfecto, sólo faltaba que uno de los embriones se implantara en mi útero, creciera y listo: el bebé estaría con nosotros en cuestión de meses.

–La transferencia de embriones se puede hacer sin anestesia –me dijo Mendieta en una de las consultas y me advirtió con su perfecta pronunciación de cronista–; sin embargo, como es un procedimiento que debe ser tan preciso, si te pones nerviosa y te mueves, corremos el riesgo de que los embriones no sean colocados en el lugar que queremos, por lo que es decisión tuya si te anestesiamos, o no.

No la pensé dos veces.

–Con anestesia, por favor –me apuré en decir.

Un sábado treinta de octubre tuvo lugar el temido procedimiento.

El día anterior estuve sumida en un duermevela superficial del que me despertaba a cada rato. Mientras Jaime roncaba de manera apacible, yo daba vueltas en la cama, como pollo rostizado, pensando en la importancia del día siguiente. Me daba calor y me destapaba; me daba frío y me tapaba; me daban ganas de ir al baño y no salía nada.

Estaba hecha un manojo de nervios.

¿Cómo será la transferencia? ¿Me dolerá? ¿Saldrá todo bien? Me sentí afortunada de haber nacido en esta época en donde es posible crear un embrión en un laboratorio gracias a los avances científicos y tecnológicos.

Decidí salirme de la cama muy temprano, cuando apenas empezaba a clarear. Desde que me metí a la regadera comencé a rezar: un padrenuestro y diez avemarías, un padrenuestro y diez avemarías, las que alcanzara hasta llegar a la clínica. En el trayecto, mientras Jaime conducía y yo continuaba con mis oraciones, reparé en las solemnes montañas de la Sierra Madre y alcé la mirada al cielo: Diosito, por favor, por favor que todo salga bien. Danos la bendición de ser padres, concédenos ese deseo que tanto anhelamos y por el que tanto hemos luchado. Por favor, Diosito, por favor.

De nueva cuenta en la clínica, nos hicieron firmar las cartas de consentimiento y en seguida me pasaron al baño para que me enfundara en una bata. Recordé lo aprendido en el taller de *El Secreto* y en mis cursos de PNL. Después de guardar mis pertenencias en un cajón de madera, dentro del baño, y antes de recibir en mi ser a nuestros embrioncitos, cerré los ojos, respiré profundo varias veces, me alineé con el universo y dije a voz en cuello:

—Decreto que voy a tener un bebé sano y hermoso.

Me visualicé en la maternidad recibiendo en mis brazos a una linda e indefensa criatura. Inhalé y exhalé, abrí los ojos, le sonreí a la del espejo y entré al quirófano.

Me colocaron la sonda a través de la cual recibí el delicioso coctel que hizo que me desconectara del momento y dejara todo en manos de Dios y de los especialistas. No pasaron más de cinco segundos cuando sentí ese sueñito entre azul y buenas noches.

En la sala de recuperación había otra mujer mayor que yo, quien se sometió al mismo procedimiento. Mientras reposábamos en nuestras respectivas camillas y compartíamos nuestra ilusión de ser mamás, me contó que con las palomitas de maíz combatía el estreñimiento y que celebraría *Halloween* esa noche en su casa, pues tendría una fiesta con sus amigos. Se disfrazaría de Campanita, el hada de Peter Pan, pero no se movería del sillón de la sala para no ponerse en riesgo.

Todavía no estaba segura de que el efecto de la anestesia se me hubiera pasado, aún me sentía narcotizada hasta la embriaguez. Después de dos horas, y una vez que recobré por fin mi dominio, nos fuimos a casa. Estuve cuatro días en total reposo. Mi marido me atendió a la altura. Me subía el desayuno, la comida y la cena a la cama. No me levantaba más que al baño, y muy despacio. ¿Pujar? lo mínimo indispensable, no fuera a ser que se me salieran los embriones.

Eternos se me hacían los días en los que estuve más trémula que serena.

El tiempo fluyó menos tenso cuando regresé a mi trabajo. Los correos, las firmas, la gente, las llamadas, las presentaciones y hasta los problemas cotidianos, mantenían mi cabeza ocupada. Sin embargo, la cosquillita nerviosa, estaba presente de sol a sol.

Durante la segunda semana comencé a sentir

un poco de nauseas después de comer. Me gustaba tener esa sensación; me hacía pensar que el resultado sería positivo. Aun así, pasamos dos semanas en zozobra antes de que mi rojo y espeso líquido fuera analizado para por fin conocer el resultado. Algunas de las pláticas con mi esposo eran:

–¿Qué vamos a hacer si se implantan los tres embriones y tenemos trillizos? ¡Ay no, tres no! Que sean máximo dos.

Quince días después, regresamos a la clínica. Un enfermero alto y con bigote de morsa me pidió que me subiera la manga izquierda de la blusa para encontrar la vena que sería la transmisora del resultado. Mientras llenaba el tubo, me volteé hacia el otro lado, no quería ver el pinchazo. Ya con el algodón en mi brazo deteniendo las sobrantes gotas de sangre, vi el tubo, y ansiosa, quise obtener una respuesta del enfermero, algún indicio de avance.

–Se ve como más oscura la sangre ¿no? –pregunté tirando a gordo–. ¿Así se ve cuando el resultado es positivo?

El enfermero, notando mi impaciencia, sonrió y dijo sin inmutarse:

–No necesariamente.

No había manera de tener un resultado inmediato, tendría que esperar entre cuatro y seis horas para que analizaran mi muestra. Recordé el cuadro al óleo en el consultorio del doctor. Pensé en la quietud del mar y traté de tranquilizarme. Una vez en la casa, intentando distraernos con la televisión, sonó mi celular. El timbre me hizo brincar como si no supiera dónde estaba el teléfono. Obvio lo tenía en la cama, a mi lado, lo había estado revisando cada diez minutos para asegurarme de que el tiempo pasaba y de que no había ninguna llamada perdida. Nerviosos, Jaime y yo nos volteamos a ver y nos tomamos fuerte de la mano. Nunca podré olvidar la conversación:

—¿Bueno?

—¿Helga?

—Hola, doctor —respondí con el corazón palpitante.

—Felicidades, el resultado es positivo.

—¡¿De verdad?! —dije con el habla entrecortada. Escuchar eso, fue como como si *La cabalgata de las Valquirias*, de Richard Wagner, estuviera repiqueteando en mis oídos.

—¡Sí! Abran una botella de champagne para celebrar —en su voz se trasparentaba una sonrisa.

—¡Muchas gracias, doctor!

—Te veo en la semana.

—¡Ok! Yo hago la cita con su secretaria. ¡Gracias! —finalicé con dificultad, invadida por la emoción.

Jaime y yo nos abrazamos y lloramos de felicidad. *Wow!* Por fin, el momento con el que tanto soñamos, se concretó. La búsqueda había terminado: seríamos papás. No cabíamos de la emoción.

De haber sabido que con este procedimiento se lograrían unir mi óvulo y su esperma tan fácil y amistosamente, nos hubiéramos evitado los años, el dinero y los tragos amargos. Sin embargo, agradecía todo lo que habíamos vivido, pues esas ásperas y rodantes (por no decir pinches y malditas) piedras en el camino, nos habían hecho madurar tanto en lo personal, como en pareja. Ahora estábamos más que listos para recibir la llegada de esa nueva vida que consolidaría nuestro amor, como la gente suele decir.

—¿Bueno?

—*Amacita*...

—Mi reina, ¿cómo les fue? —me preguntó doña Hu.

—¡Estoy embarazada!

—¡Ay Ninicíta, nada me da más gusto! ¡Gilberto, Gilberto! ¡La Niní está embarazada!

Desde que nací, en mi casa me dijeron Niní, el pobre vocabulario de mi hermano, un año mayor que yo, le impedía pronunciar la palabra niña de forma correcta. —¿Pero todo está bien?

—Sí, *amacita*. Salió positiva la prueba de sangre, es un hecho. ¡Estoy embarazada!

—¿Pero qué más te dijo el doctor?

—Nada, me va a revisar en la semana.

—Pero, ¿qué más, qué más? —preguntaba insaciable. Era evidente que los ochocientos kilómetros de distancia que separaban a Chihuahua de Monterrey se sentían como si ella viviera en Júpiter y yo en Neptuno.

—Nada, mamá, te digo que apenas me va a revisar. El lunes hago la cita.

—¡Ay, mi amorcito, qué emoción! ¿Ya ves?, Dios me tiene bien consentida, sabía que iba a escucharnos. ¿Y cómo te sientes? ¿Has comido bien?

–Sí, mamá. Te hablo el día de la cita, saliendo de con el doctor, y ya te digo cómo voy.

Después de oír los gritos de mi mamá, mi papá estaba haciendo fila al lado del auricular para felicitarnos.

–Muchas felicidades, chiquita –dijo mi papá cuando logró que doña Hu dejara de hablar y soltara la bocina y con su bondad y amor característicos, también expresó lo contento que se sentía.

Después de digerir la noticia, y sentirnos en la cima del Everest, fuimos a casa de mis suegros, quienes al igual que mis papás, estuvieron al pendiente y nos apoyaron en todo momento. Felices compartieron nuestra alegría: su segundo nieto o nieta venía en camino.

La cita la tuve hasta el viernes. El doctor se aseguró de que todo estaba bien. El bebé estaba dentro del útero, lo que garantizaba que no era un embarazo ectópico –fuera del útero– estaba del tamaño que debía de estar y era sólo uno, no dos ni tres. Un bebé en el horno.

Capítulo diez

Decidimos no compartir la noticia con nadie más, hasta que pasaran los primeros tres meses; no obstante, moría de ganas por gritarle al mundo que estaba embarazada.

Nunca fui tan fan de las redes sociales, y aunque tenía mi página de Facebook y de vez en cuando subía fotos de viajes o eventos, le daba *likes* a ciertas publicaciones y felicitaba a mis amigos cumpleañeros, me parecían patéticos los *posts* de: "Mi bebé ya no usa pañal", *«¡Bendito Dios! Estaba con un pendiente»*; "@ aeropuerto rumbo a Portland", *«¿Por–Tlanepantla?»*; "Andresito comiendo su primera papilla de chícharo con zanahoria", «Ahí te encargo el pañal, chula»; "Felicidades hijo, hace un año que llegaste a nuestras vidas a llenarnos de sonrisas y felicidad", «¿Si te das cuenta de que tu hijo no tiene FB, ni sabe usar la computadora... y no sabe leer?». En esa etapa de mi vida, mi Facebook era un campo minado de fotos de niños con atuendos diversos del primer día de clases; el festival de la primavera; el festival del día de la madre; del día del padre; del 16 de septiembre, de la

ONU, de la alimentación, de la cosecha, etcétera. En esta ocasión, no me importaba ser yo la patética que publicara la foto del ultrasonido en donde no se veía nada más que una imagen poco nítida en blanco y negro, en la cual se suponía que se apreciaba un bebé; pero me contuve.

Volvimos a pensar en los posibles nombres. Si era niña, podría ser Bárbara, Raquel, Helga o Angélica, mi segundo nombre; pero esa opción quedó descartada, pues su nombre con apellido sería Angélica Cantú, con lo que estaríamos destinando a nuestra hija a ser víctima de *bullyng*. Pero, si era niño, no había opción: Jaime Eduardo. Había otros nombres de niño que me gustaban, pero no tenía la mínima intención de discutir al respecto.

A las tres de la mañana, con la quietud predominando en nuestra habitación, me despertó un dolor abdominal muy intenso; era un cólico más fuerte de lo normal. Sentí la sábana mojada.

Un escalofrío me estremeció. Prendí la lámpara de la mesita de noche y me vi empapada en sangre. Todo mi cuerpo ardió. Internada en el vientre de la sombra, quería gritar despavorida pero no lo conseguí: algo me lo impedía. Movía los labios pero no salía ni medio decibel de voz. Corrí al baño y, al bájame las bragas, un coagulo como de ocho centímetros de diámetro estrujó mi esencia y desató un inmenso temor en mí. Sentada en el escusado la sangre continuó manando y más coágulos salieron de mi interior. ¡No! ¡No! ¡No! ¡Por favor, no!

Sentí una opresión en el pecho tan densa que me hizo despertar.

Volteé a mi derecha y Jaime dormía templado y pacífico.

Corrí al baño y mi calzón estaba limpio. ¡Qué susto! Fue un mal sueño, una terrible alucinación, gracias a Dios que sólo fue una pesadilla. No pude dormir. Quería que rayara el alba para dejar atrás esa horrible sensación.

***

Antes de conocernos, Jaime compró una casa muy coqueta, de un piso. Aunque era un buen terreno, la casa no era grande, pero tenía potencial para arreglarla y construirle un segundo piso. Cuando éramos novios la tenía rentada, pero al formalizar nuestra relación me llevó al domicilio y me dijo:

—Tengo esta casa que podemos acondicionar. Si te gusta, viviremos aquí en cuanto nos casemos, si no, la sigo rentando y con ese dinero alquilamos algo que a ti te guste.

La casa me encantó, era perfecta para una pareja de recién casados. Le metimos cariño y un poco de ahorritos; pintamos todas las paredes de blanco para que se viera más iluminada y espaciosa. En el patio, sembramos pasto San Agustín y lirios persas en el contorno de las paredes. Le dimos forma a los árboles de limón y de mandarina, podamos la buganvilia color salmón y colocamos unas macetas con geranios. La bautizamos: La casita del amor.

Un año y medio después de casados, decidimos construir la primera parte del segundo piso, que consistía en una estancia y en la habitación principal con una sala para ver televisión. Jaime, como buen ingeniero (o chambitas), se las ideó para hacer que la tele girara; podíamos verla acostados en la cama o si la volteábamos, sentados cómodamente en la salita color amarillo diente de león, (casi, casi como una casa de las que rifa el Tec; sólo faltaban los acabados de mármol y granito, los cuadros de autor, la alberca, los carrazos en la cochera, y unos cuantos metros cuadrados más de terreno y de construcción, fuera de eso, estábamos felices con nuestro hogar). Eso sí: por fin, un clóset de buen tamaño y el baño con sus dos lavabos; así, dejaría de importarme si mi marido dejaba pelos después de rasurarse, si estaba destapada su pasta de dientes o si había agua chorreada por la tosquedad con la que se lavaba la cara.

Ahora que estaba embarazada, era tiempo de terminar el segundo piso. Había que construir dos cuartos más con su baño: uno para el bebé, y el otro de visitas para que doña Hu viniera los primeros meses a dictarme y enseñarme los menesteres de la maternidad.

—¿Gueno?

—¿Don León?

—¿Quién habla?

—La señora Valdés, de la casa blanca cerca del parque, ¿se acuerda?

—Ah, sí, ¿la del baño con dos lavabos *pa'* no *peliarse* con su viejo?

—Esa mera —le contesté. Con su tono norteño, don León hablaba por celular como si estuviera hablando a Australia a través un teléfono público de monedas y tuviera la necesidad de gritar para que lo escucharan.

—¿Pa' qué soy guenooo?

—Pos quiero que venga pa' que me cotice la levantada de los cuartos que me faltan —le contesté con un tono similar al suyo. Cuando hablaba con él, y con el güero, su ayudante, me gustaba hablarles en su "idioma", pa' que nos entendiéramos mejor.

—Ándele, mañana ay' stoi.

—Ándele, lo espero después de las seis.

Me volví loca pensando en cómo iba a decorar el cuarto del bebé. Busqué en Internet páginas de diseño de interiores e hice una presentación con fotos de las habitaciones que más me gustaron. Revisé costos de cunas, cambiadores, carriolas y todo lo que íbamos a ocupar.

Me registré en una página web en donde, semana tras semana, recibía información del desarrollo del bebé. Pensaba en que iba creciendo dentro de mí y me parecía un milagro. La vida era demasiado buena. Por fin, todo lo que había aprendido en mis cursos y talleres, se estaba concretando: los pensamientos positivos se atraen y los sueños se vuelven realidad. Nuestro sueño se hizo realidad, porque claro, lo había visualizado y Dios nos escuchó. Me sentía tan feliz que pensé en escribir un libro para motivar a todas las personas que pensaban que los sueños eran inalcanzables.

Se llamaría algo así como: *Sí se puede tener todo en la vida; No te des por vencida: lucha* o *La felicidad sí existe.*

Los achaques normales del embarazo eran para mí una bendición. Las náuseas, los mareos, las ganas de hacer pis: todo era una bendición del cielo. Agradecía a Dios por ellos. Todos los días llegaba a la casa después del trabajo y me metía en la cama bajo mi colcha colorida, para que el bebé descansara y no se me fuera "a venir".

Cuando Jaime entraba a la casa, lo primero que hacía era gritar: ¿Dónde están mis amores? Por supuesto que ahora yo valía por dos. Llegaba a la habitación, me besaba y besaba mi vientre. Se quedaba un momento escuchando los sonidos de mi panza, que aunque eran sólo rugidos de mis tripas, él la acariciaba con ternura sabiendo que, dentro de ella, se estaba gestando su descendencia.

En las noches, rezaba el Rosario y el librito de la Virgen de la Encarnación. Algunas veces, Jaime se unía a mis oraciones. Debo admitir que no éramos unos católicos practicantes. Rara vez íbamos a misa (por lo regular en bodas, bautizos y, algunas veces, sólo llegábamos a los abrazos). No estábamos en contra de la Iglesia, pero sí en contra de las incongruencias de la misma. Creíamos en Dios, pero no sentíamos que necesitábamos ir todos los domingos a la celebración litúrgica y a comulgar para salvarnos del infierno (si es que existe). Si al morir, nos quemábamos en las llamas del averno, sería por alguna otra fregadera, no por dejar de ir a misa. Nuestras plegarias, en la comodidad de nuestro hogar, eran rezos de agradecimiento y de petición para que todo siguiera bien. La Virgen María, de Guadalupe, de Schoenstatt, de la Encarnación, de la Leche y yo, éramos una misma. Ahora que iba a ser madre, me sentía muy cerca de ellas gracias al milagro de vida que me habían concedido.

**

El olor a churros rellenos y fritangas, se combinaba con el olor a bosque en la Feria del Pino. Como cada año, Jaime y yo fuimos a comprar nuestro árbol de Navidad. Yo disfrutaba de la tradición: ir de puesto en puesto regateando con los vendedores para encontrar el pino ideal que sostendría los adornos y cobijaría los regalos. Mi marido, haciendo gala del estereotipo de regio, siempre renegaba de las compras navideñas innecesarias. Ese año, sin chistar ni pichicatear, me compró el pino que más me gustó: un Noble grande y frondoso.

Ya con el pino sujetado al techo de la camioneta, y listos para irnos, me llamó la atención un puesto en donde se vendían botas; de esas botas que se cuelgan en la chimenea y que las mamás o abuelas bordan con el nombre de cada integrante de la familia. Ahora que la estirpe crecía, quería tener unas; no teníamos chimenea pero se me ocurrió que las podría colgar en el recibidor. La azul sería de Jaime; la rosa fucsia, mía; y la verde sería la del bebé.

—Espérame tantito, no me tardo —me bajé rápido de la camioneta, sin dar licencia a Jaime para que me detuviera.

—¿A cuánto las botas? —le pregunté al flaco muchacho que atendía el puesto.

—A cien cada una.

—Te doy dos cincuenta por tres —el regateo, para mí, era un arte que me fascinaba.

—Que quede en dos ochenta.

—Ni tú ni yo, dos setenta. Es todo lo que traigo.

—*Ya estufas, güerita, ¿qué colores quiere?*

Sabes mi amor, pórtate bien
no debes llorar, sabes porqué
Santa Clós llegó a la ciudad.

Luis Miguel ambientaba nuestro ritual de decoración del pino, mientras disfrutábamos del aroma natural que desprendían el Noble y la vela aromática de *pumpkin pie* a la vez que cuidábamos que *Benito*, nuestro perro labrador, no quebrara las esferas. Las botas quedaron muy monas colgadas en el recibidor. No pude evitar pensar en que en un año nuestro hijo sería parte de ese ritual y me llené de emoción: la primera Navidad de nuestro bebé.

Capítulo once

Llegó la fecha de la siguiente consulta. La joven y graciosa asistente me pesó y tomó la presión a la vez que me preguntaba acerca del clima o de cómo me sentía, sólo por hacer plática. Me coloqué en posición para mi feliz chequeo. Jaime tomó mi mano, cruzamos miradas cómplices y nos sonreímos el uno al otro.

–Una pequeña molestia –decía Mendieta cada vez que me revisaba.

En la pantalla se pudo apreciar al bebecito: una pequeña bolita que tomaría forma a medida que pasara el tiempo. Todos estábamos en silencio mirando el monitor.

Tun–tun, tun–tun, tun–tun, pude oír y sentir, gracias al mutismo que predominaba en la sala.

El doctor permaneció callado; midió el embrión y lo volvió a medir. La asistente empezó a conversar para llenar esos huecos en donde no hay mucho qué decir, pero de pronto, guardó silencio. Aunque estaba en sus veintes, su experiencia laboral le decía que algo no estaba bien. Ahora, una mudez pávida se produjo en el aire.

–No ha crecido como debería de crecer para esta semana y eso, no es buena señal –dijo Mendieta con voz suave.

–Pero, ¿todo va a estar bien? –pregunté paralizada. Cualquier cosa hubiera sido mejor que tolerar ese horrible estado de duda.

–Me gustaría decirte que sí, pero no quiero darte falsas esperanzas. Para esta fecha debió de haber crecido el doble y se debería de oír el latido del corazón –contestó sin intención de darme ánimos, sólo decía lo que veía. Sus palabras desbastaron el aire como un machete. Mi respiración se agitó. El tun–tun de mi corazón se agudizó y redobló su esfuerzo. Sentí que un calor interno me quemaba. Por dentro rezaba: Diosito por favor que no sea así, Diosito por favor no me abandones. Entre las brumas de mi cabeza pensé que podría haber alguna equivocación. Jaime se quedó petrificado.

–¿Existe la posibilidad de un error? –pregunté con una voz lastimosa e implorante.

–Vamos a darte una semana más para ver si mejora el panorama y pensar que tiene crecimiento lento. Pero lo más seguro es que sea un huevo muerto retenido.

–¿Y qué sigue? –fueron las únicas palabras que logré articular. Mis cuerdas vocales eran un hilo.

–Si para la próxima semana no ha crecido, y no se oye el corazón, tenemos dos opciones: esperar a que el producto salga solo o hacerte un legrado. Tú decides. Cámbiate y te espero en mi oficina para ponernos de acuerdo –concluyó dándome un apretón en el pie, como diciendo que sentía lo ocurrido.

El nudo en mi garganta me impidió hablar. Jaime no soltaba mi mano; estaba igual de aturdido que yo. Buscando fuerzas de no sé dónde, no me permití sollozar y dominé mis ganas de gritar. De manera paradojica, como si me hubieran dicho algo que oigo todos los días, me zafé de la mano de mi marido y me fui indiferente al baño. Cerré la puerta y las lágrimas batallaron para contenerse. «No llores, Niní, no llores: acuérdate que tres minutos de lágrimas son tres horas de ojos hinchados. Aguántate». Mis pensamientos no fluían; tenía la cabeza constipada y quise anestesiar mi sensibilidad.

Ya sin la bata, y con mi ropa de civil, me sentí un poco más protegida. Tomé asiento frente al escritorio del doctor, en donde el silencio entre él y Jaime no podía ser más ensordecedor.

–Lo siento mucho, esto es algo muy común. Una de cada cuatro mujeres tiene un embarazo así, pero esto no quiere decir que tengas algún problema. Es estadístico; lo desafortunado, en este caso, es que se logró por medio de un *in vitro*. Pero lo bueno, es que ahora sabemos que tu útero está probado y no rechazó el producto; esa es una gran ventaja –dijo Mendieta mirándome con sus amables ojos.

Mil preguntas se arremolinaron en mi cabeza, pero no sabía cómo ordenarlas. Creo que las escupí todas al mismo tiempo:

–¿Qué hice mal? ¿No me alimenté bien o comí

algo que hizo que no creciera el bebé? ¿Hice algún movimiento brusco? ¿Qué hice mal? ¿Puedo hacer algo en esta semana para revertirlo, comer muy bien y que le salga el corazoncito?

–No tiene nada que ver con la alimentación ni con que no te cuidaras. Aún las mujeres desnutridas de Somalia se embarazan y tienen a sus bebés. En este caso es genético. Desde que se acomodaron los cromosomas, alguno no tenía la información suficiente para desarrollarse. Esto pasó desde que se unieron el óvulo y el esperma –contestó Mendieta con la tranquilidad y serenidad que lo caracterizaban.

–Entonces, si volvemos a intentar el procedimiento, ¿hay más probabilidades de tener éxito porque ya tuve el embarazo malo y el que sigue debe de ser el bueno? –pregunté con la voz desafinada.

–Es difícil decirte que las próximas probabilidades son del cien por ciento. Nosotros hacemos todo lo que tenemos a nuestro alcance para que las cosas sucedan, pero nunca podremos jugar a ser Dios.

Nos subimos al coche con cara de velorio. De regreso a casa Jaime y yo íbamos afónicos. Quería pensar que en la próxima cita mi bebé mostraría señales de vida y que sería un milagro. Después de tantos Rosarios rezados y tantas súplicas a Dios para que todo saliera bien, Él no me podía desmantelar de aquella manera. Mi alineación con el universo la había sentido real; mis pensamientos fueron positivos; tenía mi tablero de visión; hice todo bien, ¿o no?

El sol se ocultó con la puntualidad de otoño e íbamos atorados en el tráfico de las siete de la tarde. Me sentía como una vela flotante, apagada por el viento, ondeando sin rumbo, inerte. Viendo por la ventana las luces de los carros y de las casas de la colonia marginada enclavada en el cerro, rompí a llorar, desconsolada, con el sollozo más desgarrador. Mis lágrimas destilaron sin misericordia. Tres horas de ojos hinchados a la fregada, serían como cien, o más, no me importaba. No me podía contener, no me quería contener. Lloré de tal manera que se me dificultaba respirar. Tenía que parar de llorar para respirar por la boca y seguir llorando, hasta que la carraspera en la garganta me indicó que había sido suficiente (por el momento).

Jaime no sabía qué decir, aunque más fuerte que yo, también estaba hecho migajas. Sólo limpiaba con su índice mis lágrimas de tanto en tanto. En algún semáforo alisaba mi pelo con la mano y colocaba los mechones fuera de lugar detrás de mi oreja.

Pensé en mi mamá y en que le había quedado de hablar saliendo de la consulta. En ese instante la necesitaba a ella abrazándome, pero estaba a muchos kilómetros de distancia. Sólo me podía consolar por teléfono.

—¿Bueno?

—Amá —apenas y me salió la palabra

—Mi amor, ¿qué pasó? ¿Cómo les fue?

Con tan sólo escuchar mi tono de voz en una sílaba, mi mamá de inmediato supo que algo no andaba bien. Esa intuición que sólo tienen las madres, y la manera en que me conoce, le hizo saber que le iba a dar malas noticias.

–Mal –no me dio la voz para decir más.

–No, muñequita, no puede ser. ¿Qué te dijo el doctor?

Al tratar de explicarle, se me cortó el vocablo en medio del gimoteo y no pude mas que volver a soltar el llanto. Jaime tomó mi celular y, un poco más tranquilo, sintetizó las palabras del doctor. Mi mamá se quedó con el alma en un hilo.

Pensé en el ambivalente cuadro del consultorio del doctor. Ese mismo mar que me había transmitido paz, ahora me parecía tenebroso, inquietante, turbio y suicida. Quería que todo fuera una pesadilla. Quería despertar y estar protegida por mi edredón de colores sabiendo que otra vez había sido un mal sueño «¡Despierta, Niní! ¡Despiértate! ¡Abre los ojos! ¡Esto no puede estar pasando!».

Entré a la casa y me encaminé a la habitación. No prendí luces, me guié por mi instinto y por la luz de la luna llena que se colaba a través de las ventanas. Me acosté en la cama y me coloqué en posición fetal, encogida sobre mí misma, como con frío. Me sentía en un *show*, atrapada en una caja de madera, cuyo exterior estaba amarrado con cadenas. Las guapas asistentes del mago giraban y giraban la caja provocándome vértigo. El mago olvidaba las palabras mágicas que harían que las cadenas cayeran al piso para yo salir airosa de la caja a recibir los aplausos del asombrado público.

Estaba atrapada. No había palabras mágicas que deshicieran las cadenas.

Jaime me abrazó por detrás, de cucharita. Caí en cuenta de que no sólo yo necesitaba de mi esposo, sino que él también me necesitaba. Me senté en la cama y lo envolví de frente con mis brazos. Lloramos juntos. Nos abrazamos tan fuerte que no había necesidad de decir nada. No había nada que decir. Estuvimos soldados por no sé cuánto tiempo. Sentía como si una guadaña, con punta cruel y afilada, atravesaba mi alma haciendo sangrar mi espíritu. Era de ese dolor tan intenso que desgarra; que quieres meter la mano dentro de tu ser para arrancar el corazón y dejar de sentir. Los dos sabíamos que la ilusión se había acabado. Fue como haber comprado un vale de felicidad por un mes, y esa noche, expiró.

***

Transfusión de magia pura para el corazón rímel de miel pa' corregir la tristeza.

El despertador sonó como todas las mañanas con alguna canción que mi celular elegía de mi *playlist*. Ese día, escogió la canción *Nada*, de Zoé. Siempre lo apagaba al oír la música introductoria y le pedía cinco minutos más de sueño. Lo dejé sonar. No tenía ganas de levantarme, ni siquiera el valor de moverme para tomar en mis manos el artefacto. Mi estado de ánimo era más que sombrío.

Tattoo mental para marcarse la imaginación
tragos de luz para alegrarse la vida.

No abrí los ojos. Repasé con amargura el día anterior, en esta ocasión, funestamente, no había sido un sueño. Era real. Aunque quería abolir el recuerdo, el dolor causado por la guadaña aún seguía.

Pero no hay nada mucho que pensar
la oscuridad me acecha incrédula.

Las lágrimas humedecieron mi almohada.

Nada que pueda perder
nada que no pueda hacer
algo que te alivie
algo que me cure.

No me importaba que mi almohada se mojara de lágrimas, pero sí de mocos. Abrí los ojos para ubicar la caja de Kleenex en mi buró y limpiarme. Vi que el tapete anaranjado, al pie de mi cama, estaba repleto de pañuelos usados la noche anterior; hechos bolas. Si no los levantaba, doña Mary se daría cuenta de que algo andaba mal, o quizá pensaría que tenía un resfriado común. Ya había logrado abrir los ojos, pero no me daba la vida para salir de la cama en la que estaba replegada como un molusco.

No hay nada que pueda perder
que pueda hacer

que no pueda amar
que pueda soñar.

Me quedé con los ojos fijos hacia la ventana, viendo a través de la cortina de tul, y escuchando la voz de León Larregui. Mi bugambilia color salmón seguía igual de fastuosa y el resplandeciente sol ya se había asomado. No me di cuenta de cuando Jaime se fue; salió de la casa más temprano de lo habitual para atender una cita con un cliente en Monclova. No lo vería sino hasta el anochecer. Por lo pronto, el día me estaba esperando para que realizara mis actividades, pero, en mí, el mundo se detuvo.

Después de varios minutos de maldecir la vida, de preguntarle a Dios a dónde se habían ido mis oraciones, de querer cerrar los ojos y dormir eternamente, supe que tenía que levantarme y afrontar, al menos, los avatares de ese día.

Me puse de pie como saliendo de un coma de siglos; me arreglé y traté de disimular mis ojos de sapo. Bendito maquillaje. Era un día frío. Me vestí del color que me sentía: gris, gris lúgubre para ser específica.

En mi trabajo, tuve que sonreír, aunque en mi gesto no hubiera ni pizca de alegría; tuve que hacer mis labores con eficiencia, y decir mis bromas acostumbradas, para que nadie notara que estaba mal.

Por alguna razón, mis compañeros ese día no comieron ahí, así es que durante el receso laboral me dirigí sola al comedor e hice fila sin hacer contacto visual con nadie; me quería volver invisible. No tenía ganas de hablar. No quería que alguien me invitara a su mesa. Agarré mi charola y me senté en la barra, frente a una pared de azulejos blancos, con una franja de mosaicos azules y un ventanal. Me quedé viendo el plato como si tuviera cianuro, cuando me animé a probar el caldo, sabía a comida de avión o de cárcel; no sé, no me supo. Tenía hambre, pero batallaba para pasar bocado, un lazo de grueso mecate en mi garganta lo impedía. Seguía sangrando por dentro. Otra vez las lágrimas rodaron por mis mejillas. En esta ocasión caían en mi sopa. No me importaba. No me importaba nada.

Neta, Dios ¿qué quieres?

***

Nos inclinamos por la opción del legrado; mientras menos sangre viera y más limpio fuera todo, mejor. Por cuestiones laborales no me podía someter a una intervención quirúrgica de inmediato; implicaba una incapacidad de cuatro días, y yo tenía que preparar un importante evento en mi trabajo. No podía ausentarme y no quería dar explicaciones.

El doctor me dijo que si continuaba aplicándome la progesterona, el huevo muerto no se desprendería, así es que programamos la operación para las vacaciones de diciembre; faltaban dos semanas. Ese lapso continué con los mismos achaques del embarazo. Ahora, en lugar de bendecirlos, los maldecía, me recordaban que todo había sido en vano y que la vida no era justa. Lloraba a escondidas, no quería que me alentaran. Quise vivir el proceso de duelo sola, con mi marido. Estuvimos afligidos y desconsolados durante esas dos semanas. Aunque trataba de ser fuerte, el dolor y el vacío seguían presentes. Malditos talleres, maldita ley de la atracción, maldito universo, maldito positivismo, maldito tablero de visión, maldita programación *mierdalingüística.*

En lugar de ser realista y consciente, para que mi mente se fuera con cautela, y no cantar victoria antes de tiempo, todo lo anterior enalteció mi estado dando por hecho algo que no era. Hasta la preñada más inocente sabría que un embarazo no se puede dar por sentado hasta pasar los primeros tres meses y, aun así, en los meses restantes, podrían pasar muchas cosas. Pero no; mi mente positiva voló. La seguridad que me dieron esas "herramientas" era tal, que lo único que habían logrado era que mi ilusión fuera tan grande que el ramalazo lo sentí mucho más estrepitoso.

***

—¿*Gueno?*
—¿Don León?
—¿Quién habla?
—La señora Valdés, de la casa blanca cerca del parque, ¿se acuerda?
—Ah, sí, ¿la del baño con dos lavabos *pa' no peliarse* con su viejo?
—Así es.

–*¿Pa'qué soy guenoooo?*

–Vamos a tener que posponer el proyecto.

–¡Ora! ¿Y eso? Ya *íbanmos* a empezar el lunes que entra.

–Pues sí, pero ya se nos complicó con el dinero.

–*Mmmttaaaa.*

–Discúlpeme, don León: las cosas no salieron como esperábamos. Denos oportunidad de tener otro juntadito y entonces le hablo. ¿Cómo ve?

–*Pos ya qué chingados.*

Exacto, ya qué chingados, eso mismo pensaba yo.

***

"Sábado 18 de diciembre a las 14:00 hrs. Práctica de legrado. Presentarse a las 13:00 hrs. en el Hospital de la Mujer. Ayuno total de doce horas", decía la hoja que Mendieta me había entregado en la última consulta.

Doña Hu insistió en estar presente para cuidar de mí y darme su amor, que necesitaba a borbotones. No la dejé: no quería que me viera triste.

–No, *amacita*, ustedes tienen mucho trabajo: diciembre es temporada alta, no es necesario; estoy bien, de verdad.

Quince minutos antes de la una de ese sábado decembrino todo culminaba. Llenábamos y firmábamos los papeles en el hospital. Entré a una sala para ponerme la bata y me asignaron un cubículo con una camilla. Estaba nerviosa. Tuve la impresión de que en esa sala estaban las embarazadas a punto parir, con las contracciones en su clímax. Se escuchaba el ir y venir de las camillas y algunos gemidos de mujeres. Al diez para las dos Mendieta entró a mi cubículo, cuyas paredes eran de cortinas blancas.

–Helga, ¿cómo estamos? –me preguntó con delicadeza.

–Bien, doctor, gracias.

–¿Lista?

–Sí, lista. Ya quiero que termine todo esto.

–No te apures; todo va a estar bien. Te veo en el quirófano –puso su mano en mi tobillo izquierdo, cubierto por una sábana rosa pálido y me dio un apretoncito de aliento.

Un menudo y escuálido enfermero llevó mi camilla hacia la sala de partos; o de abortos; o de operaciones o de cualquier curación que necesitara alguna mujer.

En punto de las dos de la tarde el anestesiólogo, con su filipina en azul celeste, llegó al quirófano. Muy cordial, intentó sacarme plática para distraerme, mientras las enfermeras luchaban con la delgadez de mis venas para colocarme la sonda.

–¿Te está atendiendo el doctor Mendieta? –me preguntó el anestesiólogo a la vez que se colocaba los guantes de látex.

–Sí.

–Es muy buen doctor.

–Sí.

–¿Te va a operar de algún quiste?

–No, un legrado.

–Ah, qué lástima. ¿Ya tienes hijos?

–No –«¡*Come on*, pitufo: ya duérmame; no le ponga sal a la herida! ¿Cómo le explico que no quiero platicar?».

Entró Mendieta al quirófano y me sentí aliviada, suspiré. Las luces de la sala explotaron como brillantes y esplendorosos fuegos pirotécnicos. No supe más de mí.

Desperté en mi cubículo con paredes de cortinas y con Jaime sentado al lado de la cama.

–¡Hola, bonita! ¿Cómo te sientes?

–Hola. Con cólico.

–Sí, se acaba de ir el doctor; me dijo que ibas a tener un poco de dolor y un poquito de sangrado; que es normal. Pero que todo salió muy bien –se paró a mi lado, me dio un tierno beso y acarició mi cabeza.

–Me duele –respingué conteniendo un grito, con la mano en mi vientre y revolcándome en la camilla como poseída por algún ente maligno.

–No te apures, flaquita –trató, en vano, de tranquilizarme mi marido–. Aquí tengo ya la receta, saliendo vamos a comprar las medicinas para que te sientas mejor.

Eso no me fue suficiente. En cuanto entró una enfermera le externé mi dolor y le pedí, con cara de compungida, que hiciera algo por mí. Regresó con dos pastillas en la mano y un vaso con agua.

–Tenga, esto le va a ayudar –me dijo la enfermera–. Descanse un ratito y ahorita vengo a ver cómo sigue. Mi nombre es Marina, para lo que se le ofrezca.

A los cinco minutos el dolor cesó, pero un terrible vacío en mi interior se acrecentaba. Eran las seis de la tarde y yo no había probado bocado desde el día anterior. Después de quince minutos regresó Marina.

—¿Cómo sigue? —me preguntó.

—Bien, gracias, pero tengo hambre.

—No se apure, ahorita le traigo una gelatinita.

—¿Gelatinita? ¿No puede ser algo más? —rogué.

—Sí, le puedo traer un tecito de manzanilla.

—No —carraspeé alargando la o—. Tengo demasiada hambre; no he comido nada desde ayer. ¿No tienes un caldito de pollo?

Marina sonrió.

—No sé si pueda darle sólidos. ¿Qué le dijo el doctor?

—No me especificó dieta líquida, así es que sí puedo. Ándale, ¿sí? Por favor —dije endulzando mi voz—. Ya me siento bien.

—Ándele pues, se lo voy a traer —resolvió con gracia, sin estar segura de lo que yo le decía.

Después de veinte minutos Marina no regresaba. Yo me sumergí en un sueño superficial, como con rezagos todavía de la anestesia, pero el hambre, me despertó de peor humor.

—Amor, ¿puedes ir a buscar a la enfermera? Me estoy muriendo de hambre.

—¿A dónde quieres que vaya a buscarla? —me contestó Jaime, sin levantarse de la silla.

—No sé. Sal, asómate. Pregunta por Marina. Pregunta por mi caldo de pollo —el apetito me tenía irritada. Si no comía algo en ese momento era capaz de gemir como las parturientas para que me pusieran atención.

Jaime salió del cubículo y regresó con Marina y mi caldo de pollo y té de manzanilla y gelatina de fresa. Devoré la comida como niña de hospicio. Ya de mejor humor me cambié y me llevaron en silla de ruedas hasta la camioneta.

De manera oficial, el tormento había terminado.

Al regresar a la casa, me recibieron en la entrada las botas de Navidad que compré con tanta ilusión. Tuve el impulso de arrancarlas. Las quería desgarrar con el mismo coraje maléfico de Jack Nicholson en *El Resplandor*; pero me contuve. Ahí permanecieron las botas, inclusive la verde, que me recordaba que, algún día, iba a ser de alguien. Por lo pronto, sería del noble *Benito*.

Capítulo doce

–Me da cinco moños rojos, por favor –le pedí al dueño de la mercería que quedaba a dos cuadras de la casa de mis papás.

–¿Sería todo, *mija*?

–¿Sabe qué? Deme también dos pliegos del papel de renos. De una vez, don Pilo; no vaya a ser que falte. Ya ve que mi mamá siempre se espera a que yo llegue para que le envuelva los regalos.

–¿Y qué dice Monterrey? ¿*Musho* frío por allá?

–No fíjese, ayer que nos vinimos estábamos a treinta y dos grados. ¿Usted cree? Ni parece diciembre.

–¡Ay qué suave! Y aquí que ya se dejó venir el frío –decía mientras sumaba en la calculadora–. Son *oshenta* y dos, *mija*, por favor.

–Aquí tiene.

–Gracias. Me saludas *musho* a tus papás y a tu hermano. Que pasen una Feliz Navidad.

–Gracias, don Pilo. Igual para usted y su familia.

Al entrar en la casa, el aroma a pay de manzana recién horneado invadía el ambiente, afianzando el calor de hogar que se distinguía en la

121

casa de mis papás, en Chihuahua, a donde Jaime y yo viajamos para celebrar las fiestas decembrinas. El pay de manzana era sólo uno de los postres que mi mamá había preparado, además de un *mousse* de chocolate, *brownies* con queso y pastel de zarzamora. No eran los postres de la cena navideña: era la manera en la que doña Hu nos transmitía su amor. La frialdad de su sangre alemana le impedía ser apapachadora, pero su amor y ternura la paladeábamos en cada cucharada.

Casi como un ritual, en cada Navidad que celebraba en casa de mis papás, las situaciones transcurrían de manera muy similar.

–No manches, jefa. ¿Por qué nada más haces postres ricos cuando vienen la Niní y el Jimmy? –renegaba Pablo, mi hermano mayor, cuando abría el refrigerador y lo veía repleto de delicias. Sacaba alguno para degustarlo.

–Eh, ahí deja; son para mí –lo agarraba yo del brazo tratando de moverlo, para que dejara el *mousse* intacto.

–No. Ni madres –con sus dos metros y cachito de altura era imposible que lograra desplazarlo un centímetro.

–Deja mis postres, "profesor Jirafales" –Pablo le daba un lengüetazo al *mousse*.

–Toma, ¿lo quieres? –me ponía la parte chupada cerca de la cara.

–Quítate, al cabo que ni quería. Mejor voy a comer pay de manzana, todavía está calientito y está más rico. ¡Mmmhhhh! ¡Ex–qui–si–to! –le pasaba la cuchara con un pedazo del postre cerca de la boca.

–¡Ya! –intervenía mi mamá–. Chicos verdolagones con más de treinta años y todavía se pelean como niños. ¡No la muelan!

Doña Hu tenía tres niveles de enojo y podíamos identificar con facilidad en cuál estaba según sus palabras: no la muelan; no frieguen y no chinguen. Cuando llegaba al no chinguen, era mejor correr antes de que la chancla voladora nos alcanzara. En esta ocasión estábamos en el nivel uno. A estas alturas, ella gozaba nuestras peleas; esas mismas que le daban jaqueca veinticinco años atrás, ahora significaban que sus hijos estaban en casa. Tenía lleno el nido. Pablo y yo disfrutábamos pelearnos como La Chilindrina y El Chavo del 8, aunque ya estábamos más cerca de pelear como doña Florinda y don Ramón. Amaba a mi hermano y él a mí. Pelear era una manera de manifestarlo.

Cuando mi papá llegaba, me abrazaba; me daba un beso en la frente y unos cariñitos en la oreja. Lo que no tenía mi mamá de cariñosa, lo tenía mi papá.

Estar en Chihuahua era mi alimento para el alma. Las condolencias por el fallido embarazo, por parte de mis papás, ya habían sido dichas a través del teléfono; en su momento. Ahora que estaba con ellos, no se hurgó en el tema. Los abrazos que nos dieron al recibirnos en el aeropuerto fueron suficientes para saber que contábamos con su amor incondicional.

–Chiquita, arriba, en el baúl del pasillo, está el

regalo de tu mami. ¿Cuando tengas tiempo se lo envuelves y lo pones debajo del pinito? –me susurraba mi papá cuando veía que estaba envolviendo los regalos en la mesa del comedor. Jaime me ayudaba: cortaba pedazos de cinta y me los pasaba.

–¿Qué? ¿Qué están diciendo de mí? –preguntaba doña Hu desde la cocina, a quien no se le escapaba una. Siempre que alguien hablaba en voz baja, pensaba que se trataba de ella y, la mayoría de las veces, así era.

–Nada. Ni que fueras tan importante –le contestaba en tono de broma tratando de hacerla renegar. Mi papá, con sentimiento de culpa por hablar en secreto, se acercaba a ella y la rodeaba por detrás con sus delgados brazos, mientras ella, con el delantal puesto, mezclaba la masa para las galletas de jengibre.

–¡Claro que soy importante! ¿Verdad, papito? –volteaba hacia él con sus ojos trigueños para que le diera un beso. Él a ella. Ella raras veces repartía mimos.

–Por supuesto, mi reina. Eres la más importante de esta casa –le daba por su lado para después besarle la frente con sus labios enmarcados por su característico bigote–. ¿Y ahora qué estás haciendo?

–¡Ay, unas galletitas de una receta nueva que vi en Internet! –contestaba emocionada mi mamá–. Están –tragaba la saliva que se le había acumulado en la boca después de habérsele hecho agua–, que no se las van a acabar de lo rico que me están quedando.

—Ya, chula, ya párale. Te la has pasado en la cocina —le advertía mi papá.

—Huy no, si ya compré limones también para hacerles un postre de limón. Ése me lo aviento en tres patadas.

Mi papá intercambiaba conmigo una mirada cómplice en la que los dos nos preguntábamos: ¿y esta señora, de dónde se apaga?

—Déjame ayudarte para que termines pronto y ya descanses —le decía mi papá mientras se ponía su delantal blanco de vinil.

Y ahí estábamos: Jaime y yo envolviendo regalos, mis papás haciendo galletas y mi hermano probando todo lo que había de postre.

—¿Qué onda, mi Jimmy, vamos mañana a jugar golf? —preguntaba Pablo a mi marido.

—¡Huy no, mi Pablo! No me traje mis zapatos. Pero gracias de todos modos, lo dejamos para otra ocasión —aunque a Jaime le gustaba jugar golf, no era tan diestro como mi papá y mi hermano, quienes le llevaban años de experiencia. Lo de los zapatos, era un pretexto. Le daba vergüenza que su suegro y su cuñado lo vieran perder las pelotas en los lagos o entre los arbustos.

—N'ombre, Jaime, anímate. No pasa nada. Vamos a la T de práctica aunque sea —insistía mi papá—. Ahorita el campo no está tan bonito como en verano, pero comoquiera se disfruta. Al cabo, no nos vamos tan temprano, no te apures, para que descansen y se puedan levantar tarde.

—Bueno, los acompaño. Muchas gracias por la invitación —contestaba Jaime sonriendo.

También le daba pena decir que no.

—¡Suave! ¡Hecho el plan! —decía doña Hu con unas energías como si fueran las nueve de la mañana, cuando eran ya las nueve de la noche—. Ustedes se van al golf y la Niní y yo nos vamos al centro a buscar unas bolas de unicel y unos listones para hacer unas esferas que vi en una revista. Van a quedar fregonas. Después, vamos a la Frutería 28 a conseguir el coco americano y la piña que le voy a poner al camote y de una vez pasamos al Ejército de Salvación a dejarles unas bolsas de ropa que ya traigo en la cajuela del carro. De ahí, nos pasamos a Sam's y a Wal Mart para comprar lo que falte. ¿Me acompañas, muñeca?

—*Amá*, estoy de vacaciones —protestaba yo con voz de flojera, haciendo un notorio puchero—. Tienes chinches en los calzones.

—¿Tanto así, *mainkienkien*? —esa frase la utilizaba mi mamá cuando algo le parecía exagerado, pero que sabía que era cierto. *Mainkienkien* era una palabra alemana que mi *Oma* —abuela en alemán— tropicalizó al español. La correcta pronunciación en alemán sería *meine liebe kind*, cuyo significado es: mi querida niña.

—Si quieres ve a comprar las cosas y yo te ayudo a hacer las esferas. Mañana quiero ir a visitar a mi Tita.

—No seas flojilla, flaquita —me decía Jaime, con su tono de soy el marido perfecto para su hija, que utilizaba enfrente de mis papás—. Acompaña a tu mami en sus pendientes. Vamos a visitar a Tita en la tarde; yo voy contigo, también la quiero saludar.

***

–Ponte la chamarra, rorro –le pedí a Jaime cuando me dijo que estaba listo para irnos–. Ya sabes que adentro de la casa de mi Tita hace más frío que afuera, parece un congelador. Ya nos vamos, *amá* –grité desde la puerta antes de salir.

Lo bueno y cariñoso, mi papá lo heredó de mi Tita: un ángel en la tierra, decíamos quienes la conocíamos. Entre las palabras que utilizaba para dirigirse a mí sobresalían: primorosa, consentidísima, queridísima, amor mío, hermosísima, alma mía. A Jaime también le tocaban algunas palabras afectuosas; lo adoptó como nieto.

–Fíjense, queridísimos que el otro día vino Lucía, la hija de tu tía Alicia, prima de tu papacito, ¿te acuerdas? Pues no van a creer que me habló para ver si podía venir a grabar una película aquí a la casa con sus compañeritos de clase, que porque estaban haciendo un proyecto para la escuela. Y yo les dije: ¡Claro, vengan! –le salió vapor por la boca del frío que hacía. Su casa era tan vieja que no contaba con calefacción y el calentador de su recámara era de petróleo. Tenía un calorífero eléctrico que encendía sólo cuando llegaban visitas, pero de aquí a que calentaba la estancia, calentaba más un chocolatito.

–¿Y luego, Tita? –le pregunté mientras le acariciaba la mano estando sentadas en un sofá "del año de la Inquisición", como ella decía. Jaime se dejó caer en el sillón reclinable que había sido de mi Tito y que rechinó al recibir su peso.

–Pues vinieron la semana pasada con cámaras de televisión. Yo los dejé en los cuartos de atrás para que trabajaran a gusto. Me pidieron sábanas y *nomás* me asomaba para preguntarles si querían limonada o chocolates. Pobrecitos, trabajaron mucho. Pero no quisieron comer, por más que les ofrecí chiles rellenos y frijolitos –me gustaba hacerle mimos en el cabello que le llegaba hasta los hombros y que se dejó de pintar cuando falleció mi Tito, hacía poco más de un lustro, por lo que estaba entre negro y cano–. ¿Qué hijita, estoy muy despeinada? Han ustedes de dispensar pero no alcancé a ponerme los tubos. Parezco brujilda –se reía de ella misma.

–No, Tita; te estoy haciendo cariñitos.

–¡Ay, amor mío! ¡Cómo te quiero! –me decía con dulzura mientras quitaba mi mano de su cabeza para besarla–. Pues lo más gracioso es que cuando los jóvenes estudiantes terminaron, le pregunté a Lucía que de qué se trataba su proyecto. Yo me imaginé que de casas antiguas. ¿Y qué creen que me va contestando? "Es de casas de espanto, tía". Fíjense, almas mías y yo muy ilusa pensando que mi casa era útil como antigüedad.

Era una delicia escuchar a mi Tita.

–¿Ya les conté la vicisitud que me pasó el otro día? Hasta pena me da con Jaime.

–No, Tita, no te preocupes. Nos gusta mucho que nos platiques –dijo mi marido, con su tono de soy el marido perfecto para su nieta.

–Pues no van ustedes a creer que iba yo llegando muy ufana a Catedral y en las escaleras estaba un señor con un vaso en la mano. Saqué una moneda de diez pesos y se la puse en el vaso. Y que me dice: "Oiga, era mi café". Válgame, le dije, usted dispense. Estaba yo muy apenada, hijitos. Ofrecí comprarle otro café pero el señor no quiso; pobrecito. Lo incluí en mis oraciones del día. No había minuto en el que mi Tita no tuviera tema de conversación; los silencios incómodos los rellenaba con anécdotas o palabras de amor capaces de cerrar cualquier llaga. En ese momento, mi llaga no dolía; es más, se me olvidó que la tenía.

En la mesita de sala que estaba al lado del sillón de mi Tito, había un libro morado con letras blancas: *Bástele a cada día su propio afán*, de Virginia Thompson Karam. Era un pequeño y sencillo libro basado en la Biblia; Mateo 6:34: *No os inquietéis, pues, por el mañana; porque el día de mañana ya tendrá sus propias inquietudes; bástele a cada día su afán*. Como si mi Tita supiera que necesitábamos palabras de aliento, tomó el libro en sus manos, y nos lo mostró.

—¿Ya les enseñé mi libro que compré en El Sembrador? Está tan hermoso. Lo tengo aquí para verlo todos los días. Déjenme les leo para que escuchen qué mensajes tan bonitos —se puso sus lentes y acarameló aún más su voz para leer:

¿Por qué te preocupas de tantas cosas? ¿Por qué llevas el peso de un lugar que lamentas si ya no está en tu mano? ¿Por qué te angustia el temor de un mañana que quizá no vas a ver? Bástele a cada día su propio afán. El ayer pasó, el mañana no ha llegado. Llena bien el hoy que tienes en tu

mano... Aprovéchalo, agradécelo, ¡llénalo! Piensa que hoy es tu día. Te lo doy para que te acerques a mi corazón y prepares tu cielo. Para luchar, para vencer, para reparar, para amar, cuentas con hoy. Santifica el día de hoy y santificarás tu vida. ¿No les encanta? –nos preguntó.

–Sí, Tita, qué bonito –contestó Jaime.

–Hay que agradecer a Nuestro Padre todos los días, mis hijos, la oportunidad que tenemos de vivir –se quitó los lentes para vernos a los ojos sin cristales de por medio.

Era ejemplar el amor que mi Tita tenía por la vida. A sus más de ochenta años vivía sola en una "casa de espantos", que era un congelador. Siempre estaba de buen humor. Jamás se quejaba de sus dolencias o achaques de la edad. No le gustaba molestar a nadie. Ella estaba en el mundo para dar, no para recibir.

Desde que nació mi papá, mi Tita tuvo a una señora que le ayudaba con los quehaceres del hogar, Trinidad. Era una señorita con pelo canoso que cubría con una pañoleta de seda. Cuando niña, yo le preguntaba: Trini, ¿cuántos años tienes? No me acuerdo, me respondía. Yo me imaginaba que tenía más de ciento veinte. A sus sesenta años tenía ya su rostro muy surcado y rugoso. Flaca, flaca, flaca. Muy bajita de estatura. Se empalmaba suéteres de botones, faldas de lana a la rodilla y tobimedias color carne, con el elástico ya tan flojo, que se le bajaban conforme pasaba el día; mismo que aprovechaba para quejarse o inmiscuirse en asuntos que no le competían. Su cuarto, al lado de la lavandería, estaba conformado por un pequeño catre con muchas cobijas, un ropero de madera robusta, un buró e imágenes de Santos colgadas en la pared. Pasadas las nueve de la mañana, mi Tita entraba a su zona para llevarle el café a la cama.

¿En qué momento la patrona llevaba el café a la cama de la sirvienta, después de las nueve de la mañana? Así era mi Tita.

Sacó un álbum de fotos para enseñarle a Jaime recuerdos de cuando éramos niños e íbamos al rancho con ellos. Pensé en su fe en Dios y en lo enojada que estaba yo con Él. Mi Tita llenaba sus días de espiritualidad religiosa, misma que le daba motivos para seguir siendo feliz o, al menos, repartir felicidad, aún después de perder al amor de su vida. Quizá Dios no es tan malo, pensé. Se ensamblaron unos cables dentro de mí considerando una reconciliación con Él.

–Y mira, Jaime, en este retrato están mis seis nietos, todos montando el caballo que les regaló su Tito. ¿Te acuerdas, consentidísima?

Al ver las fotos, se aglutinaron en mi cabeza imágenes de mi niñez. Me sentí mal por renegar de la vida. En realidad disfruté de una buena infancia y contaba con una hermosa familia. Si bien es cierto, pasé por una mala experiencia, no todo había sido malo. Valoré lo que tenía. En ese momento, estaba frente a mí un ejemplo de mujer dedicada y consagrada a cualquier actividad que llevara a cabo. A mi memoria acudieron por montones los recuerdos de cómo mi Tita nos llenaba de cuidados y mimos. Me perdí.

En el rancho, cuando mi Tito llegaba a la casa de campo rodeada de mezquites y álamos, tras una larga jornada revisando su ganado, mi Tita le quitaba las botas vaqueras y le ofrecía que descansara mientras terminaba la cena.

Trini no iba al rancho; le daban miedo los animales ponzoñosos que descollaban en el campo. Se quedaba en el domicilio de mis Titos, con las comodidades de la ciudad, viendo las telenovelas.

Los días de doña Raquel, en Los Pozos, eran un trajín desde antes que se despertara Dios, como le decía mi primo Javier:

—Tita, ¿para qué rezas desde tan temprano? Dios todavía está dormido a esas horas.

El cacareo de los gallos, a las cinco de la mañana, era su despertador. Doña Raquel rezaba, se alistaba, barría el porche y recibía la leche que le llevaba Ramoncito.

—Aquí está la leche, señora —le decía el hijo de caporal del rancho a mi Tita, entregándole una olla de peltre con la leche de la vaca recién ordeñada.

—Gracias, Ramoncito. Pásate a tomar una café. ¿Ya almorzaste?

—Ya, doña Raquel, gracias. ¿Le ayudo a prender la estufa?

—¡Ay, cómo serás amable! Si me haces favor...

Ramón se quitaba el sombrero para echar los leños dentro de la estufa, mojar un pedazo de periódico con petróleo y aventar un cerillo. Una vez encendidos los leños se colocaba su sombrero y se despedía. –Con permiso, señora.

–Gracias. Me saludas a tus papacitos. Que tengan un buen día, con el favor de Dios.

Con un tramo de tela blanca, mi Tita colaba la leche y la ponía a hervir en la estufa de leña. Preparaba testales para las tortillas de harina y, a partir de las siete, cada uno de sus seis nietos nos levantábamos; ya sea que el muuuu de alguna vaca llegara a nuestros oídos, o que algún primo comenzara con el alboroto del día para montar, chacotear en la pila rebosante de lama, hacer casitas con las pacas de pastura o jugar al teatro, en donde yo escribía los diálogos y dirigía a cualquier incauto que se dejara mangonear. Al llegar a la cocina, mi Tita nos daba los buenos días con un cariñoso beso.

–¡Cómo se divertían mis amores en el rancho! –dijo mi Tita guardando las fotos en el álbum–. Y la Ninicíta que preparaba sus obras de teatro y allá íbamos todos los adultos a ver la función. Si vieras cómo nos hacían reír, Jaime.

–Sí, Tita: si a la Niní no se la ha quitado lo teatrera –dijo mi querido esposo llevándose la taza con chocolate caliente a la boca.

–¡Ay, cómo serás bribón! –simuló censurarlo, riendo–. No te dejes, queridísima.

Sin ganas de regresar al presente, fijé mi vista en algún punto del tapete ovalado color azul aguamarina que adornaba el oscuro piso de parqué. Recordé la casa del árbol que mi papá y mi Tito nos construyeron en lo alto de un árbol torcido y en la que jugaba con Anilén, Lily y Mabel, a la casita. Alguien era la señora de la casa, y las demás, las comadres que iban de visita y a quienes se les ofrecía galletas y café.

¿A quién le enseñaría yo las fotos de mis nietos si no tendría hijos? ¿Con quién compartiría mis anécdotas? ¿A quién consentiría? ¿Qué sería de mí cuando enviudara y nadie tocara a mi puerta para visitarme y escuchar mis palabras de amor?

¿Por qué, Dios? ¿Por qué no permites que tenga hijos? No: aún no estoy lista para reconciliarme Contigo.

Capítulo trece

Haber pasado Navidad con mi familia, en Chihuahua, me resultó terapéutico. Una vez de regreso en Monterrey, el meneo diario se volvió más llevadero a medida que el frío cesaba y se acrecentaba el follaje verde en la ciudad. En mi interior, era como si las catarinas engulleran la plaga que había marchitado las flores que le daban color a mi existencia y éstas comenzaban a brotar de nuevo.

Aquí seguía y seguiría quizá por muchos años más. El espectáculo debía continuar; así es que más me valía reconciliarme conmigo misma y con la vida, si quería pasarla bien. Me propuse robustecer mi espíritu y agradecer todo lo que tenía. En pocas palabras, enfocarme en lo positivo.

Agregué a mi *playlist* la canción noventera *I get knocked down* de Chumbawamba, que me recordaba mis épocas de estudiante en las cuáles todos aperrados en el antro, cantábamos y brincábamos con singular alegría y con dos que tres copas encima. Muy buenos tiempos. Tiempos en donde el mayor problema era la espinilla que aca-

135

baba de brotar o el novio que hacíamos esperar porque no encontrábamos los zapatos que combinaran perfecto con el atuendo elegido para un sábado casual.

I get knocked down
but I get up again
you're never going to keep me down
I get knocked down
but I get up again
you're never going to keep me down.

La canción repetía esa frase una y otra vez y yo, en mis trayectos de la casa al trabajo, o viceversa, la cantaba a grito pelón. Aprovechaba los semáforos para dar algunos trancazos al aire. Me imaginaba en un ring, en dónde recibía un puñetazo que me enviaba a la lona y, con gracia, y sólo leves moretones, me levantaba para seguir luchando. «A ver, canijos: ¿quién me quiere tumbar? ¿Quién sigue? Éntrenle: no van a poder conmigo». En el fondo, quise pensar que aún no llegaba mi momento. Había perdido una batalla, pero no la guerra.

De la noche a la mañana, mientras me cepillaba el cabello, noté que mechones de pelo se me venían en la mano. Volteé al piso y parecía que le habían quitado la orzuela al Tío Cosa. Pensé que había sido un evento aislado; sin embargo, al despertar, mi almohada tenía marañas de pelo y el resumidero de la regadera se tapaba al ducharme. Los cambios hormonales estaban todavía haciendo de las suyas.

–¡Amor, ven por fa! –le grité a Jaime, asustada, después de usar la secadora y dejar el piso repleto de cabellos–. ¡Mira, me estoy quedando pelona! –le enseñé las ristras de filamentos en mi mano y señalé hacia abajo para viera que el color blanco de la cerámica se había tornado Auténtico Castaño Rojizo #56 de Revlon–. ¿Qué me está pasando?

Imitando el tono de voz fresa del Pirrurris dijo:

–O sea, ¿qué pelo?

–Jaime, ya. Neta, ve esto –le enseñé mi cepillo forrado de hebras cobrizas. Los ojos se me pusieron vidriosos.

–No te apures, bonita: estás pelechando, como *Benito* –me abrazó y me dio unas palmaditas en la espalda como si fuera un perrito, literal.

Él no entendía la gravedad del asunto. En ese momento hubiera dado lo que sea porque mi esposo fuera metrosexual. A tres meses del aborto sufría de alopecia. Probé todos los champús con la leyenda anticaída en la etiqueta, pero los pelos seguían desprendiéndose de mi testa. No era justo: me estaba quedando sin pelo, como si fuera consecuencia de un parto y no tenía a ningún bebé conmigo.

–Cuando llegué al hospital, tenía tres centímetros de dilatación –comentó Sara, durante una de las tantas reuniones con un grupo de amigas–. El doctor me mandó otra vez a mi casa; ya no aguantaba la panza, no me podía acomodar.

–Yo, cuando con Santiago, llegué dilatada con cinco, pero no me quisieron poner la epidural. Estaba que me retorcía del cólico –dijo Fernanda con una expresión de sufrimiento en el rostro.

–Pues yo estaba de lo más tranquila haciendo mis ejercicios de yoga cuando sentí que se me rompió la fuente. Al llegar al hospital ya tenía los diez centímetros: estaba lista. Luis Paul se puso más nervioso que yo. No quise que me anestesiaran. En los cursos psicoprofilácticos me enseñaron que lo natural es lo mejor, así es que ya estaba física y mentalmente preparada –presumió Andrea exagerando sus gestos y agitando las manos sin cesar, con las uñas impecables y pintadas–. Y qué bueno que nos fuimos a Houston para que nacieran mis hijos, porque allá son más *pro* de todo lo natural –complementó aleteando sus pestañas postizas–. Claro que a Luis Paul le salió mucho más caro, pero valió la pena. Ahora mis hijos tienen la nacionalidad estadounidense. Si hay una narco guerra en México, o se pone más fea la inseguridad, nos vamos a vivir para allá.

Woohoo! Súper divertida la charla sobre úteros dilatados y epidurales. Eran las pláticas en las que me tocaba participar. Aun así, pensaba que toda esa información en algún momento de mi vida me podría ser útil.

–Lo peor fueron los miles de cabellos que se me cayeron después del parto –dijo Sara.

–A mí, al contrario: se me puso más brillante la cabellera. Como que ahora lo tengo con más caída, a Luis Paul le fascina cuando me lo dejo suelto –agregó Andrea alisándose los cabellos con la mano.

A ver: *rewind,* ese tema sí me competía. Dejé de oír para comenzar a escuchar. Andrea, cállate, no sé en qué momento te convertiste en una sangre pesada. ¿Ya se te olvidó que cuando éramos estudiantes agarrábamos el aguacate con la tortilla, o que me pedías la ropa prestada? Lo que hace el dinero, o más bien, casarse con un rico.

—Oye, Sara, y ¿cómo le hiciste para que se te dejara de caer el pelo? A mí se me está cayendo, yo creo que por tanto estrés en el trabajo —intervine como que no quería la cosa.

—Con unas ampolletas buenísimas. En una semana se me dejó de caer. No me acuerdo cómo se llaman, pero mañana te paso el dato.

Dicho y hecho, tras una semana de utilizar las ampolletas, sobando el líquido ámbar en mi cráneo, mis cabellos cesaron de caer, aunque había perdido ya miles de éstos. Si me peinaba con un chongo, no se notaba, pero si dejaba mi cabello suelto, se me veían tres pelos. Extrañaba mi larga y tupida melena.

Al hojear mi literatura de baño, saltó a mi vista la voluptuosidad de Lorena Herrera en un anunció que captó mi atención: *STARS, Extensiones de Cabello 100% natural. El secreto mejor guardado de las estrellas de México. Pregunta por nuestra amplia gama de colores y texturas. Las mejores estrellas de México las usan, porque todas ellas saben que no existen mejores.* Claro, aquí está la solución.

Ese mismo día, saliendo del trabajo, me dirigí a *Sally Beauty Supply.*

—Hola, ¿tienes extensiones de cabello?

—¿Naturales o sintéticas?

—Naturales —dije sin vacilar.

—¿De clip o permanentes?

¿Existen de clip? Eso debe de significar que me las puedo poner y quitar cuando yo quiera. Así no se me maltrataría el poco pelo que me quedaba.

—¿Me puedes enseñar las de clip, por favor?

—Me guió hacia el anaquel en donde se encontraban los paquetes de bolsas que protegían los cabellos. De entre todos los tonos vi unas extensiones cobrizas cuyo color se asemejaba a mi Auténtico Castaño Rojizo. Me brillaron los ojos. Tomé el paquete.

—¿Lo puedo abrir? —le pregunté a la muchacha, con la ansiedad de una niña preguntando si se puede comer el dulce.

—Sí, claro. Déjeme le ayudo —sacó el producto de la envoltura y me lo prestó. «Órale: se sienten súper suavecitas y sedosas. Y tienen cero orzuela. El cabello no se enreda, brilla y ¡no tienen *frizz*!». Estaban preciosas, mejor que mi propia cabellera.

—¿Se pueden lavar? —pregunté.

—Sí las puede lavar, pero nada más con acondicionador. Sin champú.

—¿Se pueden planchar o enchinar?

—Sí, al ser cabello natural no les pasa nada.

—¿Les puedo poner *mousse* o *spray*?

—No se recomienda que les ponga muchos productos químicos, pero un poco, está bien.

—¿Me las puedo probar? —comencé a colocarlas al lado de mi pobre pelo, maltratado y quebradizo—. ¿Me ayudas?

La dependienta separó mi melena en tres secciones y fue colocando las ristras de extensiones enclipándolas entre mi cabello.

–¿Dónde tienes un espejo? –le pregunté cuando terminó de instalar el último tramo.

Vi mi reflejo. Órale: el tono era idéntico al mío. Mi cabellera se veía tupida y hermosa. Me sentí tan encantada como Amy Adams en su película *Encantada*.

–¿Cuánto cuestan? –sondeé sin despegar mi vista del espejo.

–Mil ochocientos cincuenta –Amy Adams región cuatro se desencantó. Me veía en el espejo de frente, del lado izquierdo, del lado derecho, de frente, del lado derecho, del lado izquierdo. Se ven geniales, pensé. No podía regatear, estaba en *Sally*, no en la Feria del Pino.

–¿Aceptas *American Express*?

–No. Aceptamos todas las tarjetas, menos *American*.

–Bueno, comoquiera me las llevo –dije decidida–. ¿Sí me las puedo llevar puestas, verdad?

–Sí, nada más présteme el empaque para cobrarlas.

Cuando llegué a la casa, Jaime estaba patitieso viendo la serie norteamericana *24*. Me subí a la cama y me coloqué a su lado esperando a que me volteara a ver.

–Hola, guapo –dije con demasiado buen humor.

–Hola, bonita –me contestó sin despegar la mirada del televisor.

–¿Cómo sabes que estoy bonita si no me estás viendo?

—Porque tú siempre estás hermosa —a tientas, tomó mi mano y la besó, aún sin voltearme a ver.

—¡No contestes el teléfono, güey! —le decía a Jack Bauer. Me paré y me coloqué enfrente de la tele en una posición vanidosa.

—Qué hermosa estás, mi reinita —movía la cabeza de un lado a otro como para esquivarme de su vista—. Comper, ya mero se termina.

Ya había logrado que me viera y no notó nada, lo cual, era bueno. Permití que terminara de ver su programa, de lo contrario, todos mis esfuerzos serían en vano.

Fui a verme a mi espejo. Era el cristal que no mentía. Los espejos de ciertas tiendas tenían algún truco que hacía que las cosas se vieran espectaculares en el probador y no tan bien en mi espejo. El cristal de *Sally* no tenía truco. Mis extensiones se veían muy naturales. Mi autoestima volvió a su normalidad o quizá, subió un poco.

—¡No! ¡Te dije que no contestaras, imbécil! —dijo Jaime dándole un manotazo a la cama. El programa terminó—. Amor, estoy picadísimo con esta serie, no sabes. *Sorry, baby.* Ahora sí, ven acá —hizo un ademán con la mano para que me acercara—. ¿Qué tal tu día, bonita?

—Bien, gracias —me le quedé viendo esperando alguna reacción de su parte: nada. Tomé un mechón de cabello y lo enredé en mi dedo índice. Nada. Me recogí todo el pelo y lo solté de forma provocativa.

—¿Me estás coqueteando? —Jaime se abalanzó sobre mí besándome y alistándose para la acción.

–No –lo empujé con las dos manos–. ¿Qué me notas? –confundido, me observó por varios segundos.

–Qué linda blusita, ¿es nueva?

–¡No! –dije abriendo los ojos como diciendo: no seas tonto, esta blusa es de la temporada pasada.

–¿Te cortaste el pelo? ¡Qué hermosa te ves! –mi marido estaba tratando de adivinar. Era tan despistado que le costaba trabajo notar cuando me cortaba el pelo o usaba algo nuevo. Él veía lo general, no lo particular. En este caso, el objetivo era que no notara nada, pues así validaría que mi melena no se veía falsa.

–No, no me corté el pelo –repuse con parquedad.

–¡Ah, jijo! No, no sé –titubeó, temiendo que le reprocharía por no darse cuenta de lo que, en teoría, se debía de percatar.

–¿No se me ve raro el pelo? –decidí darle una pista.

–¿Raro? ¿Raro cómo? –preguntó observándomelo con detenimiento.

–No sé, raro. ¿Se ve raro?

–No, ya te dije que te ves muy hermosa –trataba de adularme para que, en caso de que lo madreara, la madreada fuera menor.

Desabroché los clips de una de las ristras de pelo falso, pero cien por ciento natural, y se la enseñé.

–¡Mira!

–¡Ah, caray! ¿Cómo le hiciste?

–Es una extensión de cabello –le enseñé mi cráneo para que viera las otras ristras enclipadas.

–*Wow!* No se notan.

–¿Seguro? –lo perforé con la mirada para que no se atreviera a decirme una mentirilla piadosa.

–Sí, seguro –dijo todavía asombrado por haberme arrancado un pedazo de pelo como si nada. *Yes!* Prueba superada.

Conforme pasaron los meses, el dolor se disipó; sin embargo, en algún cajón de mi mente aún estaba el *Proyecto Bebé*. De momento, el cajón estaba cerrado. Las palabras embarazo, tratamientos, inyecciones, bebés, hijos, doctores y todo lo alusivo al tema, estaba vetado en el vocabulario de mi matrimonio.

Me reconcilié con Dios. Traté de entender que este episodio era sólo parte de su plan divino. No podía pasar desapercibida la educación que mis padres me inculcaron, ni mi formación en un colegio católico. Tampoco las ocasiones que fui de misiones a la sierra Tarahumara, en donde era yo promotora de la palabra de Dios entre los nativos de la lengua rarámuri. Le pedí perdón por haberlo maldecido y ser una malagradecida. Las frases *cliché:* "Dios nunca se equivoca", "Los tiempos de Dios son perfectos", "Por algo pasan las cosas", "No hay mal que por bien no venga", y todas las de ese tipo, las pensaba con frecuencia y me reconfortaban. Sabía que Dios tenía algo preparado para mí, pero aún no había llegado el momento.

Capítulo catorce

"*Aloha cousins.* Soy Ken, su guía y *cousin*", dijo nuestro guía de turistas oriundo de Samoa, cuando íbamos en el autobús con destino al Centro de las Culturas Polinesias para quitarnos las espinas y pasar el día conociendo un poco de la civilización de cada una de estas islas. Al llegar, el primo Ken reunió al grupo de latinos que estábamos a su cargo y nos enseñó algunas palabras hawaianas. Hola: *aloha*; gracias: *mahalo*; esposa: *wahine*; esposo: *káne*; hija: *kaikamahine*; hijo: *keiki káne*; familia: *ohana*.

—¿Dónde está el baño? –pregunté.

Sin titubear, *cousin* Ken respondió:

—¿*Aia i hea ka lua?* –tradujo "el novio de *Barbie*".

—No, de verdad, necesito ir al baño. Tomé demasiado Hawaiian Punch –después de que el grupo disparó una risa, me señaló el camino con gentileza.

Estábamos gozando de nuestras vacaciones de verano en las paradisiacas islas Hawaianas. Nos merecíamos ese descanso que nos hizo desconectarnos por completo; necesitábamos poner océano entre el melodrama y nosotros. Pasamos quince restauradores días recorriendo Oahu y Maui. Encontramos un refugio de paz con extraordinarios escenarios en los que nos sedujeron las playas de arena volcánica. Nos agasajamos con la majestuosa vegetación y los prodigiosos paisajes. Viajar era uno de nuestros mayores deleites.

–*You have to pay a hundred dollars for excess baggage* –dijo el joven de ojos rasgados que atendía el mostrador de la aerolínea al documentar el equipaje en el aeropuerto, ya de regreso. Mi maleta estaba sobre la pesa.

–Te dije que habías comprado demasiadas cosas –externó Jaime. En su tono de voz se vislumbraba un reclamo.

–*Excuse me?* –actué como si no hubiera entendido, sin embargo, capté perfecto, incluso, estaba un poco acostumbrada a tener uno o dos kilos de más cuando viajaba, pero en México una sonrisita inocente siempre lograba que me perdonaran el sobrepeso.

–Ya, amor, ni modo: hay que pagar –dijo Jaime sacando la cartera de la bolsa trasera de su pantalón.

–No, *güey*: esos cien dólares mejor me los gasto en otra cosa –susurré–. Espérate –le detuve la mano para que no mostrara su billetera.

–*Can you do an exception, please?* –simulé acomodarme un mechón de pelo; sonreí e incliné la cabeza; mi truco infalible para verme tierna. Siempre me funcionaba un poco de coqueteo.

–*You have to pay* –refutó tajante con un retintín ofendido en la voz por mi intento de soborno barato.

Condenado viejo, ni siquiera me mostró un poco de su dentadura. Mi coqueteo no funcionó. De nueva cuenta, Jaime hizo el intento por sacar su billetera y yo, de nueva cuenta, lo detuve.

–*Please give us a minute* –le dije al fulano. Bajé mi maleta de la báscula.

–¿Qué haces? –me preguntó Jaime.

–Vamos a dividir el peso –abrí las maletas, saqué dos pares de zapatos y los coloqué en la mochila que Jaime no documentaría. La secadora, la plancha para el pelo, y todo lo que implicaba más peso, hice que cupiera en mi maleta de mano. Me puse un suéter, y arriba, una sudadera que había llevado de oquis por si hacía frío. Le pasé a Jaime su chamarra ligera, que de igual forma había ido sólo de paseo, para que se la pusiera. Los cargadores de los celulares los acomodé también en su mochila. Mi bolsita donde guardaba el champú y todos los artículos de higiene los pasé a la petaca de Jaime. Entre el reburujo de mi valija distinguí el collar de flores que me regaló *cousin* Ken. Aunque no pesara ni cincuenta gramos, me lo colgué. Cerré todo y coloqué mi neceser sobre la pesa, cruzando los dedos para que disminuyeran los kilos excedidos.

Los números digitales en rojo comenzaron a marcar. 23, 24, 24.5, 25.2. El límite eran veinticinco kilos, me había excedido sólo por doscientos gramos. Volteé a ver al dependiente y procedió a tomar mi maleta y colocarla en la banda. Me perdonó los doscientos gramos de más, con tal de que la fila fluyera. El buen hombre nos entregó nuestros pases de abordar.

En la sala de espera, Jaime acomodó el desorden que le dejé en su mochila, mientras movía la cabeza diciendo:

–¡Ay, mi reinita, mi reinita! Estás bárbara.

Abordamos el avión, y durante las siete horas de vuelo tuve tiempo de dormir, ver películas, repasar las anécdotas del viaje con mi marido, comer galletas, leer, pensar, dormir, pensar y revisar las fotos que tomé con mi Nikon.

Cuando fui al baño y el cristal me devolvió mi reflejo, me percaté de lo ridícula que me veía con mi collar de flores. Me lo quité pero no me atreví a tirarlo. *Cousin* Ken hizo de la visita al Centro de las Culturas Polinesias, un día muy especial. Recordé las palabras que nos enseñó en hawaiano y no pude evitar reparar en que la palabra básica en cualquier cultura es *ohana*: familia.

El cajón que estaba cerrado en mi mente y cuya categorización se llamaba *Proyecto Bebé*, empezó a abrirse. Aún no sabíamos qué seguía, no lo habíamos hablado, aunque ambos estábamos conscientes de que un segundo intento de manipulación genética tendría más probabilidades de triunfo. En la ocasión anterior mi útero reaccionó bien y como fue culpa de la estadística, la próxima vez tendríamos éxito, quise pensar.

Tenía miedo de hablar del dichoso *Proyecto* con Jaime. No quería arruinar lo bien que estábamos. Sin embargo, el tictac del reloj biológico seguía su curso. No era un tema para postergar. Nos sentamos a revisar las finanzas y a ponerle fecha al siguiente procedimiento.

—¿Qué te parece si lo programamos para el próximo año? —me preguntó Jaime—. Así tendremos el dinero del aguinaldo; no nos descapitalizaríamos. Además, pasaríamos la Navidad tranquilos; sin estrés, ni sorpresas.

—Sí, perfecto. Así podré tomar vinito en las posadas y cenas —agregué sin manifestar objeción.

Decidimos que sería en la misma clínica y con el mismo doctor; nos sentíamos cómodos con él y, lo más importante: ya me conocía. Podría darle un seguimiento más certero a nuestro caso, tomando en cuenta la experiencia previa.

Concerté la cita con Mendieta. Me sentía más segura; ya sabía a lo que iba. Tuve la corazonada de que esta ocasión sería la buena.

Una vez en su consultorio, hablamos de los costos.

—Oiga, doctor, y por ser el segundo procedimiento en la misma clínica, ¿no aplica algún descuento? —pregunté tanteándole el agua a los camotes.

—Es probable. Te voy a apuntar el teléfono de Sandra, la administradora. Habla con ella; lo más seguro es que logres un descuento de entre un diez o quince por ciento —transó el doctor anotando el nombre y teléfono de Sandra en el reverso de una de sus tarjetas de presentación y me la entregó.

—¿Y en cuanto a los medicamentos? ¿Hay manera de conseguirlos más baratos? —continué explorando el terreno. A Jaime, aunque su sangre regia le rogaba conseguir una deducción, le daba vergüenza preguntar. A mí, me valía. "Ya te volviste más regia que yo", me decía mi marido cuando regateaba o preguntaba por alguna oferta.

—¿Trabajas verdad? —me cuestionó Mendieta.

—Sí.

—¿Estás afiliada al Seguro Social?

—Así es.

—Puedes conseguir las medicinas gratis —afirmó.

—¿De verdad? ¿En el Seguro? ¿Y son las mismas? —dije haciendo una mueca escéptica.

—Sí. Lo único malo es que la dosis mensual está limitada a cierta cantidad de inyecciones por paciente. Déjame ver —hizo unas meticulosas cuentas en sus apuntes—. Para lograr la misma estimulación ovárica que tuvimos la vez anterior, necesitarías ir al Seguro durante seis meses, para conseguir la dosis de medicamentos que vamos a requerir. Piénsenlo y platíquenlo entre ustedes. Cuando estén listos me hablan y programamos el procedimiento.

—Súper bien que me pueden dar las medicinas en el Seguro —le dije a Jaime saliendo del consultorio.

—Sí, eso significa que nos ahorraríamos más de cuarenta mil pesos y si nos dan el descuento en la clínica, otros miles más.

—Pero tendríamos que esperar seis meses. Es mucho tiempo.

—No te apures, bonita, no hay prisa. Estamos chavos —me abrazó y me besó con delicadeza antes de abrirme la puerta para que me subiera al auto.

Lo bueno es que no habíamos tenido la necesidad de acudir al Seguro Social con anterioridad; lo malo, es que por eso mismo, ni siquiera estaba dada de alta, ni tenía idea en qué clínica me correspondía consultar. Me daban una flojera tremenda todos los trámites que tendría que hacer, pero en este caso, el fin justificaba los medios, así es que más me valía ponerme las pilas si quería tener el total de las medicinas en seis meses.

***

–Inge, ¿me da permiso de mañana llegar un poco tarde? –le pregunté a mi jefe al término de mi jornada laboral. Dejó de escribir en la computadora y me volteó a ver, esperando que le extendiera la explicación–. Es que necesito darme de alta en el Seguro. Me corresponde la clínica B. La idea es llegar temprano para que no haya mucha gente y desocuparme lo antes posible.

–¿Usted? ¿En el Seguro? –se quitó sus lentes y me vio como bicho raro, esperando a que explayara aún más mi explicación.

–Sí fíjese. Los médicos particulares cobran muy caro y estoy teniendo complicaciones de salud. Usted sabe, inconvenientes femeninos –giré mi mano alrededor de mi vientre. Sabía que a mi jefe no le gustaba hablar de temas relacionados con problemas de mujeres.

–Sí, no se preocupe. Vaya, vaya –se colocó de vuelta los anteojos y volvió a sus asuntos en la computadora.

Capítulo quince

Llegué a la clínica B alrededor de las siete y media, envuelta en el fresco crepúsculo matutino. Los estacionamientos estaban saturados y eran exclusivos para los doctores y el personal administrativo; los pacientes por lo general llegaban en camión o en taxi. Los que tuviéramos auto, debíamos buscar estacionamiento alrededor de la clínica.

Las banquetas estaban abarrotadas. Las calles aledañas; repletas. Me tuve que estacionar en la avenida de enfrente, como cuatro cuadras adentro de la colonia. Al cruzar el puente peatonal, un hombre de cabellos crespos blancuzcos, con ropas rasgadas y hálito alcohólico, me siguió.

No entendía lo que me decía; simulé no escucharlo. Apresuré el paso y tomé mi bolsa con las dos manos. Al bajar las escaleras y acercarme a la clínica, la oleada de gente me hizo sentir segura. Pude escabullirme entre la muchedumbre y el borrachito se enganchó con alguien más. Me sentía como una princesa que había cruzado el puente con valentía, desafiando al dragón, para salir de su castillo de azúcar y adentrarse en el pueblo, entremezclándose con los mercenarios.

Conforme más me acercaba a la clínica, el rocío del amanecer se iba disipando y más pululaban los vendedores ambulantes con un variado menú: tortas de pierna, jamón o hawaianas; jícamas, sandías o mangos con chile; *Conchitas* preparadas con crema; donas, magdalenas, chirimoyas o chilindrinas; burritos de deshebrada, frijoles o picadillo; tacos de chicharrón, papa o huevito con machaca. Jugos de naranja recién exprimidos, para acompañar el desayuno. Cada vendedor anunciaba en voz alta lo que había en su changarro; era su manera honesta de ganarse el pan.

En la plazoleta de la entrada principal, el nauseabundo olor a orines era cada vez más intenso. Las esquinas del recinto guardaban basura que el viento, sigiloso, llevó hasta ahí. Algunas personas acostadas en el piso y cubiertas con cobijas rotas, esperaban noticias de sus familiares internados.

Una vez adentro, me dirigí a la ventanilla para darme de alta. No había fila. Me sentí afortunada. Entregué mi papelería y me dieron mi cartilla color rosa mexicano para anotar las citas que me programarían los doctores.

—El consultorio que le vamos a asignar es el número treinta y ocho. ¿Quiere consultar en la mañana o en la tarde? —me preguntó el joven realizando el trámite administrativo en la máquina de escribir, sin dirigirme la mirada.

—En la tarde, por favor. ¿Me puede dar la cita para esta misma semana? —pregunté ilusa.

—No. No le estoy asignando la cita, le estoy preguntando que si quiere consultar en la mañana o en la tarde –en esta ocasión dejó de teclear para voltearme a ver con un gesto de puberto insoportable, aunque el tipo ya se veía bastante crecidito.

–¿O sea, cómo? ¿Ya me va a programar la cita?

–No, si usted decide consultar en la mañana, todas las veces que venga a ver al doctor general, le van a dar la cita de ocho de la mañana a dos de la tarde. Si usted decide consultar en la tarde, le van a dar la cita de dos de la tarde a siete de la noche –me explicó con un tono que dejaba entrever cierta exasperación.

–Ah, claro –contesté muy digna–. En la tarde por favor.

De esta manera programaría mis citas sin que interfirieran con mi trabajo. Me gustó la idea.

Al notar mi falta de experiencia en el sistema del Seguro Social, el joven, resignado y con una expresión de hastío, me explicó que para concertar mi primera cita, tendría que llamar a los teléfonos impresos en mi cartilla y me indicó que mi consultorio quedaba en el segundo piso y que para llegar tendría que subir las escaleras.

–Aquí no hay elevador. Bueno, sí hay, pero es sólo para los internos de gravedad –concluyó, antes de regresarme mis papeles y entregarme un librito para prevenir enfermedades.

Tras acordar, vía telefónica, mi primer encuentro con el doctor del Seguro llegué muy puntual a mi cita. En esta ocasión tuve suerte de encontrar estacionamiento más cerca. La enfermera sentada afuera del consultorio treinta y ocho estaba leyendo la revista *TvNotas* y haciendo bombas con el chicle.

—Buenas tardes. Tengo cita a las seis y media.

—¿Apellido? —me preguntó sin dejar de mascar su goma con frenesí, moviendo la boca de labios anchos, pintados de color púrpura. Sus arracadas eran dos grandes bolas de fantasía en color dorado, con un diamante de a mentis incrustado en el centro de cada esfera.

—Valdés.

—¿Me permite su cartilla? —la enfermera la abrió y colocó un sello, como si fuera mi pasaporte—. ¿Cuánto pesa?

—Cincuenta y cinco kilos —contesté segura.

—¿Cuánto mide?

—Un metro con setenta y tres.

—Súbase a la báscula, la voy a pesar y a medir.

«¿Entonces para qué me pregunta?», pensé.

Una vez que confirmó mi peso y mi estatura, me pidió que me sentara señalándome la atiborrada sala de espera con el mentón. Todas las sillas estaban campechaneadas: las había de plástico anaranjado, de madera, de vinipiel, de hierro, de forja o una combinación de todas las anteriores. Busqué la que se viera menos sucia, aun así, terminé sentándome sobre una silla vieja que, para colmo, se balanceaba. La tibieza del asiento confirmaba que había sido ocupado recientemente. Después de media hora, salió una señora embarazada del consultorio, con un niño en brazos; una niña de unos siete años, tomada de la mano de la señora, y la niña, a su vez, tomando de la mano a su hermanito.

–¡Valdés! –gritó la señora. ¿Me hablará a mí? Nadie se movió–. ¡Valdés! –gritó más fuerte dirigiéndose a los pacientes esperando. Sí, debía ser que me estaba hablando a mí. ¿Por qué la enfermera no hace su trabajo? Seguía leyendo su revista y embombando su chicle.

Al entrar en el consultorio de paredes color pistache, el doctor Bertoldo estaba sentado en una silla de cuero roto que dejaba distinguir el hule espuma que acolchaba sus sentaderas. No me volteó a ver, se dedicó a revisar mi expediente en blanco. Tampoco me saludó de mano, lo cual me pareció perfecto, ya que después de todas las personas que había consultado, siendo época de frío, con seguridad estaba llena de virus y yo, de mensa, no llevaba mi gel antibacterial.

–¿Cuál es su problema, señora Elga? –preguntó muy a fuerzas queriendo que le dijera: Ninguno, gracias, hasta luego.

–Helga –le dije haciendo sonora la primera letra.

–Pero la hache es muda –dijo pasando la mano por su cara, como si estuviera espantando a una mosca. Enfoqué la mirada. No, no como si la estuviera espantando: estaba espantando a una mosca, misma que hacía un zumbido que me comenzó a encrespar.

–Sí, pero el nombre es alemán, así es que en este caso suena como g –dije de forma áspera.

Mi respuesta le llamó la atención. Volteó a verme, para corroborar que mi físico correspondiera a mi nombre. –¿Es usted alemana? –me preguntó volviendo a espantar a la mosca que lo rondaba como si fuera miel o como si no se hubiera bañado en tres días.

–No, pero mis abuelos maternos eran alemanes.

–¡Ah, mire! ¡Qué interesante!

De pronto le intrigó mi árbol genealógico y quiso entablar una conversación al respecto. Yo, lo que quería, era ya irme de ahí, por lo que esquivé el tema y me dejé de rodeos.

–Doctor, vengo porque mi esposo y yo hemos intentado tener familia durante varios años. Nos hicimos cuatro inseminaciones artificiales y una fecundación *in vitro*, pero en ningún procedimiento tuvimos éxito. Vamos a intentar con un segundo *in vitro*, pero necesito que me proporcionen los medicamentos por parte del Seguro.

–¿Y por qué no han podido tener familia?

–Porque mi moco cervical es muy ácido y los espermas de mi esposo tienen poca motilidad.

–Bueno, pues le vamos a hacer los estudios necesarios para revisar su caso.

–No hace falta, ya nos hicieron todos los estudios habidos y por haber. Mire, aquí los traigo –saqué de mi carpeta verde limón el altero de resultados con los exámenes previos, pero el doctor, ni siquiera los tocó.

–No, *mija*. Cuando se atiende en el Seguro, le vuelvo a repetir otra vez, tenemos que hacerle todos los estudios aquí mismo, para iniciar de nuevo.

¿Le vuelvo a repetir otra vez? ¿No es ese un pleonasmo? ¿Es éste un verdadero doctor? ¿Está permitido que las moscas entren en un hospital?

–No, de verdad, doctor. Hemos invertido mucho tiempo ya y no es necesario. Todos los estudios son de clínicas y laboratorios confiables. Por favor revíselos y tómelos como referencia para que me pueda dar los medicamentos.

–Mire, Elga, yo no le puedo dar los medicamentos. Le tengo que mandar hacer los estudios y, cuando comprobemos que hay un problema, entonces le daré el pase para la clínica CC. Ahí la revisará un ginecólogo y si el especialista considera que su caso requiere de esos medicamentos, entonces se los va a recetar; si no, no.

–Pues sacaré la cita directamente con el ginecólogo –dije irritada, y en un tono retador.

–El ginecólogo no la va a atender si yo no le doy el pase y para que yo le dé ese pase, necesita cumplir con todos los requisitos que le voy a pedir –me contestó con sarcasmo, sabiendo que él tenía la sartén por el mango.

Maldito *doctor Chapatín*. Sentí una punzada en la cabeza y me di cuenta de que sería innecesario discutir. Decidí quedarme callada y aceptar sus indicaciones.

–Aquí está, Elga…

–Helga –lo interrumpí.

–Sí. Le voy a pedir estos exámenes de laboratorio –me entregó un par de hojas–, tiene que ir a sacar cita. Y se va a hacer un ultrasonido; también tiene que hacer su cita, pero en rayos X. Y le pide cita a mi enfermera para dentro de un mes, para esa fecha ya voy a tener los resultados.

—¿Dentro de un mes? –pregunté abriendo los ojos tanto como pude.

—¿Cuando salga puede por favor gritar Medina? Tengo que atender a mi próximo paciente. Nos vemos en un mes, Elga.

¡Estúpido *doctor Chafatín*! ¡No! ¡Por favor! ¿Pasar otra vez por todo eso? ¿Es broma? No, no era broma, era el Seguro Social. Es la nefasta e impotente realidad que viven la mayoría de los mexicanos.

—¡Medina! –grité malhumorada al salir del consultorio. Se puso de pie un señor de cara bondadosa con una pierna enyesada. Me avergoncé de haberle gritado con tan mal genio, por lo que traté de subsanar mi impulsividad manteniendo abierta la puerta del consultorio, y diciéndole, ahora con un tono dulce–: Pásele.

—¿Cita dentro de un mes? –me preguntó la enfermera dejando de lado su revista.

—Sí, por favor.

—El día dieciocho, a las cinco de la tarde –tomó la pluma para anotar la cita en mi cartilla.

—No, no puedo a esa hora. ¿Me la puede programar para después de las seis? –pregunté.

—No, no se puede –hizo una bomba con su chicle, que de seguro ya ni sabor tenía, y un enfermero que iba pasando con un paciente de edad avanzada en silla de ruedas, se la tronó con el dedo.

—¡Ay! ¡Vas a ver, Emilio! –le dijo la enfermera sonriéndole de forma provocativa, moviendo la cabeza con una falsa negativa que hacía que sus aretes bailotearan alrededor de su cuello. Emilio, embelesado y sin despegar su vista de ella, soltó la silla del paciente y se acercó al escritorio para dejarle un recado encima de la revista. La enfermera lo leyó y soltó una carcajada. El tal Emilio corrió para pescar la silla antes de que rodara por las escaleras, y, una vez que tuvo al abuelo en sus manos, volteó a verla de nuevo y le guiñó un ojo. La enfermera colocó el recado dentro de su escote.

–Señorita, no puedo a las cinco de la tarde – dije molesta, después del espectáculo. Les pagan para leer revistas, masticar chicle como pirujas y coquetear con los enfermeros, o para atender a los pacientes, pensé.

El efecto que Emilio provocó en la enfermera, me favoreció.

–¿A qué hora dice que puede?

–A las seis y media.

–Muy bien, ya se la programé a las seis y media. Gracias... Emilio. Aproveché su cambio de humor para que me indicara en dónde tenía que sacar las citas de laboratorio y de rayos X. Me explicó con amabilidad.

Llegué a la ventanilla del laboratorio y le entregué al muchacho que estaba del otro lado de ésta, la hoja que me proporcionó el doctor. La vio, revisó la computadora, y me regresó mi hoja, junto con otra que indicaba el día y la hora en que obtendrían mi muestra de sangre y de orina, así como un frasco transparente con tapa blanca. Viernes 01, 7:00 hrs.

Al bajar las escaleras, subía una señora con un

niño de unos tres años tomado de su mano. Era evidente que la criatura estaba agripada; secreciones verdes fluían de su nariz. El niño sacaba la lengua para que no chorrearan más abajo de su boca. Un moco burbuja salió. Se limpió con la manita, para luego, embarrarlo en el barandal.

Ya en el primer piso, me dirigí a rayos X para que me programaran la cita del ultrasonido. Como si todo el personal del Seguro estuviera condicionado para no sonreír y actuar de forma mecánica, un muchacho la agendó, de igual manera en una computadora, y me entregó otra hoja impresa. Miércoles 06, 10:00 hrs.

–Disculpe, joven, ¿me puede por favor programar la cita para en la tarde? Es que trabajo y se me complica venir a las diez –murmuré, buena onda.

–No se hacen rayos X en la tarde.

–Pero es que yo pedí consultar de tarde. Mi cartilla especifica que mis consultas son vespertinas.

–Eso se refiere a las citas con su médico general. Los estudios se hacen en la mañana –me respondió, sin quitarse los audífonos que estaban conectados a su celular Nokia, y cuyas teclas presionaba para enviar mensajes de texto.

–Entonces, más temprano. ¿Tiene algún espacio para antes de las ocho de la mañana? ¿O a la una de la tarde? Así podré venir durante mi hora de comida.

–No, es la programación que me arroja el sistema. Si no se presenta, pierde su cita y se le programará hasta dentro de un mes.

¡Chiiin...! ¿No se les ha ocurrido que las personas que hacemos uso del Seguro Social es porque somos TRA–BA–JA–DO–RES? ¿No les importa que quizá ese día pueda estar de viaje o en una junta importante? ¿Por qué disponen de mi agenda de esa manera? ¿Por qué no me preguntan cuándo puedo, o qué día se me acomoda mejor? No tenía caso hacer berrinche. No iba a lograr nada. Hice jeta de eres un imbécil, que ni siquiera notó, por seguir mensajeando. Me di la vuelta sin darle las gracias.

–Ah, el día de su cita se trae un termo lleno de agua –me dijo el muchacho quitándose uno de los audífonos al ver que me alejaba.

–¿Un termo lleno de agua?

–Sí. Aquí le van a indicar cuándo se lo tome. Tiene que tener su vejiga llena para el ultrasonido. Si no, pierde su cita y se le programará hasta dentro de un mes.

Capítulo dieciséis

Viernes 01, 6:50 a.m.

Una falda de niebla rodeaba el Cerro de la Silla. La cuadra de la clínica B estaba ya saturada de coches. Un franelero que se adueñó de la banqueta, me hizo señas para que me estacionara en un lugar en donde había un letrero que decía: No Estacionarse.

–Pero aquí no me puedo estacionar, me van a multar –le dije al bajar la ventana de mi camioneta.

–No se apure, güerita; aquí se la cuidamos.

–¿Y si se la lleva la grúa?

–¿Cuánto se va a tardar? –me preguntó.

–No sé; vengo a que me saquen sangre.

–Ah, no se apure, se tarda como una hora. A esa hora los de la grúa todavía no se levantan.

Estaba estresada. Eran las seis con cincuenta y cinco minutos y mi cita era a las siete. Tuve temor de llegar tarde y que me reprogramaran hasta dentro de un mes. Estacionarme en ese lugar y confiar en el franelero, era mi alternativa más rápida. Me bajé apurada del auto, con mi hoja de la cita y mi frasco de orina en una bolsa rosa de Victoria´s Secret.

—Ahí nomás le encargo pa' los chescos, güerita.

—Sí, a la salida le doy para sus refrescos. Primero asegúrese que mi camioneta esté aquí para cuando regrese —le contesté caminando hacia la clínica.

Al subir las escaleras me encontré con una fila como de unas cincuenta personas. ¿Qué pasa? ¿Qué están regalando? Tal vez dan desayunos a los pobres, pensé. Corrí hacia la ventanilla del laboratorio orgullosa de llegar puntual: 6:59 a.m.

—Con permiso —me atravesé entre un señor y el joven de la ventanilla, entregándole mi hoja—. Tengo cita a las siete —sonriendo, le enseñé mi bolsita rosa para hacerle saber que ahí llevaba mi muestra.

—Tiene que hacer fila.

—¿Dónde está la fila?

Sin decir nada me señaló con la mirada la hilera de cincuenta personas, a la que cada segundo se unía una persona más.

—¿Esa fila? —le pregunté asombrada—. Pero mi cita es a las siete y son las siete.

—A todos nos citan a las siete, señorita —me dijo empujándome el señor al que me le había atravesado y cuyo turno era el siguiente.

¡No manches! ¿A qué hora voy a salir de aquí? Pensé en hablarle a mi jefe para explicarle que llegaría tarde al trabajo pero decidí esperar a que las manecillas del reloj marcaran las siete cincuenta. Me formé atrás del último paciente y observé

a las personas en la fila: señoras con niños moco-
sos, chorreados y despeinados (eran una variable
constante en ese lugar); viejitas en silla de ruedas;
señoras robustas y en chanclas; abuelitos con go-
rros de estambre en la cabeza, envueltos en una
cobija de lana, a cuadros rojos y grises, arrastran-
do por el piso; señores con sombrero vaquero y
botas verde aqua.

Me sorprendió la rapidez con la que la fila avan-
zó. A los veinte minutos estaba en la ventanilla; le-
galmente en mi turno. Le di al joven mi hoja, la
selló y me dijo:

–Cubículo cuatro.

En la zona de los cubículos la fila se dividía en
diez pequeñas hileras. Sólo faltaban cinco personas delante de mí, para que me pincharan. Una
vez en el área de los cubículos, la gente sacaba
sus frascos con sus muestras: del *uno* y del *dos*.
Ambos en frascos transparentes. Me dieron ganas
de vomitar. Traté de desviar la mirada hacia otros
puntos, aunque mi morbo la regresaba para ver
de qué color hacían los demás.

Nos metían a los cubículos de dos en dos. La
gente se empujaba como vacas en el rastro. Me
aseguré de que las jeringas fueran esterilizadas y
que las laboratoristas usaran guantes de látex. Me
pidieron que sacara mi muestra de la bolsita, para
colocarla en una hielera de unicel del OXXO. Me
senté en un pupitre de escuela de secundaria. Coloqué mi brazo en la paleta y, en menos de treinta
segundos lo ligaron, llenaron dos tubos con sangre
y me pusieron algodón en el pinchazo.

—¡Los que siguen! –gritó la laboratorista del cubículo cuatro. Di las gracias, pero el personal de la clínica no estaba acostumbrado a que la gente les agradeciera. El tumulto y el bullicio de las personas hicieron imperceptible mi voz. Revisé las manecillas y el reloj marcaba las ocho menos diez. Me sorprendí de la agilidad para atender a más de cincuenta personas en menos de una hora. No hubo necesidad de avisarle a mi jefe que llegaría tarde.

Al salir de la clínica la irradiación del sol me hizo parpadear.

—¿Listo, güerita?

—Listo.

Respiré tranquila una vez afuera, sabiendo que mi camioneta estaba a salvo. El "viene viene" tenía razón: los de la grúa no trabajan tan temprano y me tardé cerca de una hora. Le coloqué una moneda de diez y una de cinco en su mano. Se persignó.

—Dios la bendiga, güerita.

—Gracias, don. A usted también.

***

Miércoles 06, 10:00 a.m.

Tuve que pedir permiso para salir de la oficina. Al estar dando vuelta a la cuadra, descubrí que podía situar mi camioneta en el estacionamiento del Paseo Santa Lucía. Tendría que pagar treinta pesos, pero no importaba: estaría segura y no caminaría tanto.

Llegué a la ventanilla de rayos X. Mostré mi papel con la cita impresa.

–Siéntese; ahorita la pasan.

Tomé asiento y coloqué mi termo lleno de agua entre mis piernas.

Diez y media.

Cuarto para las once.

Once.

Me levanté y le pregunté a la señorita que estaba tras la ventanilla que a qué hora me atenderían. Dejó de comer su torta para darle un sorbo a su jugo de uva. Una vez que pasó el bocado, me respondió.

–Usted fue la última en llegar; le toca cuando terminen de pasar las personas que llegaron temprano.

Peiné el área con la mirada y conté seis personas sentadas en la misma sala.

–Pero yo llegué temprano, me citaron a las diez –repliqué.

–A todos los citan a las diez, *mija* –me dijo la rechoncha con la boca llena de pan con jamón y mostaza.

Si tenía suerte, saldría para la hora de la comida.

Mientras esperaba, me tenían la cabeza a punto de estallar unos niños que sin control jugaban en el pasillo. Se pegaban entre ellos. Lloraban. Corrían. Gritaban. Volvían a llorar. Iban con la mamá para pedirle que les comprara unas papitas. La mamá, robusta y con un conato de bigote estaba sentada con los brazos cruzados recargados en su panza.

Alrededor de las doce del mediodía, quedábamos tres personas esperando.

–Tómate el agua –me dijo una señora ya entrada en años a cuyo esposo le estaban practicando el ultrasonido.

–Pero me dijeron que ellos me decían cuándo me la tenía que tomar –respondí.

–Ya tómatela, porque tienes que tener ganas de hacer pipí cuando te pasen –me dijo bajando la voz cuando pronunció "hacer pipí".

Decidí preguntarle a la glotona de la ventanilla.

–¿A qué hora me tengo que tomar el agua?

–¿No se la ha tomado?

–No, me dijeron que me iban a decir y no me han dicho que me la tome.

–Ya se la tuvo que haber tomado. ¿Tiene ganas de hacer pipí? –me preguntó sin bajar el tono de voz. Por ella, que todo México se enterara si yo tenía ganas, o no.

–No –contesté de mala gana–. He estado esperando a que ustedes me indiquen.

–A *pos* yo creo que a mi compañero se le pasó. Tómesela rápido, *mija*.

Me volví a sentar y me zampé el agua con sorbos grandes.

–¿Valdés? –dijo un enfermero abriendo la puerta que decía: Sólo personal autorizado.

–Aquí –contesté.

–Pásele con la doctora. En la primera puerta.

Entré y una doctora amable, civilizada y hasta guapa, me pidió que me recostara en la camilla y descubriera mi vientre. Obedecí. Colocó gel en el transductor y lo friccionó sobre la parte descubierta. Miró hacia la pantalla con sus ojos negros enmarcados por unas cejas delineadas con exquisitez; sin tatuar.

—¿Tienes ganas de hacer pipí? —me preguntó. No había necesidad de bajar la voz, sólo estábamos ella y yo en el consultorio.

—No muchas. No me dijeron que me tomara el agua sino hasta hace como quince minutos.

—¡Ah, qué muchachos! Son unos inservibles —dijo un poco exasperada, pero no conmigo, con los muchachos.

Sí, muy civilizada. Alguien en el Seguro con sentido común. ¡Un garbanzo de a libra!

—Vamos a tener que esperar. No puedo ver tus órganos pélvicos con claridad. Ve a caminar un rato y regresas cuando ya no aguantes las ganas de orinar.

—¿Pero no se va a ir? —le pregunté ansiosa—. Ya va a ser la hora de la comida.

—No, aquí te espero. Mientras, reviso a otros pacientes de urgencias y cuando estés lista tocas la puerta de mi consultorio.

La doctora amable, civilizada y hasta guapa, no encajaba en ese entorno. Era como una brisa de aire fresco en medio de una nube negra de esmog.

Caminé por el interior del hospital. Hasta ese momento, sólo había visitado las áreas de consultorios; sin embargo, mi curiosidad me llevó a explorar el área restringida. Hacia algún lugar tenía que caminar; eran indicaciones médicas. Anduve husmeando por los pasillos. Llegué a una zona en donde estaban toda clase de enfermos. En un inicio pensé que eran familiares de los convalecientes en alguna sala de espera, pero no, eran pacientes siendo "atendidos". Estaban parados o sentados en sillas y reposets viejos y roídos. Algunos, más afortunados, en camillas. De tanto en tanto se escuchaban quejidos de dolor. Conforme más me acercaba a través del pasillo de piso de vinil amarillo desteñido, pude apreciar que algunos de ellos, parados o sentados, recibían medicamentos o suero a través de una sonda intravenosa. Me percaté también de que las batas dejaban poco a la imaginación. Decidí regresar.

Retorné sobre el mismo pasillo en dirección opuesta. Al final, el elevador. Presioné el botón con el nudillo de mi índice. No quería que las yemas de mis dedos se contaminaran, pues de manera inconsciente las podría llevar a la boca o nariz y alguna enfermedad podría pescar.

Yo no era así. Desde la pandemia de la gripe porcina o influenza AH1N1, me volví un poco germofóbica. Si tocaba algo que podría tener bacterias, no estaba tranquila hasta lavarme las manos o untarme gel antibacterial. Si podía evitar tocar algo que con seguridad estaba contaminado, lo hacía.

Del ascensor salieron un doctor y una enfermera peinada con un chongo tan acicalado que parecía que la había lamido una vaca. Él, acomodándose la corbata y ella, estirándose el chaleco de estambre color verde escarabajo, que llevaba sobre su uniforme blanco. Al verme, se les congeló la sonrisa y salieron apurados del elevador, tomando rumbo en sentido contrario uno del otro. Al entrar, de nuevo con el índice doblado, presioné el botón 4. Un olor a cloro se introdujo por mis vías nasales, lo cual me pareció raro: no había visto a ninguna señora de limpieza cerca. Ni lejos. Mi vejiga ya estaba llena, cada vez tenía que apretar más los esfínteres: era hora de regresar. Bajé por las escaleras y llegué otra vez al consultorio de la civilizada doctora. Toqué tres veces y nadie atendió. Me asomé al consultorio contiguo y pregunté por la doctora de los ultrasonidos.

–Se fue a comer –me contestó un muchacho colocando unas radiografías en el negatoscopio.

No me digan que los médicos se fueron
no me digan que no tienen anestesia
no me digan que el alcohol se lo bebieron
y que el hilo de coser, fue bordado en un mantel

A fin de cuentas, no era tan civilizada; no estaba revisando a los pacientes de urgencias; se fue a comer. Como hecho adrede, las ganas de orinar se acrecentaron de forma exponencial.

–Oye –le pregunté al muchacho–, ¿no hay nadie más que me pueda atender?

–No, la doctora de la tarde llega hasta en la tarde, la de en la mañana, sólo trabaja en la mañana.

No me digan que las pinzas se perdieron
que el estetoscopio está de fiesta
que los rayos X se fundieron
y que el suero ya se usó, para endulzar el café.

–¿Y a qué hora regresa la doctora de la mañana?

–Ya no debe de tardar. Aguántese tantito.

...porque es muy duro pasar
el Niágara en bicicleta...

Hasta ese momento, no sabía si estaba protagonizando la canción *El Niágara en bicicleta*, de Juan Luis Guerra, algún sarcástico episodio de *Los Simpsons* o una película de *Freddy Krueger*.

–Si gusta, la puede esperar aquí conmigo. Pásele y cierre la puerta.

One, two, Freddy is coming for you
three, four, close the door...

–Aquí estoy bien, gracias –dije con las rodillas tambaleantes.

A los cinco minutos regresó la doctora. En *ipso facto* entré a su consultorio y me realizó el estudio. En menos de diez minutos terminó. No era posible que hubiera perdido toda la mañana esperando, tomando agua, esperando, caminando, esperando, para que el ultrasonido haya concluido en diez minutos. Pero sí era posible: estaba en el *Inseguro Social*.

Mientras ella escribía la interpretación de su estudio y yo me limpiaba la panza con pañuelos imitación Kleenex, me aterroricé de pensar que tendría que ir al baño en ese lugar. ¿Cómo estarían de sucios? ¿Habría papel? ¿Habría agua? ¿Habría jabón? Tenía que averiguarlo, no aguantaba ya ni siquiera llegar al estacionamiento.

–Puedes usar el baño que está aquí al lado –me dijo la doctora.

Aunque se había ido a comer, en lugar de revisar a los pacientes de urgencias, seguía siendo amable.

Entré al baño que me indicó. Era un sanitario privado sin sorpresas flotando ni crayón café en la cerámica, había agua y había jabón. Bendita doctora amable, civilizada y hasta guapa.

***

Lunes 18, 6:30 p.m.

De nueva cuenta en el consultorio del *doctor Chafatín*, me presenté con la coqueta y boqui pintada enfermera del consultorio treinta y ocho y le entregué mi cartilla. Mientras esperaba, me entretenía con mi celular. Algo desplazándose en el piso distrajo mi atención y desvió la mirada de mi móvil. Una cucaracha recorría el salón de piso verde jaspeado. Me estremecí. Quise avisarle al señor sentado en la silla de enfrente que, bajo sus pies, había un asqueroso animal que debía de aplastar.

–¡Valdés! –gritó un tosco señor apoyándose en un andador.

Entré al consultorio. Revisé que no hubiera animales rastreros cerca. Me senté sin tocar los descansabrazos de la silla.

–Vamos a ver, Elga. Ya tengo sus resultados en el sistema.

Se quedó viendo la computadora por varios minutos. Algo que tengo que reconocer es que el sistema utilizado en el Seguro Social era bastante moderno y con buena tecnología, cosa que contrastaba con las instalaciones y con la incompetencia de algunos, o de la mayoría, de sus empleados.

–Su útero está bien, su matriz se ve bien, la biometría hemática está dentro de los rangos normales, su perfil hormonal también. No tiene ningún problema –me dijo con una explicación amenizada por la llovizna de saliva entre las palabras que pronunciaba.

–Exacto, doctor –aseveré retrocediendo la silla un poco–. Eso mismo dicen los exámenes que ya me había hecho. Comoquiera, aquí los traigo, por si gusta revisarlos –comenté con ironía–. Sin embargo, no se ha logrado el embarazo.

–Entonces hay que revisar a la otra parte. Pídale a la enfermera que le programe una cita a su esposo dentro de un mes.

¿Un mes más? ¡No! No lo permitiría. ¿Y para que lo mande a hacerse un estudio que ya se ha realizado más de una decena de veces? No, ni madres. Jaime ni siquiera estaba dado de alta en el Seguro, no iba a iniciar de nuevo, como él sugirió, en la primera cita. Supe que si le hablaba en tono retador, me iba a fregar. Intenté con el chantaje femenino.

–Doctor, usted no sabe lo que hemos sufrido como pareja –agaché mi cabeza y simulé que estaba al borde del llanto–. Han sido años y años de búsqueda. Años y años de espera y decepciones –el tono de mi voz bajaba cada vez más.

–Mire Elga, entiendo por lo que han pasado,

pero tenemos que seguir el protocolo que nos pide el Instituto.

¡Llora, Niní, llora!, me dije.

Las lágrimas de cocodrilo estaban a punto de brotar. Volteé a ver al doctor y, con mis ojos vidriosos, penetré con mi mirada la suya. No de manera intimidante, sino más bien suave, afable. Usé la técnica de ojos del gato con botas de *Shrek*. Inhalé como si tratara de meter las secreciones en mi nariz, aunque nunca hubieran salido.

–Por favor, doctor, no me haga esto –dije entrecortando la voz con falsedad–. Deseo más que nada en el mundo ser mamá y está en sus manos ayudarme a conseguir mi sueño. De lo contrario, no sé qué será de mí, ni de mi matrimonio –me daba asco mi discurso.

–Ya le dije, necesitamos revisar los espermas de su esposo.

–Aquí está –saqué la decena de espermogramas de mi folder verde y los coloqué en el escritorio–, revíselos. Los espermas de Jaime no nadan mucho y yo, con la acidez de mi moco cervical, mato a los pobrecitos que entran en mí –más repulsión me daba mi cursi actuación. Y lo más patético de todo, es que era cierto.

Tuvo la delicadeza de hojear los resultados de Jaime.

–Pues estos resultados son muy erráticos y como son de diferentes laboratorios, se evalúan diferentes características. Lo ideal es tener el resultado del estudio que se hace aquí mismo –el hecho de que revisara los estudios de Jaime y que su voz se hubiera ablandado, significaba que faltaba poco para terminar de convencerlo.

–Fíjese que, para mi esposo, como hombre, ha sido muy difícil aceptar sus erráticos conteos. Me imagino que usted puede entender mejor que yo, siendo hombre, y teniendo esta vocación de doctor; tan sensible, tan entregado –ni los diálogos de las novelas de *Telerisa* eran tan melodramáticos–. Después de cuatro inseminaciones y un *in vitro*, vamos a intentar otra vez con el *in vitro*. Tenemos esperanza; pero no tenemos dinero. Necesito que por favor me dé el pase para ginecología y conseguir los medicamentos. Por favor, doctor. No nos haga perder más tiempo. Ya no soy una jovencita –ojos de gato con botas de *Shrek*, con cabeza inclinada.

–Está bien –dijo por fin–: voy a tomar en cuenta los resultados más recientes de su esposo –hizo algunas anotaciones en la computadora y de la impresora salió una hoja. Era mi pase para que el ginecólogo me recibiera.

Yes! Soy una fregona, me dije brincando dentro de mí. Si lo analizaba, era muy deprimente sentirme fregona por haber logrado un pase a la clínica de ginecología del Seguro Social, para que, durante seis meses, me proporcionaran medicamentos para un procedimiento de infertilidad. Pero yo, me sentía una fregona. Preferí enfocarme en los miles de pesos que le ahorraría a mi economía familiar. Punto.

Ya tenía mi pase, ¿ahora, qué haría con él? Tenía que ir a otra ventanilla para que me asignaran mi cita en la Clínica CC. La fecha más pronta me la programaron hasta dentro de otro mes: jueves 19, 9:00 a.m. No me sorprendió. Había entendido ya que ellos disponían de mi agenda, que si podía, bien; si no, mal por mí. Si bien me iba, tendría los medicamentos en siete meses, más un mes que ya había pasado, más un mes de preparación antes de del procedimiento.

Decidí olvidarme del tiempo; así estaba la situación.

Capítulo diecisiete

–Inge, mañana tengo cita en el Seguro. ¿Me da permiso de salir de la oficina?

–¿Sigue complicada de salud? –me preguntó mi jefe, viéndome por encima de su laptop.

–Sí, ya sabe: problemas de mujeres –realicé el giro con mi mano derecha alrededor de mi vientre.

–Sí, vaya, vaya; atiéndase.

***

Jueves 19, 9:00 a.m.

Llegué un cuarto después de las ocho a la clínica CC. Iba caminando orgullosa de mi puntualidad que superaba la de Vince Lombardi, pensando encontrarme con un recinto más limpio y ordenado, pues era ahí en donde se atendía a las mujeres embarazadas y a las parturientas.

No fue así. La entrada al Instituto se encontraba atiborrada de basura y suciedad. Mucha gente afuera, parados, hincados, sentados, acostados;

despiertos, comiendo, drogados o dormidos. El aroma hediondo a orines impregnaba el ambiente. Al acercarme a la entrada principal, una aglomeración de gente, alrededor de un taxi en medio de la plazoleta principal, atrajo mi vista. Me acerqué para fisgonear y enterarme de la situación. Dos enfermeros salían de la clínica; uno con una silla de ruedas y el otro con sábanas. Logré divisar adentro del taxi a una señora que estaba dando a luz. No vi los pormenores, sólo a una mujer pujando y a varios hombres ayudando, o tratando de ayudar. Pensé que eso sólo lo vería en las noticias amarillistas o en alguna película, pero no: estaba sucediendo en mi tiempo y espacio real. Me hubiera encantado ver el *show*, pero tenía una cita que atender.

En el interior de la clínica, pregunté por la ubicación del consultorio que me correspondía.

–Segundo piso, ala izquierda –me contestó un empleado.

¿Ala o a la izquierda? Me cuestioné. A la fregada, era lo mismo: debía de subir y voltear a la izquierda. Seguí sus indicaciones. En el ala izquierda abundaban las embarazadas. Sillas de plástico anaranjadas, unidas entre sí por un tubo negro, atornilladas al piso, sostenían la marabunta de mujeres. En medio de la sala, ubiqué la recepción. Había fila como de ocho damas. Hice fila.

–Buenos días, tengo cita a las nueve a nombre de Helga Valdés –dije con amabilidad a la enfermera cuando logré llegar al cubículo de madera vieja y opaca.

–¿Su cartilla? –me dijo de forma áspera.

Qué tonta. En el Seguro no llegas diciendo tu nombre, llegas mostrando la cartilla. Una vez que se la entregué, la colocó debajo de un bonche de muchas otras cartillas. Me quedé ahí parada esperando indicaciones.

–Con permiso –se entrometió con brusquedad una señora para entregar también su pasaporte rosa.

–¿Qué sigue señorita? –pregunté conservando mi actitud cordial–. Mi cita es a las nueve, son las ocho con cuarenta.

–Siéntese; ahorita la llaman para medirla y para pesarla –me dijo mientras seguía recibiendo y coleccionando cartillas.

¿Qué me siente? ¡A chingá! ¿Y dónde?

Me recargué en una esquina entre una ventana y la pared. A través de la ventana se veía, hacia el primer piso, un espacio destinado a ser jardín. Si las bolsas de Sabritas y las latas de refresco se cultivaran, habría sido una preciosa parcela.

–González, Sánchez, Ibáñez, Del Ángel, Ramírez –gritó otra enfermera.

Cinco mujeres se levantaron de sus sillas y se dirigieron a la báscula. La enfermera las pesaba y medía, y dictaba el peso y estatura para que otra enfermera anotara los datos en un pequeño cuadro de papel bond.

Como si fuera el juego infantil de las sillas, todas las que estábamos paradas nos abalanzamos sobre la silla desocupada más cercana. Algunas tuvimos suerte y logramos sentarnos; otras se quedaron paradas, pues al llegar a la silla, la señora de al lado ponía su bolsa, o pañalera, o lo que hiciera más bulto:

—Está apartado —decían.

Alrededor de las nueve y cuarto los doctores, muy frescos, iban llegando a sus respectivos consultorios.

Estando sentada, tuve tiempo de observar la logística del lugar. Un par de enfermeras subieron la bastilla de su uniforme más de cuatro dedos arriba de la rodilla, lo cual, daba qué pensar. Coincidía que, eran esas mismas enfermeras, peinadas y maquilladas con pulcritud, o en otras palabras: las menos peor, las que entraban tras el doctor al consultorio y cerraban la puerta, antes de atender a la primera paciente del día.

—Sosa, Portillo, Salazar, Gaona, Valdés, Acosta —gritó la enfermera.

Era mi turno para que me pesaran. A la madre: perdería mi silla. Si dejaba mi bolsa, peligro y me la robaban.

—¿Me apartas mi lugar? —le dije a la chava de al lado. Una muchachita de no más de dieciséis años, con una panza de no menos de ocho meses. Accedió con timidez.

Me pesaron, midieron y me entregaron mi papelito blanco que tenía que cuidar porque debía entregárselo a "mi" doctor, cuando pasara a "mi" consulta. Regresé a "mi" silla.

—Gracias —le dije a la jovencita.

Ella nada más sonrió. Tuve tiempo de sobra para analizarla con detenimiento; despistadamente.

Me gustaba ver a las personas y hacer historias alrededor de ellas. Era evidente que se había comido la torta antes del recreo. Su vestimenta humilde; muy humilde. Su higiene dejaba mucho qué desear. Era bonita: ojos grandes, un poco rasgados y un tanto lagañosos; pestañas prominentes; nariz respingada; cutis perfecto; cabello castaño claro, reseco y con orzuela. Iba sola. Su mirada se veía triste; la chispa que a mí se me había diluido a los treinta, ella la había perdido a sus dieciséis. ¿Por qué Dios permite que estas niñas se embaracen, y yo no? ¿Por qué prefiere darle un hijo a una adolescente de escasos recursos, que no lo pidió, y no a una pareja estable que lo ha buscado con fervor, y que cuenta con recursos para educarlo, cuidarlo, bañarlo y alimentarlo todos los días? ¿Por qué…? ¿Por qué…? ¿Por qué…?

Así como ella, había muchas otras jovencitas en situaciones similares. Seguí construyendo mis historias alrededor de ellas: a ésta la violaron, sus papás la corrieron de la casa y se fue a vivir con una tía. Ésta se escapó con el novio y vive con los suegros en una casa de dos cuartos. Ésta tiene finta de que el novio es un machista y ha de trabajar de halcón. Todas ellas de entre quince y diecinueve años. Con un futuro profesional truncado. ¿Por qué…? ¿Por qué…? ¿Por qué…?

Eran casi las once de la mañana y aún no me atendían. Me dieron ganas de ir al baño. Me aguanté lo más que pude, sin embargo, si entraba con el doctor con ganas de orinar, no iba a prestar la atención suficiente, esperando salir cuanto antes para ir a vaciar mi vejiga. Tenía temor de tres cosas:

1. Que me llamara la enfermera para entrar a mi consulta y que yo estuviera en el baño; por lo tanto, perdería mi cita, o me atenderían hasta el final.
2. Que el baño estuviera hecho un asco.
3. Que me ganaran mi silla.

A la chiquilla que me apartó antes mi lugar, ya la habían atendido. Ahora, a mi lado izquierdo, se encontraba una señora platicando con la de su lado izquierdo; a mi derecha, estaba un señor con sombrero vaquero. Era el único señor en el ala. No había niños. Gracias a Dios había un letrero que decía: No niños. Eso de por sí era ya una jungla, como para además soportar a niños corriendo, peleando o invadiendo sillas que debíamos de ocupar las pacientes.

–Disculpe –interrumpí a la parlanchina de mi izquierda–: ¿me puede cuidar tantito el lugar mientras voy al baño?

–Sí, vaya; aquí pongo mi bolsa de por mientras –me contestó de forma amigable.

–Y si la enfermera dice "Valdés", ¿le puede por favor decir que fui al baño, que no me tardo, que no me ganen mi consulta? –aproveché la amistad que me mostró.

Corrí al baño. Estaba cerrado. Un letrero decía: Fuera de servicio. Me vi tentada a entrar al de caballeros, pero no: había demasiada gente.

Pregunté a un empleado dónde se encontraba el baño más próximo:

–En el primer piso, a esta misma altura, ala derecha.

¿Ala derecha, o a la derecha? Es lo mismo, mensa; corre.

Mi segundo temor se hizo realidad: el baño estaba as–que–ro–so. Salía agua de uno de los tres sanitarios que estaba tapado. Tuve que caminar de puntitas. Pateé la puerta de uno de los cubículos, con la cabeza un poco hacia atrás, esperando encontrarme lo peor. La tapa del escusado estaba abajo, la abrí con mi pie derecho, no me atreví a tocarla con la mano. Seguía esperando lo peor. Descansé cuando vi sólo el agua turbia de color amarillo.

No había sorpresas. Aplasté la palanca para bajarle, también con mi pie derecho. El agua no fluyó hacia abajo, sino hacia arriba (¡madres!). Estaba tapado. Retrocedí y me quedé mirando el sanitario como si estuviera embrujado, por fortuna, el agua subió de nivel pero no se desbordó. Oriné sobre micciones ajenas. No era la primera vez que lo hacía en algún baño público. Obvio, "de aguilita".

Mi cuerpo descansó. Miré el aparato despachador de papel sanitario y estaba vacío. Hurgué en las bolsas de mi chamarra y encontré un Kleenex usado. Fui muy ecológica: reusé el papel.

Salí del cubículo caminando otra vez de puntitas y no había jabón para las manos. Desesperada busqué debajo de los lavabos, quizá la persona de limpieza tendría un bote por ahí. Encontré una botella de agua Ciel cortada a la mitad, con detergente para ropa, o trastes, no sé: era jabón. Estaba aglutinado. Tomé una bolita, me lavé las manos y las sequé en mi pantalón; el papel para las manos era un lujo impensable.

Corrí a "mi" silla.

–¿Me hablaron? –le pregunté a la cotorra que seguía chismeando con la de su lado izquierdo.

–¿Cómo me dijistes que te apellidabas? –me preguntó entrecerrando los ojos como si se estuviera tratando de acordar.

–Valdés, ¿gritaron Valdés? –pregunté ansiosa.

–Ah no; creo que no. ¿Tú oístes que gritaran Valdés? –le preguntó a su compañera de chisme.

–No, creo que no.

"Creo que no" esa era su respuesta: "Creo que no". Tan tranquilas siguieron platicando, y yo, hecha un manojo de nervios. No podía perder esa cita.

–Sosa: consultorio tres; Portillo: consultorio siete; Valdés: consultorio once –dijo una de las enfermeras.

Escuchar mi apellido, con consultorio asignado, fue como haber oído a un ángel tocando el arpa.

Entré sin avisar, se suponía que me estarían esperando, pero no fue así: el doctor estaba comiendo tacos con una asistente sentada a su lado, al menos no estaba encima de sus piernas. Se apenaron de verme. Yo también me sentí incómoda. La asistente guardó lo que restaba de su almuerzo en el papel aluminio en el que venía envuelto y se retiró como sardina enjabonada.

Entregué al doctor Vela mi expediente. Lo revisó en silencio. Traté de dilucidar si existiría "algo" entre Vela y su asistente, pero se me hizo muy desatinado que un doctor de casi sesenta años, tuviera algo que ver con una chica que con seguridad estaba haciendo sus prácticas de servicio social. Aunque en ese lugar, todo era posible.

El doctor se veía pulcro: su pelo plateado peinado con partidura de lado, reluciente y engomado. Me recordó la vaselina que usaba mi Tito. Estaba rasurado con una cualidad intachable y su bata; impecable y limpia.

—¿Qué es lo que estás buscando? —me preguntó con brusquedad después de ver los pocos papeles que estaban en el expediente. No me veía panzona, no intuía que fuera a revisión, ni que hubiera ido a hacerme el Papanicolaou. Me preguntó de manera directa, para terminar rápido. Como dirían los gringos: *Let´s cut the crap.*

—Medicamentos —respondí en el mismo tono en el que él me preguntó. Tras explicarle mi caso, los procedimientos y lo que estaba buscando, se limitó a decir:

—Muy bien, te voy a hacer la receta para que te den las medicinas en la farmacia. Préstame la carta de tu ginecólogo.

—¿Cuál carta? —pregunté palpitante.

—Tu ginecólogo te debió de haber dado una carta en donde especifica cuánta dosis de medicamentos requieres.

—No, no tengo ninguna carta —carraspeé con cara de confusión.

—Entonces no te puedo dar las medicinas. ¿Cómo voy a saber con qué fármacos te va a estimular y la dosis considerada?

Damn! Mendieta nunca mencionó este requerimiento.

—Pues los medicamentos que den aquí para estimular los ovarios de las mujeres. Eso es lo que necesito —comenté, rascándome la cabeza.

—No. Necesito la carta de tu ginecólogo. Esos medicamentos son muy controlados. Me los tiene que autorizar la dirección —dijo dando un respingo desde el asiento detrás de su escritorio.

—De acuerdo: se la pediré a mi ginecólogo, pero, doctor Vela, la próxima cita con usted me la darán hasta dentro de un mes; para mí, es tiempo perdido. ¿Cómo le podemos hacer para que me atienda sin tanto protocolo? Sólo quiero medicinas —expliqué con la guardia abajo.

—En cuanto tengas la carta, vienes; no importa que no tengas cita. Le dices a la enfermera que sólo estás aquí por una receta, y te atiendo. Pero eso sí: no te podré recetar todas las medicinas en una visita. Estamos limitados a cierta cantidad. Vas a tener que venir varias veces.

—Sí, eso ya lo tenía considerado —dije abatida.

CAPÍTULO DIECIOCHO

Llegamos a las seis con veinte a Montemorelos, Nuevo León. Habíamos abandonado la ciudad a las cinco y media de la mañana, aun cuando los faros estaban encendidos, un domingo ocho de no me acuerdo qué mes; no es importante. Los primeros rayos del sol comenzaban a iluminar con sutileza el lugar plagado por autos y camiones procedentes de todos los pueblos y estados aledaños. Y ahí estábamos nosotros, junto con otra pareja de amigos que nos invitaron a la misa, para rezarle a María Siempre Virgen.

–Le puedes escribir una cartita a la Virgen y la depositas en un cofrecito en donde se reciben las peticiones especiales, en la capilla –me dijo por teléfono Grace, un día antes, al ponernos de acuerdo para asistir a dicha ceremonia–. La idea es llegar temprano para que te sientes en las primeras filas y la Hermana Cony te sane con sus manos.

Lo que sí es importante, es que los días ocho de cada mes, se lleva a cabo la celebración litúrgica en honor a María Siempre Virgen, presidida por la congregación creada por la Hermana Concepción Berrún, quien dice y asegura que la Virgen se le manifestó de manera privada –sin velo, con cabello suelto y con un triángulo detrás, representando a la Santísima Trinidad– en mil novecientos ochenta y siete, pidiéndole la construcción de un santuario para venerarla, así como la fundación de la Comunidad Apostólica de María Siempre Virgen. La Hermana Cony obtuvo la aprobación eclesiástica, por lo que fue en Montemorelos que se fundó dicha comunidad. No recuerdo más de la historia, y el párrafo anterior lo investigué en Internet para fines de este escrito, pero lo que es un hecho, es que, en Monterrey, las misas de sanación de María Siempre Virgen, cobraron popularidad a raíz de las encomiendas ahí suplicadas.

Cuando Jaime y yo teníamos un año de casados, unos amigos nos invitaron a pasar el fin de semana en una quinta. Estábamos las mujeres platicando en la mesa de *picnic*, mientras nuestros maridos se refrescaban del bochornoso calor del verano en la piscina. Recuerdo que una pareja –Gaby y Raúl– ajena al grupo de amigos, pero relacionados con los dueños de la quinta, llegó a disfrutar del día de campo. Cuando nos los presentaron, los acogimos de manera amistosa. Ella: embarazada de siete meses.

Una vez que se rompió el hielo y, entrada en confianza, Gaby nos contó de su imposibilidad para embarazarse y, que después de nueve años, decidieron iniciar los trámites de adopción. En esas estaban, cuando los invitaron a una de las misas de los días ocho del mes, a rezarle a María Siempre Virgen, y, al mes siguiente, quedó embarazada.

Todas nos sorprendimos de dicho milagro.

–No cabe duda que María Siempre Virgen, a través de las manos de la Hermana Cony, nos mandó a nuestro bebé que estará con nosotros en dos meses –dijo Gaby, quien se me hacía una señora mucho mayor, pues tendría sus treinta y seis años, y nosotras, estábamos en los veintisiete–. Desde que supe que estaba embarazada, mi esposo se unió a los Caballeros de San Miguel Arcángel.

En aquel entonces, jamás me imaginé que varios años después estaría yo en una situación similar a la de esa infértil pareja. Cuando Grace y Eddie, su esposo, nos invitaron a esa misma misa, en ese mismo lugar, con la misma Hermana Cony, recordé a Gaby. Era mi turno de ser tocada por manos sagradas y, que el Señor perdonara mis arrebatos de rebeldía, sanando mi cuerpo.

Las personas se bajaban de los autos y camiones enfilándose hacia el área con piso de cemento pulido en medio de la nada, para sentarse en una de las sillas de acero que estaban acomodadas en largas hileras. No era una iglesia normal, era un espacio techado con lámina y adaptado para recibir a miles de personas con alguna petición, por lo general, de salud. Los milagros que se gestaban ahí, no consistían sólo en traer bebés al mundo, sucedía también que personas se curaban de cáncer; paralíticos lograban caminar; sordos, escuchar, etcétera.

La infinita bondad de Dios, y de la Virgen, era repartida ahí sin discriminar. Las primeras cuatro filas estaban reservadas para personas con algún padecimiento físico y recibirían la sanación por medio de manos santas.

Apenas cerramos la puerta del coche, Grace me tomó del brazo y me instaló en una de las sillas para los enfermos. Quedaban pocas, y había que pedir autorización a alguna monja para ocupar uno de esos privilegiados asientos. Mientras yo estaba sentada, ella habló con la monja más cercana y le explicó mi problema al oído. La monja me volteó a ver, asintió con la cabeza y me regaló una mirada bondadosa. Jaime, Eddie y Grace se perdieron entre la multitud; no supe en dónde se colocaron. Yo, por lo pronto, estaba en primera fila.

A las siete en punto comenzaron los cánticos:

Hay ángeles volando en este lugar
en medio del pueblo y junto al altar
subiendo y bajando en todas las direcciones
no se si la iglesia subió o el cielo bajó
sí sé que está lleno de ángeles de Dios
porque el mismo Dios está aquí.

Entonaba un coro conformado por monjitas y por los caballeros de San Miguel Arcángel. El sol saliente, cubierto por una nube aborregada que dejaba atravesar los rayos de manera prodigiosa, hacía de la experiencia, una experiencia divina.

Tras la antífona de entrada, el acto penitencial: "por mi culpa, por mi culpa, por mi gran culpa", la primera lectura, el salmo, la segunda lectura, el Evangelio, de rodillas, de pie, sentados, de pie, el padrenuestro, la limosna, la comunión y todo el rito de la celebración litúrgica, personas que habían padecido alguna enfermedad pasaron al frente a dar su testimonio de sanación. Las miles de personas ahí congregadas aplaudimos agradeciendo a la Virgen.

Al final, varias madres y hermanas se colocaron al frente; entre ellas, la Hermana Cony. De pelo oscuro, con algunas canas ya visibles, algo robusta y una sonrisa que transmitía paz, se confundía con las demás hermanas por la humildad y trato amable, así como por su hábito color azul galáctico, una túnica blanca sobrepuesta, y la cofia del mismo color, almidonada de forma celestial. Decenas de esperanzados clamábamos por unas manos que lograran en nosotros algún milagro, pero eran sólo algunos los afortunados en cuya cabeza se postrarían las manos de Cony.

De entre esas personas no estaba yo. Hice fila para que otra monja capacitada para sanar impusiera sus destrezas sobre mi cabeza, pronunciara algunos rezos y la gloriosa misericordia reinara en mí. El coro volvía a cantar:

Siente la brisa del vuelo de tu ángel ahora
confía hermano, pues ésta es tu hora
la bendición llegó y te la vas a llevaaa aa aa aar

Debo admitir, que en ese lapso de tiempo, mientras las manos benditas de la Hermana Carolina estaban colocadas sobre mi cabeza, una inmensa paz me inundó. No era tangible, pero el sosiego interior lo podía yo acariciar.

Una vez sanada mediante las santas manos de Carolina, traté de ubicar a los míos entre el séquito de creyentes. Me estaban esperando en el límite de la tierra con el cemento, del lado en el que nos habíamos estacionado. Me acerqué a ellos con una sonrisa contagiante.

—¿Escribiste cartita? —me preguntó Grace, discreta.

—Sí, aquí la traigo —saque de la bolsa derecha de mis jeans una hoja doblada en seis.

—Ahorita venimos —se dirigió hacia nuestros esposos—. Vamos a la Capilla a rezar.

El sagrario era un cuarto de paredes beige con techo de dos aguas y reclinatorios: cinco del lado derecho y cinco del lado izquierdo. La imagen de María Siempre Virgen, levitando dentro de un triángulo rodeado de azul astral y nubes acolchonadas, estaba colgada al frente.

Deposité la carta en el cofre caoba asegurado por un pequeño candado y me hinqué en uno de los reclinatorios. "Virgencita: tú sabes por lo que hemos pasado. Tú, como madre, entiendes mi sufrimiento. Concédeme, Madre Mía, el milagro de la vida. No permitas que me aleje de ti. Ayúdanos por favor a tener a un hijo; te lo suplico, Virgencita; apiádate de nosotros. Prometo que seré buena madre; te lo suplico, Virgencita; te lo suplico, María Siempre Virgen".

Capítulo diecinueve

Después del acercamiento religioso, tras la misa de sanación, mi fe se acrecentó. Esa energía que entró en mi ser a través de las manos, permaneció en mi espíritu y creí, con fervor, que obraría en mí, por fin, el milagro de una nueva vida. Claro, siempre y cuando nosotros hiciéramos la tarea y estudiáramos: Al cielo orando y con el mazo dando.

Entre pastas de dientes, jabones, rastrillos y desodorantes en los estantes del supermercado, al que asistí para surtir la semana, estaba el anaquel de las toallas sanitarias. Hice cuentas: en un par de días, o saltaría de alegría por mi preñez o lloraría por la enfadosa mancha.

Volví a hacer cuentas: fuimos a la misa de sanación antes de mis días fértiles, por lo tanto, me había curado a tiempo. Jaime no tuvo viajes de trabajo en ese mes, así es que la tarea sí estaba hecha. Si compraba toallas sanitarias sería dudar de mi fe. Quizá por desconfiar, María Siempre Virgen me castigaría y no cumpliría mi petición.

Decidí no comprarlas. Este mes no las necesitaría. Este mes sería el bueno; sin tratamientos invasivos, sin miles de pesos mal gastados y sin ovarios estimulados: de manera natural; naturalmente divina. Ya no tendría que ir más al Seguro por los medicamentos y los que había conseguido ya, los podría donar a una pareja infértil que los necesitara. Tuve la idea de venderlos por Internet a través de Mercado Libre; conseguiría unos veinte mil pesos con las cajas de *Folitropina* que tenía en mi poder. No, no era justo. Esa actitud no sería de una buena persona que se preocupa por hacer bien al prójimo. Decidí donarlas; actuaría de manera caritativa en agradecimiento a la Virgen.

Dos días después salí corriendo a la farmacia; no tenía toallas sanitarias en la casa, ni un panti protector para los días ligeros, ¡ni un mentado tampax! Hicimos la tarea, estudiamos, pero una vez más, reprobamos el examen.

Y ahí estaba yo, de nueva cuenta en el Seguro, postulando para que me entregaran mi tanda de medicinas. Trataba de llegar temprano; si llegaba después de las ocho, el atiborramiento era cada vez mayor. Tenía que esperar, el doctor Vela se aparecía pasadas las nueve, a almorzar. Iniciaba sus consultas después de las nueve y media.

Era ya el cuarto mes que acudía a la clínica CC. Me sentía como cuchara en gelatina. Sabía dónde estacionarme, debía de reportarme en la recepción de madera vieja para decir que iba por medicamentos, no a consulta. Me daban un papel que tenía que llevar a archivo, en el primer piso. El muchacho del archivo, después de una media hora, subía con un altero de expedientes y los dejaba en la recepción. De inmediato me acercaba para pedir el mío.

–No se lo podemos dar; se le va a entregar a su médico cuando entre a consulta.

–Es que no vengo a consulta, ya le dije: vengo por una receta para medicamentos.

De mala gana, la enfermera me daba mi expediente color manila. Lo abrazaba y me paraba afuera de la puerta del consultorio once. En cuanto la enfermera de Vela salía, o entraba, aprovechaba para decirle:

–Vengo por medicamentos.

Algunas veces corría con suerte y me pasaba de inmediato, algunas otras, atendía a pacientes que hubieran llegado antes. Yo no me movía de la puerta para que la enfermera no se olvidara de mí, y, cada vez que podía, le preguntaba: ¿Falta mucho para que me atienda el doctor? ¿Ya sigo yo? ¿Se va tardar demasiado? Lo que fuera, con tal de hartar a la enfermera y que me hiciera pasar para que dejara de molestar. Una vez adentro del consultorio, el doctor revisaba la carta, la firmaba, realizaba anotaciones en mi expediente y me mandaba a la dirección para que el Director de Ginecología autorizara la receta de *Folitropina alfa*.

Rumbo al área administrativa, una de las oficinas tenía ventanas de acrílico rugoso en color ámbar. No había vuelto a ver ese material desde que era niña, así es que esa oficina llamó mi atención. A través del color ámbar pude ver las sombras de tres personas adentro. Oí carcajadas y olí el característico aroma de la cebolla que acompaña a los tacos callejeros. Se veía que estaban comiendo. La puerta del cubículo decía: Dirección de Nutrición y Comunicación Social. Me quedó muy claro: estaban haciendo su trabajo. Seguí mi camino.

Ya en la dirección, había dos sillones de cuero verde espárrago, de tres plazas cada uno, para esperar. Estaba un poquito más *nice*, no eran sillas: eran sillones y sólo cabían seis personas, lo cual indicaba que no cualquiera tenía acceso a ese espacio. Al entrar a la oficina que me recordaba algún lugar retro de los años setenta, me dirigía con la secretaria que sin variar se encontraba colgada del teléfono. Tenía que interrumpirla; de lo contrario, podrían dar las doce.

—Vengo por la firma del director para la autorización de una receta —explicaba entregándole mi expediente.

—El director está en junta, aquí déjemelo, más tarde se lo doy —me contestaba haciendo a un lado el auricular y tapando la bocina con la mano de la cual resaltaban las uñas postizas con estampados felinos.

—¿Más tarde? ¿Más tarde, como en cuánto tiempo?

—No sé, acaba de empezar la junta. ¿En qué estábamos, manita? —le preguntaba a la persona del otro lado de la línea. Tomaba una lima del primer cajón de su escritorio, se detenía la bocina con el hombro, y con la mano derecha, se limaba las largas uñas de la mano izquierda.

Algunas veces hasta los sillones estaban con

gente apeñuscada y no me quedaba de otra mas que esperar parada, o si veía que podría caber en algún huequito del sillón, pedía:

—¿No me hace un canchito?

Las mujeres se arrejuntaban para que mis sentaderas alcanzaran la esquinita de uno de los sillones.

Una vez que al director se le ocurría firmar la autorización para mi receta, la secretaria gritaba mi apellido y me entregaba el expediente. Debía regresar al ala sur, a pararme afuera del consultorio once y decirle a la enfermera:

—Aquí está la firma de Dirección, ¿le puede pedir al doctor que me dé por favor mi receta?

La enfermera tomaba el expediente y entraba al consultorio. Algunas veces me daba mi preciada receta en menos de cinco minutos; algunas otras, se tardaba más de treinta.

Sujetaba la hoja verde con una hoja rosa calca detrás e iba a farmacia a que me surtieran. Algunas veces había una fila de menos de cinco minutos; algunas otras, de más de treinta. Así fue durante seis meses; hasta que completé la cuota estricta de mis medicinas. Mi refrigerador aumentó su plusvalía. El último estante albergaba las cajas con las valiosas inyecciones. Las fajitas de pollo, la mostaza, la ensalada, el pan de centeno, el litro de leche, la cartera de huevos, y todos los demás alimentos ahí contenidos, se tenían que amontonar para hacerle espacio a mi famosa *Folitropina*.

***

Cuando menos lo pensamos, ya era noviembre. ¿En qué momento se pasó el año? Mi primera cita con el *doctor Chafatín*, en el Seguro, fue en enero. Los cálculos previstos eran que para junio tendríamos completa la dosis, pero no contábamos con los estudios, la burocracia, la segunda cita con *Chafatín*, la burocracia, el ir por la carta con Mendieta, la burocracia, etcétera; por lo que sin darnos cuenta, las crujientes hojas recién caídas de los árboles, decoraban ya las banquetas en tonos avellana.

Si empezaba con la preparación del segundo *in vitro* en noviembre, lo más seguro era que el procedimiento se llevara a cabo en diciembre. Tras platicarlo con mi marido, decidimos esperarnos hasta enero; queríamos pasar las fiestas decembrinas en paz y sin estrés. Además de que la clínica cerraba la última semana de diciembre y, era probable que mis fechas coincidieran con esa semana. Total, uno o dos meses más, no pasaba nada.

No pasaba nada si la caducidad de la primera y segunda ración de inyecciones proporcionadas en la botica del Seguro, no fuera la siguiente: 12.2011. Nosotros habíamos decidido usar dichas medicinas en 01.2012.

Teníamos las siguientes opciones:

1. Reponer las cajas de inyecciones caducas, comprando nuevas en una farmacia especializada.

2. Iniciar el procedimiento ya; en friega.
3. Ir a la farmacia del Seguro Social para que me las cambiaran.
4. Usar las medicinas caducas. Sólo estarían un mes vencidas. Los laboratorios siempre imprimen una fecha de caducidad por precaución, pero un mesecito después, no pasaría nada. No pasaría nada si no estuviéramos hablando de un procedimiento de ingeniería genética, en donde ya de por sí existen probabilidades de fracaso, o de malformaciones, y, en donde ya de por sí, es estresante el escenario. No agregaría una variable más a la ecuación, no me arriesgaría.

Regresé al lugar del que pensé me había librado para siempre. El hombre de la farmacia, aunque era parco, era hombre; una ventaja para mí: las viejas somos más perras. Sabía que en las tardes la farmacia estaba vacía, así es que decidí acudir saliendo del trabajo para que el trueque se realizara sin presiones.

–Hola –saludé al impávido hombre.

–Buenas tardes.

–Oye, ¿te acuerdas que me surtiste estas medicinas? –saqué de una bolsa de papel estraza las cajas de inyecciones a punto de expirar. Él se me quedó viendo, por supuesto que no se acordaba; entregaba curas a cientos de enfermos al día–. Mira, lo que pasa es que me las diste y se caducan antes de que me hagan el tratamiento –me veía sin decir nada–. El tratamiento me lo programaron hasta el próximo año, ya ves que se atraviesa Navidad y todo eso, entonces lo tuvimos que postergar.

–¿Trae la receta en donde se especifica la fecha de entrega?

¡A la madre! Llevaba mi cartilla; sabía que sin ella no era nadie en ese recinto, pero la receta, ni idea tenía dónde había quedado. Fingí buscarla en mi bolsa. –Ah, sí, por aquí debe de estar –me hice guaje girando la mano dentro de la bolsa–. Híjole, a ver: espérame tantito –comencé a colocar en la marquesina de la ventanilla todas las chunches que las mujeres traemos en las bolsas: cartera, celular, lápiz labial, lima para las uñas, una pluma azul, chicles, esmalte, audífonos, un espejito, crema humectante para manos Pelter, las llaves de la camioneta–. Ay, tan presente que lo tenía. Se me hace que la dejé en la casa –lo volteé a ver.

Me miró a través de sus lentes con armazón de pasta negra, asombrado, y sin decir una palabra. Se veía tan tímido que quizá nunca había tenido novia. Por lo tanto, nunca había visto lo que las mujeres guardamos en las bolsas. Tal vez hurgó en alguna ocasión en la de su mamá, pero a decir por la expresión de sus ojos, no.

–¿Sabes qué? Yo creo que de plano se me borró del tintero –terminé diciendo llevándome la mano derecha a la cabeza.

–Si no trae la receta no puedo proceder –dijo.

Ya me había olvidado de la inflexibilidad del sistema. Aunque lo entendía. En cualquier otra farmacia comercial, sin la nota; no hay cambio, es más, rara vez en las medicinas hay cambios.

–A ver, déjame seguir buscando –quise hacer tiempo para ver qué sonsera se me ocurría, no tenía muchas opciones.

Continué sacando lo que quedaba en mi bolsa: un collar de cuarzo que compré en la Expotec y mi gel antibacterial. Aproveché para vaciar unas gotitas en mi mano y untarlo.

–¿Quieres? –le pregunté.

No me contestó, me seguía observando como si fuera yo de otro planeta. –Mira, te voy a poner tantito, huele a frambuesa –él permanecía como estatua.

Cada vez que intercambiábamos diálogos, nos teníamos que agachar para hablar a través de la ventanita, pues estaba un cristal grande de por medio. Metí mi mano por el hueco y lo miré sonriendo.

–Pon la mano; verás –dije agachada.

No le quedó de otra más que estirar el brazo. Le vacié más gotas que a mí. Se las untó con reserva, aún sin expresión en el rostro.

–Huélelo –le dije.

Llevó sus manos hacia su nariz e inhaló. Sonrió. ¡Sonrió!

–Huele rico, ¿verdad? –asintió–. Oye, amigo: pues ya saqué todo y no encontré la receta –amigo decidí decirle, después del intercambio de fluidos anibacterianos pensé que decirle amigo haría que aflojara más–. Ándale, por favor cámbiamelas –estaba yo rogando a través de la ventanita.

—Déjeme revisar si tengo en inventario –se dio media vuelta y buscó en los anaqueles organizados alfabéticamente. Se detuvo en la letra *F*. Regresó–. ¿Cuántas cajas necesita?

—Éstas mismas –mi bolsa de estraza atravesó el hueco.

Las sacó de la bolsa, revisó que estuvieran bien cerradas y notó la fecha de caducidad.

—Se vencen en diciembre.

—Sí, por eso quiero que por favor me las cambies.

—Pero estamos en noviembre.

Le sonreí. Cabeza inclinada. Mechón de cabello enredándose en mi dedo índice.

—Si se las cambio, me van a regañar porque luego voy a tener producto vencido en inventario.

—*N'ombre* –le dije segura–, si estas medicinas son súper comunes, vas a ver que en estos días viene alguien que sí las vaya a usar en noviembre, y listo –le hablaba como si no supiera que él era experto en cuáles eran los medicamentos más comunes. Era él quien conocía perfecto el inventario y sus PEPS (Primeras Entradas Primeras Salidas).

—Se las voy a cambiar por esta ocasión. Pero no vuelve a haber cambios.

—No, te prometo que no. ¡Muchas gracias! Mira –tomé el gel antibacterial y le dije–: te lo regalo.

—No, gracias. Aquí están las medicinas.

Una de dos: o mis técnicas de coqueteo funcionaban o tenía la capacidad de hartar a cualquiera hasta salirme con la mía, con tal de que los dejara en paz. Decidí quedarme con la alternativa uno, aunque en una ocasión, a Jaime, un lanchero en Cozumel le dijo:

–Es neciesita su esposa, ¿verdá? –después de que insistí con vehemencia para que me prestara un kayak y esnorquelear sin riesgo a ser atacada por las medusas que proliferaban en el área.

–Dígamelo a mí, yo la tengo que aguantar todos los días –dijo riendo mi marido. Me abrazó y me besó la frente, para prevenir que le diera un cariñoso revés.

Capítulo veinte

Llegó la esperada fecha: 01.2012, con medicamentos sin expirar y con ilusiones por concretar. La esperanza volvió a nacer. Confiamos de nuevo y estábamos contentos de este segundo intento que, sin duda, tendría mayores posibilidades de triunfo.

Comenzó la odisea: inyecciones, monitoreos, hormonas, folículos y lo ya vivido con anterioridad. En esta ocasión todo fluía y parecía más sencillo; ya conocíamos el proceso.

Cuando el doctor llamó para informar cómo había evolucionado la fecundación, comentó que se habían logrado tres embriones, los cuáles me transferirían esa semana.

Una vez más, guardé mis pertenencias en el *locker* de madera, dentro del baño de la clínica cuyo *lobby* parecía tienda de persianas, enfundándome en la bata. Estaba en el mismo lugar en el que había decretado que sería madre. Ese mismo sitio en el que respiré profundo visualizándome en la maternidad recibiendo a mi bebé. Aquella imagen mental no se concretó. Había ya asimilado que no era el tiempo adecuado, que no teníamos la madurez suficiente y que fue sólo un peldaño que nos ayudó a subir en la escalera para acercarnos a la meta.

Ahora tuve miedo de decretar y de visualizar. Si la vez anterior lo hice y no funcionó, pues ya no lo haría. Pero tampoco quería ser pesimista. Recordé el enunciado de aquella vez: "Decreto que voy a tener un bebé sano y hermoso". Tal vez fui demasiado vanidosa al agregar la palabra "hermoso"; con que estuviera sano. Eso fue: un castigo por altiva. En esta ocasión no decreté, pero sí recé: "Diosito, te pido por favor que me concedas ser madre de un niño sano".

Sano, hasta ahí.

Entré al quirófano y me anesteciaron. No supe más.

En la sala de recuperación estaba otra paciente igual de atolondrada que yo. Esta vez no me interesó entablar una charla, me sentía tan modorra que preferí seguir durmiendo, pero una enfermera ya entrada en años nos despabilaba para que fuéramos ahuecando el ala.

–¿Cómo se siente? –no contesté, me dolía la garganta. No quería hablar–. Vaya incorporándose despacito y si se marea, me avisa –me senté y me quedé un rato viendo la cuadrícula del piso cerámico.

Nuestros tres embriones ya estaban en mi vientre. Todos mis movimientos tenían que ser delicados y sutiles.

Salimos de la clínica y me fui acostada en el

asiento trasero de la camioneta lo más horizontal posible. Llegamos a la casa, y, de nueva cuenta, guardé reposo, así como, de nueva cuenta, había que esperar las dos semanas para hacerme la prueba de sangre y recibir, de nueva cuenta, la llamada del doctor anunciando el negativo o el positivo del resultado. Todo sería, de nueva cuenta, igual.

A la semana, sentí nauseas. Me emocioné y presentí que en esta ocasión, también se había logrado un embarazo. Esta vez, todo saldría bien.

La noche anterior al sábado en el que me tocaba hacerme la prueba de sangre, la pasé perturbada y nerviosa. Quería tomar las manecillas de reloj y manipular el tiempo para que los anaranjados rayos del sol se asomaran de inmediato. Pero no: en la oscuridad de mi habitación, con los ronquidos de mi marido de fondo, mi mente giraba como si estuviera en la lavadora en ciclo pesado.

Comenzó a clarear y decidí levantarme. Un fuerte mareo y unas ganas tremendas de vomitar me sacudieron. Corrí al lavabo. Traté de sacar el malestar pero no salió nada: saliva pura. Me esforcé de nuevo, pero igual, nada. Me recosté contenta. ¡Tener mareo y náuseas eran buenas señales!

Feliz, con mi malestar, fuimos a que me tomaran la muestra de sangre. Entretanto la analizaban y esperábamos la llamada del doctor, decidimos ir a desayunar. Pensé en los alimentos que no pueden comer las embarazadas, y los evité, porque yo, en el fondo, sabía y sentía que un ser crecía en mi vientre. Nada crudo, no embutidos, no quesos sin pasteurizar, no cafeína. Algo había aprendido de todas las charlas de mis amigas. En aquel entonces, me parecían aburridas, ahora: eran oro molido.

Aprovechando que era sábado, y que de las nubes caían gotas de caramelo que invitaban a entrepiernarnos bajo las cobijas, regresamos a la casa a ver alguna película que hiciera más rápida nuestra espera. Estar en cama me venía bien. Tenía que cuidarme, ¡estaba cargando a nuestra descendencia!

No fueron suficientes las estupideces en Tailandia de los protagonistas de *Hangover 2* para olvidarme de que, en cualquier momento, timbraría el celular para confirmar mi estado y llorar de alegría. Después de lo que habíamos pasado era momento de llorar; ahora, de felicidad.

El celular vibró antes de sonar. No alcanzó a emitir sonido, en la primera vibración pulsé: "Contestar".

—¿Bueno?

—¿Helga?

—Hola, doctor —dije trazando una sonrisa en mis labios.

—Helga: qué pena, pero no tengo buenas noticias.

Sentí un chubasco en medio del desierto.

—¿Cómo? —balbuceé.

—La prueba salió negativa —expresó Mendieta con desazón.

Un nublo acechó mi rostro.

–No, doctor. No puede ser, yo tengo síntomas de embarazo; de seguro hubo un error –me atreví a refutar, contradiciéndolo.

–Con dificultad hay un error, Helga. Lo siento mucho; en esta ocasión no tuvimos suerte –me quedé enclaustrada en la mudez deseando que en ese instante el doctor emitiera una audible risa para decirme que era una broma; que, por supuesto, había pegado el chicle; sin embargo, yo misma caí en cuenta de mi ridículo pensamiento, no era el estilo de Mendieta, él no se atrevía a jugar de esa forma; poseía un sentido de rectitud exquisito y raro de encontrar. Aun así, no quise aceptar la respuesta, seguía montada en mi macho.

–No, doctor. De verdad, yo tengo síntomas; estoy segura de que estoy embarazada. Hoy en la mañana casi vomité y me he sentido mareada en los últimos días.

–Si quieres puedes hacerte otra vez la prueba de sangre, dentro de veinticuatro horas, en otro laboratorio y hablamos el lunes.

–Ok, el lunes le llamo. Gracias.

Quería darle *rewind* a esa escena. Quería que volviera a sonar el celular con las noticias esperadas. Jaime no me preguntó nada; sólo me abrazó. Las lágrimas comenzaron a rodar como en alguna caricatura japonesa. Lloraba el cielo y llovíamos nosotros. Del cielo caían lágrimas dulces y, de nosotros, salían gotas saladas.

Aún con la llama de la esperanza encendida, fuimos al día siguiente a uno de los Laboratorios Reyes, el del centro: el único que estaba abierto en domingo. Me presenté en el mostrador con la recepcionista para indicarle que estaba ahí para una prueba de embarazo.

–¿Cuántos días tiene de retraso?

–Uno –le respondí.

Jaime, quien también se sentía desmoralizado y revuelto, se sentó y hojeó el periódico del día colocado en la mesa de centro de la recepción. De seguro estaba viendo sin ver.

–Para que se pueda detectar la hormona gonadotropina en la sangre, tiene que tener dos días de retraso –me explicó la señorita.

–Ayer debió de haber iniciado mi periodo, o sea que hoy es el segundo día –objeté.

–Pues a lo mejor le sale un falso negativo, pero como guste; si quiere se la realizamos.

–Sí, por favor.

–¿Me puede proporcionar sus datos?

Facilité mi información de manera automatizada, al mismo tiempo que tejí una telaraña mental: ¿Sería conveniente realizarme la prueba ese día, o esperar un día más? Ya estaba ahí; ya quería que mi resultado dijera positivo para confirmar que la clínica tuvo un error y, que mis síntomas, no habían sido psicológicos.

–¿Cuenta con nuestra tarjeta de puntos? –la pregunta de la señorita me ubicó en el momento.

–Sí –saqué de mi cartera la tarjeta. Claro que contaba con ella, además de ser la esposa de un regio, era una de las clientas más frecuentes–. Aquí está.

La pasó por el sistema y me dijo:

–Serían doscientos setenta y cinco pesos, tiene ciento cincuenta de puntos, ¿los quiere usar?

–Sí, por favor.

–Muy bien, restarían ciento veinticinco.

Terminé de pagar y me pasaron al cubículo. Estaba indecisa. Me sentía como una *girl scout* perdida en la selva y sin brújula. Continué tejiendo la telaraña: ¿Y si me hago la prueba y también sale negativa porque no me esperé un día más? Ya pagué, ya ni modo. Pero si sale negativa y es positiva, me la tendría que volver a hacer mañana, y gastaría más. Además, si sale negativa me voy a deprimir y tal vez sí sea positiva. Mejor me ahorro la deprimida, y mañana, con más seguridad, me la hago. Voy temprano a la sucursal que está cerca de la casa, antes de llegar al trabajo.

–Oye, ¿sabes qué? –le externé a la mujer que estaba por pincharme–. Mejor me espero. ¿Me puedes hacer un vale y mañana voy a la sucursal que me queda cerca de mi casa?

La señorita notó la ansiedad que mis pupilas revelaban y trató de ayudarme.

–Lo que podemos hacer es depositarle en su tarjeta de puntos, y mañana paga con ella.

–Muy bien, gracias.

La tarde fue tétrica, color ceniza. Una congoja de: no; pero, quizá, sí. Nuestro ánimo estaba por los suelos, y, para acabarla de amolar, el clima seguía lluvioso, frío, siniestro. El único atisbo de esperanza que tenía, era que mi menstruación no había mostrado señales.

Pasé otra noche de insomnio con cuestionamientos y marañas cerebrales que no me dejaban descansar. ¿Si no estoy embarazada, por qué tengo síntomas? Si tengo síntomas; seguro estoy embarazada. Mañana que la prueba salga positiva le voy a decir a Mendieta que en su clínica hicieron las cosas mal. Mis papás y mis suegros se van a poner felices cuando les hable para decirles que sí funcionó el tratamiento. Sigo con ganas de hacer pis, qué frío salirme de las cobijas. Si no hago pipí menos voy a poder dormir. Mejor me espero un rato a que tenga más ganas. No; mejor voy ahorita para revisar mis calzones. No hay sangre en el pantiprotector; todo va bien; todo va bien. En estos días le hablo a don León para ahora sí construir el cuarto del bebé. Voy a pintar una pared amarilla; así, si es niño o niña, como quiera combina. Qué sueño, me duele la cabeza. Duérmete, Niní, duérmete.

Por fin el sol se manifestó. Mis ojeras delataban la mala noche que pasé. Volví a ir al baño: ¡Sorpresa, pendeja!, escuché a la vida decirme.

Ahí estaba, tan detestable como siempre. Sin ser invitada, sin ser bienvenida; la aborrecible mancha escarlata. Y yo, muy segura de mi estado gestante; de mis síntomas; de decirle al doctor que se habían equivocado en su laboratorio; de pensar que los que estaban mal eran ellos. Otra vez, un gancho al hígado.

No le llamé a Mendieta, ni ese día, ni esa semana, ni en mucho tiempo. ¿Para qué? ¿Qué fregados? ¿Qué pasaba con la vida? Me daba igual: no estaba viviendo, estaba sobreviviendo.

Como en todo, en esto también hice una comparación. Comparé el dolor de la primera pérdida contra el dolor de este resultado negativo. Ambos eran atroces, desmesurados, crueles, brutales y cualquier otro sinónimo de las palabras anteriores; sin embargo, en esta ocasión fue mejor que, desde un inicio, no hubiera un embrión implantado. Se sintió mucho más fuerte la caída cuando expiró aquel vale de felicidad que creíamos haber comprado, fue una fantasía, un espejismo; fue más lenta la agonía.

Esta vez había sido más rápida; pero ahora, estábamos más cerca de no tener hijos nunca. Ya habían sido dos infructuosos *in vitros*. En éste último, en lugar de avanzar, retrocedimos. Eso significaba que la agonía duró menos tiempo, pero la congoja sería permanente; quizá vitalicia.

A ratos, quería escapar del mundo y sabía que la única forma de salir era el suicidio. No me atrevía, amaba demasiado a mi esposo y a mi familia, no quería que sufrieran, además, no era tan valiente: cabía la posibilidad de que eso también me saliera mal y, entonces, quedara cucha, eso sería peor.

Opté por escapar del mundo a través de la biblioteca de la universidad. Me internaba entre el olor a libros viejos, la afonía y miles de obras que rogaban ser sacadas de los anaqueles para permitirles transmitir sus textos. Leer me serenaba, al menos me olvidaba de mi realidad por un momento.

Ciertos días elegía algo ligero, que no me reburujara la mente, algo de Jane Austen o Claudia Piñeiro. Otras veces, a propósito, escogía algo denso, alguna novela que contara algo muy espeso, para así, yo sentirme bien; sentir que lo que yo estaba viviendo, no era nada comparado con lo que Franz Kafka o Ernesto Sábato imprimían en sus relatos.

Un día, sin mayor importancia que otro, el título de un libro atrajo mi atención: *El lado positivo del fracaso*, de John C. Maxwell. La palabra fracaso hizo eco en mi cabeza. Así me sentía: una fracasada. Pensé que en ese tenor podría encontrar algunas frases de patética autoayuda. Casos de personas famosas que para llegar a dónde están tuvieron varios tropiezos que los ayudaron a aprender, a levantarse, a ser mejores y a alcanzar sus sueños, estaban plasmados en el libro, cuya contraportada prometía que aprendería a: *Dominar el miedo en vez de que el miedo nos domine a nosotros, a acabar con las fallas que nos llevan al fracaso y a desarrollar estrategias para triunfar tras los grandes fracasos.*

Ese era mi caso, tenía que aprender de lo malo, agarrar fuerzas y continuar.

¡Qué bonito se veía en letras! ¡Qué frase tan motivadora! Si tan sólo pudiera cerrar mi herida de la misma forma en la que cerraba el libro, y listo. ¡A empezar de nuevo! ¡Mañana será otro día! ¡Vamos, amigos, ustedes pueden!

Por mí, el autor de *"lo que importa no es lo que te sucede, sino cómo reaccionas a ello"*, se podía ir al caño con todo y su filosofada.

No importa que secuestren y violen a tu esposa,

que la encuentren descuartizada en el desierto de Samalayuca: ¡Sonríe, reacciona positivo!

No importa que los Zetas tengan un enfrentamiento en la calle y por desgracia maten a tu hijo que estaba estudiando su maestría: ¡Sonríe, reacciona positivo!

No importa que seas infértil y que nunca vayas a tener un hijo: ¡Sonríe, reacciona positivo!

Chinguen a su madre.

Estaba enojada con la vida; conmigo misma por volver a creer y porque no era mas que una marioneta de aquel Ser Superior que manejaba los cordones de mi existencia a su plena y libre decisión. Con frecuencia pensaba que estaba pagando algún karma; tal vez de esta vida o quizá de alguna vida pasada. Era para mí un castigo divino: como si me dijeran que tenía cáncer o el virus del Ébola, eso era para mí darme cuenta de que no podía tener hijos. Me sentía minusválida.

Me embargó una impotencia abrumadora, desgastante. Estaba acostumbrada a controlar las variables de mi vida. Desde pequeña, sabía que si me portaba bien, me tratarían bien; si estudiaba, sacaría buenas notas; si trabajaba, ganaría dinero. Siempre conseguí lo que me propuse. ¿Por qué ahora la vida se ensañaba conmigo?

Me resultaba frustrante correr, brincar, dar volteretas, pararme de cabeza y hacer todo lo que estuviera a mi alcance y no conseguir lo que quería. Este asunto se salía de mi control, y eso, me tenía descontrolada.

La idea de ser padres estaba cada vez más lejana; quizá cuando las ranas críen pelos, pensaba. Me sentía como una niña a la que se le iba al cielo el globo de helio y no había manera de recuperarlo. Mis peores pensamientos los tenía cuando iba manejando sola al trabajo, ya fuera de ida o de regreso. En esos mismos trayectos en los que cantaba a grito suelto que me levantaría de la lona y que nadie me tumbaría, ahora, no cantaba; estaba noqueada. El réferi casi llegaba al diez, y yo, no daba indicios de levantarme. Sola, dentro de mi camioneta, lloraba sintiendo una gran desazón y le gritaba con reclamos a Dios: ¿Qué quieres de mí? ¡No te entiendo! ¡Dime; si no voy a ser mamá, ya dímelo! ¡Mándame una señal, no soporto esta incertidumbre! ¡Ya fue demasiado, háblame, por favor, Dios! ¡Háblame, si es que existes!

En ese entonces, la inseguridad en Monterrey estaba en su apogeo. Las guerrillas entre narcos, los secuestros, los robos a mano armada y las extorsiones, saturaban los diarios y los noticieros. Era cada vez más frecuente encontrarse con retenes militares, o, en el embotellamiento, estar detrás de patrullas de la Fuerza Civil, con hombres armados listos para el combate.

Cuando los veía, no me intimidaban; al contrario: tenía el impulso de querer estar en medio de un encuentro narco-policiaco y ser una de las inocentes víctimas que murieran en el enfrentamiento. En los retenes, cuando me pedían que bajara el vidrio de mi vehículo, para asegurarse de que no fuera yo una delincuente, quise retarlos, o hacer un movimiento en falso, para que apretaran el gatillo, y me eliminaran.

En esos encuentros cercanos con la milicia, me quedaba observando sus ametralladoras deseando que tiraran proyectiles directo a mi corazón. O, ¿por qué no?, simple y sencillamente pedirle al gendarme de manera cordial: ¿Sería usted tan amable de quitarme la vida? Fíjese que no quiero existir, no tengo ganas, no se me antoja.

Mis pensamientos eran destructivos, nocivos. No le encontraba sentido a la vida. Si no tenía hijos, ¿qué caso tenía seguir viviendo?

Una noche, con la luna en cuarto creciente sobre el contorno de las casas, antes de preparar la cena, me desguancé en la silla del comedor, en mi asiento asignado por la costumbre y me recargué con los brazos cruzados en el respaldo de otra silla. Perdí mi vista en la nada. Jaime estaba en la sala tocando la guitarra y cantando *I dreamed a dream*, del musical *Los Miserables*:

But the tigers come at night
with their voices soft as thunder,
as they tear your hopes apart
and they turn your dream to shame.

—Necesito un psicólogo —dije interrumpiendo la melodía con voz de amargura.

—¿Qué te pasa, bonita?

—Ya no quiero vivir —se me quebró la voz y comencé a llorar.

—No digas eso; ¿por qué piensas así? —dejó su instrumento de cuerdas y se acercó para sentarse a mi lado y abrazarme.

Estaba más sorprendido que asustado.

–No tiene caso: no voy a ser mamá. Si no puedo tener hijos, ¿para qué estoy aquí? –el llanto se hizo más agudo.

Aquella cicatriz que había dejado la guadaña, se volvió a abrir. La herida estaba sangrando, tenía pus.

–No, no digas eso –repitió mi marido–. Me entristece verte así –dijo secando mis lágrimas con una servilleta que estaba en la mesa.

–A mí me entristece la vida –externé con coraje.

Otra vez me sentí en aquella caja de madera cerrada con cadenas en medio de un *show*, sólo que ahora, el oxígeno se estaba terminando. Las asistentes del mago seguían girando la caja, cada vez con mayor velocidad. El vértigo se volvió a hacer presente, mientras que el mago seguía desaparecido.

–Todo va a estar bien, chiquita –tomó mi rostro con las dos manos, levantándolo, para conectar su mirada con la mía.

–¡No! –me exalté–. ¡No va a estar bien nada! ¡Nada está bien! ¡Hemos luchado por años; hemos hecho de todo! ¡Ya estoy hasta la madre; ya no quiero nada; no quiero estar aquí!

–Yo te necesito, amor. Eres mi vida, tú eres mi razón y mi felicidad; me duele verte sufrir –su tono era tierno, dulce, tratando de serenarme.

–¡Quiero un psicólogo! ¡Necesito ayuda, entiéndeme, con una chingada! –grité llorando, levantándome de la silla.

Con certeza, los vecinos se enteraron de que al lado de su casa vivía una loca a la que le urgía orientación profesional.

–Ok. Si eso te va a hacer sentir bien, adelante; te apoyo –el matiz de su voz se tornó fuerte, como si me pudiera recargar en él.

Se levantó también de la silla, pero no me tocó; me vio tan alterada que sintió que lo rechazaría. Nunca me había desahogado con Jaime de esa manera. Cuando llorábamos, mis pensamientos se quedaban guardados. Entre los dos, reprochábamos y nos asombrábamos de todo lo que habíamos intentado, pero en forma platicada, sin coraje, sin amargura. En frente de él, jamás hacía mis cuestionamientos ni mis reclamos hacia la vida; no porque no le tuviera confianza, sino porque no quería contagiarle mi apatía. Él estaba atónito de ver a su esposa en una depresión que la hiciera querer salir del orbe.

–Voy a buscar los datos de Martín –dije un poco más tranquila, después de obtener la aprobación de mi esposo. Me senté.

–¿Quién es Martín?

–Un psicólogo con el que una vez tomé un curso en el trabajo. Ojalá me dé cita para esta semana.

–¿Sabes qué? –me preguntó con ternura Jaime y él mismo contestó–. Yo te acompaño. Quiero ir contigo, en esto estamos los dos y no te voy a dejar sola –se hincó y enlazó sus manos entre las mías, me sonrió.

–¿De verdad? –pregunté asombrada por su ofrecimiento.

Los hombres por lo general son renuentes a recibir ayuda de un tercero; ellos siempre están bien.

–Claro, amor. Pero pide la cita para la próxima semana, porque es probable que tenga que ir a Querétaro en estos días.

–No, si me la da esta semana, yo voy sola; ya después tú me acompañas.

–Como quieras, pero que te quede bien claro que te amo y necesito que estés bien. Haré todo lo posible porque así sea.

Capítulo veintiuno

—¿Qué te duele?

—Que no puedo tener hijos.

El consultorio de Martín era acogedor. La habitación con piso de madera color maple, las paredes en beige, y una lámpara de mesa encendida, como iluminación principal, lograban un ambiente acorde para charlar.

En una de las paredes estaban colgados sus títulos: Médico Cirujano, Licenciado en Psicología, Especialista en Psiquiatría y Maestría en Educación. Otra pared sostenía un cuadro de un centauro apareándose con una ninfa: una pintura digna de ser analizada psicológicamente; ¿será que hace referencia a esa mitad animal que todos llevamos dentro? Del tercer muro pendía el cuadro de una mujer sentada junto a una ventana enrejada, con una paloma de alas extendidas en la mano derecha. El rostro de la mujer, mitad iluminado, mitad sombrío, podría interpretarse como la parte oscura que tenemos y que juega con nosotros mismos. Desde afuera de la ventana del mismo cuadro, el reflejo de la propia mujer la observaba teniendo como esperanza la libertad.

El mobiliario del consultorio consistía en tres cómodos reposets; una mesita redonda esquinada que sostenía la lámpara y una caja de Kleenex y junto a la mesa, un sillón clásico de madera fina de una plaza, de esos rígidos e incómodos; me imaginé que ahí sentaban a la suegra, en caso de que la invitaran a una sesión de terapia matrimonial, en donde ella era la protagonista de los problemas entre la pareja. Un librero en la entrada de la habitación albergaba las obras completas de Freud en tres tomos, así como un tratado de psiquiatría y un pequeño reloj rojo, cuadrado, que el terapeuta miraba de reojo cuando calculaba que estaban cerca los cuarenta y cinco minutos que duraba la sesión.

—¿Y para qué quieres tener hijos? —me preguntó el terapeuta con el dedo en el aire rumbo a su barbilla.

Me quedé pensativa unos segundos. Era una pregunta cuya respuesta no se podía decir al azar.

—Para dar amor. Porque quiero formar una familia y educar a mis hijos; hacerlos personas de bien. Tengo un matrimonio estable y me gustaría compartir ese amor que tenemos mi esposo y yo, con nuestros hijos.

—¿Y tu esposo? —cruzó la pierna y apoyó su codo en el descansabrazos de su reposet, para luego, descansar su cabeza en el puño cerrado de su mano.

—Mi esposo iba a venir hoy pero tuvo que salir de viaje, por el trabajo. De hecho, las próximas sesiones también va a estar a aquí.

–¿Por qué crees que tu esposo quiere tener hijos?

–Sé que para él es importante trascender, dejar su legado. Para mí no tanto; pero para él, como hombre, sí.

–En estas sesiones me voy a avocar a realizarles preguntas; a conocerlos, a irme un poco a su pasado. Así podré determinar cuántas sesiones necesitan. Casi siempre trabajo con una pareja en catorce o quince sesiones.

Durante el tiempo que duró la cita le platiqué en términos generales de los procedimientos por los que habíamos pasado. Realicé una sinopsis de nuestros últimos cinco años y le externé mi desesperación ante el asunto.

–Me pasa por la cabeza que Dios me está castigando por algo malo que hice; no sé: como pagando algún karma de esta vida, o de alguna vida pasada. ¿Puede ser? –pregunté entrecerrando los ojos.

–No –se limitó a contestar, sin darse siquiera un tiempito para analizar mi pregunta.

–¿Por qué está tan seguro?

–Porque Dios no nos castiga. Somos nosotros quienes nos imponemos los castigos; nuestra misma conciencia.

–¿Cómo? –pregunté, con un tono incrédulo y una mueca sin adjetivos.

–De acuerdo a lo que nos han enseñado que está mal, nuestra mente nos impone alguna reprimenda. Somos nosotros, con el peso de la conciencia, quienes nos provocamos alguna desgracia.

—¿Cómo nosotros mismos vamos a querer que nos pase algo malo, y cómo lo vamos a provocar? Obvio no –le refuté.

—Nuestra misma cabecita –dijo señalando su cerebro con el dedo índice, girándolo con perspicacia, como si los cerebros estuvieran loquitos–, tiene muy claro lo que está bien y lo que está mal. Cuando una persona hace algo malo, y en su interior, sabe que no actuó de manera correcta, su cerebro está inquieto y atrae algo negativo sabiendo que se merece ese castigo por tal o cual acción. Esto no sucede de manera consciente.

—¿Y Dios?

—Con todo el respeto que el Señor me merece, pero no tiene nada que ver en esto –su tono era manso, dócil, más no sumiso. Poseía una exquisita tranquilidad que me parecía envidiable.

—¿Existen las vidas pasadas?

—No creo.

—O sea, según usted, ¿no hay manera de que yo esté pagando algún karma de una vida pasada? –pregunté sin pestañear.

—No creo que existan las vidas pasadas –dijo trazando una sutil sonrisa, tras mi insistencia.

—¿Nos morimos, y qué pasa entonces?

—Pienso que nos unimos a una luz universal. Creo en la física; creo en la materia. Creo que somos energía y la energía no se crea ni se destruye; sólo se transforma –sus dos brazos estaban postrados, cada uno, en su respectivo descansabrazos. Si no tuviera una pierna cruzada sobre la otra, su postura me hubiera remitido a la escultura de Abraham Lincoln–. Si nuestra energía tuvo tendencia productiva, positiva, buena, tiene que seguir una ruta, pero si fue negativa y destructiva, tiene que seguir otra ruta.

Me quedé en silencio esperando que fuera más explícito en su filosofía.

–Si la energía fue positiva, te absorberá la gran energía del dios sol; pero, si fue negativa y destructiva, te arrastra la oscuridad de un hoyo negro en el universo.

–¿El dios sol? –pregunté con recelo, inclinándome un poco hacia enfrente.

–La gente cree en Dios porque tiene miedo de no creer. ¿Por qué cuelgas un crucifijo en el espejo retrovisor?

–¿Para que te proteja? –contesté en tono de pregunta como si estuviera en una clase y el profesor me fuera a dar diez puntos sobre el examen que había reprobado.

–Porque temes que si no lo cuelgas algo te va a suceder. Y ahí andas con el Cristo *pa'llá* y *pa'ca* agrediendo a medio mundo en la jungla del asfalto –contestó subiendo el tono de voz y moviendo las dos manos en paralelo, de un lado para otro–. Ah, pero eso sí –remató con sarcasmo–: con el Cristo bien colgado.

No tuve más que reírme de su satírica pantomima, misma que me pareció muy cuerda. Disimulado, volteó a ver el reloj rojo.

–Muy bien, nos vemos la próxima semana

***

—¿Bueno?

—Mi reinita, ¿cómo están?

—Bien, gracias, *amacita*. Estamos armando el rompecabezas que me regalaste, ¿y ustedes?

—Bien también. Les manda saludos tu papi. ¿Cómo vas? ¿Qué han pensado?

—¿De qué, mamá?

—Pues, ¿qué sigue? ¿Qué piensan hacer? ¿Ya no regresaste con el doctor Mendieta?

—No. ¿Para qué? —volteé a ver a Jaime, quien estaba sentado a mi lado en el sillón amarillo diente de león, buscando piezas anaranjadas para armar los rayos del sol. Le hice cara de: ya va a empezar doña Hu. Él se limitó a sonreír.

—Para que te diga qué pasó, por qué no se logró el embarazo en esta última vez.

—No, equis, ya no voy a ir con él —dije con desgano, tallándome los ojos.

—¿Y si te vas con un doctor a Nueva York?

—No me voy a ir a Nueva York, mamá —contesté renegando. No quería pensar en el tema.

—Bueno, hay que buscar a un doctor en Estados Unidos. No hay que darnos por vencidos, mi reina; por un hijo se hace hasta lo imposible. Nosotros los apoyamos económicamente. Vayamos a ver al doctor con el que Celine Dion tuvo a sus gemelos; quiero que te atienda el doctor más fregón —dijo con ímpetu.

—Estás loca, mamá.

—Si Celine tuvo a sus bebés a los cuarenta y dos

años, después de seis *in vitros*, tú no puedes cruzarte de brazos.

–Mamá –dije destemplada, me comenzaba a irritar–, ya sé cómo son esos procedimientos. Irme a Nueva York, o a cualquier parte de Estados Unidos, a tratarme va a costar un dineral. Además, tendría que dejar de trabajar, me tendría que ir como un mes.

–Pues te sales de trabajar; piensa que sería por tu hijo –exclamó como si fueran enchiladas.

–¡No, mamá!

La conversación me estaba llevando al límite. Ella quería ver mi sueño concretado, y cumplir su sueño de ser abuela. Sus intenciones eran buenas, pero mi tolerancia, después de tantos años, era poca.

–¿Para qué quieres que me salga de trabajar? ¿Para que al final tampoco funcione y me quede como el perro de las dos tortas? ¿Sin trabajo y sin hijo?

–Pues a lo mejor ya estando más relajada, sin trabajar, te embarazas de manera natural ya sin tanto estrés.

–¡No me voy a salir de trabajar! ¡Ni aunque tenga hijos!

–Pero no te enojes, muñequita –dijo suavizando la voz.

–Mamá, no me pienso convertir en una mujer florero. Ser un adorno de la casa; pasármela en desayunitos y socialitos. No soy así; tú tampoco eres así; no me enseñaste eso: me educaste para ser alguien, no para ser "la señora de..." Tengo mucho más que aportar que ser una esposita que sus saliditas son ir al súper, al *spinning* y a que le hagan manicure.

–Pero, si tienes hijos, van a necesitar de tu tiempo.

–Estoy de acuerdo, pero tú has trabajado toda la vida y no nos desatendiste –mi tono era fuerte y categórico–. Además, prefiero trabajar y que el tiempo que le dedique a mis hijos sea de calidad y disfrutarlos; que estar todo el día en la casa histérica con ellos y prenderles la televisión para que me dejen en paz. ¿Eso es ser una buena mamá? ¿*Nomás* porque estás en la casa? Habrá a quien le funcione y sea feliz así, muy respetable; pero a mí, estoy segura de que no. Creo que es mejor darles tiempo en calidad que en cantidad –doña Hu se quedó muda, antes de que yo continuara–: y si es que tengo hijos, mamá, porque al paso que voy, no creo, y ya vete haciendo a la idea.

–Tienes razón, muñeca: perdóname –dijo ablandando aún más la voz.

–No. Perdóname tú, *amacita* –bajé mi guardia–. No te quise gritar, pero por favor, no me presiones.

–Ok, no volvemos a hablar de esto hasta que tú lo decidas.

–Gracias.

***

–Le presento a mi esposo, doctor.

–Hola, pásenle. ¿Jaime, verdad?

–Así es –contestó mi marido extendiendo la mano.

–Siéntense –dijo, haciendo un ademán señalando los sillones individuales.

Elegí el reposet pegado a la ventana. Jaime se acomodó en el de al lado y Martín se sentó en el suyo, frente a nosotros. Ese día eligió un saco *sport* café sobre una camisa de cuello de tortuga, también café, en un tono más oscuro que el del saco. Al igual que en la sesión anterior, llevaba puestos unos pantalones de mezclilla.

–¿Cuál es su historia?

–¿Nuestra historia por lo que estamos aquí? –preguntó Jaime.

–No, su historia en general. ¿Cómo se conocieron?

Sentí que se me iluminó la cara. Volteé a ver mi marido, quien también mostró una risita nerviosa. Hacía tiempo que no contábamos esa anécdota que tanto nos gustaba.

–Fue bajo el mural de la rectoría –comencé, sonriente–. Los dos estábamos estudiando la maestría: él en Administración y yo, en Mercadotecnia. Sin saber, nos inscribimos, cada quien por su cuenta, para ir a una excursión a Matacanes que organizó la Escuela de Graduados del Tec. El pórtico fue el punto de reunión para salir a la excursión a las siete de la mañana.

–En ese entonces, aquí la licenciada era muy extrema –comentó Jaime–, ¿verdad, bonita? –me tomó la mano y no la soltó–. Como si nada, se aventaba al río con saltos de más de diez metros. Le daba menos miedo que a muchos hombres. "Con permiso", les decía a pelados fortachones que no se animaban a saltar.

–El lugar estaba divino –continué–, ni parecía que estábamos en Nuevo León. Jaime y yo hicimos *click* desde el inicio. Yo llevaba una cámara contra agua, así es que él agarró eso de pretexto y, como no queriendo, me preguntó: ¿puedo salir en tus fotos y después me las compartes? Se me pegó como sanguijuela y me rodeaba con su brazo cada que nos tomaban una foto. Yo, feliz –Jaime reía como niño travieso mientras me escuchaba contar nuestra historia–. Durante todo el recorrido nos la pasamos juntos, platicando miles de cosas. Él, muy caballeroso, me ayudaba a subir las piedras al escalar, agarrándome de la mano para que no me cayera. Yo salí ilesa, pero él se lastimó el hombro en una de las cuevitas por las que teníamos que pasar.

–El tarado del guía me dijo que pisara, pero la piedra estaba bien abajo, no me quise soltar y me dio un desgarre en toda esta parte –dijo señalando su hombro izquierdo–. Hasta me quedó una marca –me volteó a ver y continuó diciendo en tono pizpireto–, desde ese día, quedé marcado de por vida –dijo llevando mi mano hacía sus labios para besarla.

–Su pretexto para pedirme el teléfono, fue en

uno de los descansos mientras comíamos barras de granola, según él, me iba a hablar para ir a jugar tenis. Como buen ingeniero, llevaba puesto un reloj contra agua, de esos Casio Databank. Ahí apuntó mi número y claro que al día siguiente ya estaba marcando a mi depa identificándose como un admirador secreto –concluí en tono de burla.

–¿Cómo se hicieron novios? –preguntó Martín.

–Empezamos a salir y a los dos meses y medio por fin me pidió que fuera su novia. Me llevó a cenar a un *fancy restaurant*, él estaba súper nervioso.

–Claro que no –se defendió Jaime, como dando a entender que tenía todo bajo control.

–Claro que sí, te me quedabas viendo y no te salían las palabras –dije divertida–. Durante el tiempo que salimos siempre se portó como un caballerito inglés; jamás me tocó, ni me volvió a abrazar después de las fotos en Matacanes y, ni por equivocación trató de besarme, aunque yo me moría de ganas, pero me acordaba de lo que decía mi mamá: "A los hombres no les gustan las viejas prontas, no las toman en serio".

–Ja, ja, ja, mi suegra la mueve –interrumpió Jaime.

–Me gustaba como me trataba, aunque también me confundía: yo no sabía si me quería como amiga o si le gustaba para algo más. De hecho, ese día le dije a Gina, mi *roommate*: "Si el James no da color hoy, lo mando a volar". A mí me encantaba Jaime y me estaba clavando bien cañón, así es que si sólo me quería como amiga, no me interesaba. Total, que después de la cena, nos subimos al carro y mientras manejaba me dijo: "He estado pensado que nos llevamos muy bien y tenemos muchas cosas en común; me la paso genial contigo, me gustas mucho y pues no sé...", blablablá, me bajó la luna y las estrellas y, por fin, en un semáforo, me volteó a ver y las palabras que yo tanto esperaba salieron de su boca: "...y pues te quiero preguntar que si quieres ser mi novia, y en un futuro, mi esposa". Claro que en ese momento me derretí, sus ojos brillaban súper intenso, fui la más feliz. Divino que me preguntó que si en un futuro, su esposa –dije agudizando la voz, enternecida.

–¿Y después? –volvió a preguntar el psicólogo, acariciándose una de las patillas.

–Como al año la invité a pasar un fin de semana en las cabañas de Monterreal.

–Claro que no –lo interrumpí–: fue al año y medio. Empezamos a andar en septiembre de 2002 y en febrero de 2004 fue que me diste el anillo.

–Bueno, al año y medio fuimos a Monterreal. Esquiamos en la pista *fake* como dos horas y después nos fuimos a andar en cuatrimotos.

–Estuvo increíble –atropelle sus palabras, emocionada–. En la tarde estábamos jugando billar en la casa club. Ya habíamos terminado y yo ya me quería ir; quería ir a la alberca, pero Jaime me convenció para volver a jugar. Estábamos juntando las bolas, y cuando metí la mano en una de las buchacas, saqué una cajita blanca hexagonal. Me le quedé viendo; no sé, pensé que era un pedazo grande de tiza, hasta que vi que se podía abrir. Se me salió el corazón, en ese momento supe de lo que se trataba, lo abrí y ahí estaba el anillo: *shalalá*.

—Me acerqué y me hinqué e hice toda la faramalla —dijo Jaime—. La *mia amore* empezó a llorar.

—¡Ay claro, moqueé de inmediato! Al llegar a la cabaña Jaime prendió la chimenea. Tenía la computadora lista con una peliculita que me hizo con puras fotos de nuestro noviazgo, desde las de Matacanes, hasta las más recientes; con música romántica de fondo. Después abrió una botella de champaña y brindamos en el balcón.

—La vista estaba muy *cool* —complementó mi marido—, la punta de las montañas se veía nevada.

—Sí, el lugar era espectacular. Al día siguiente hablé a mi casa, a Chihuahua, para darles la noticia. Me contestó mi mamá. Yo feliz le dije: mamá me voy a casar y de volada me preguntó: ¿estás embarazada? No, Jaime me dio anillo, estamos en Monterreal, y que me dice: ¿qué estás haciendo en Canadá? No estoy en Canadá, mamá, pareces viejita de noventa años, estamos en la sierra de Arteaga, como a dos horas de Monterrey, en unas cabañas. Después de que captó empezó a gritar como loca: ¡Flaco, flaco, la Niní se va a casar! Qué emoción, muñequita, muchas felicidades y hasta quiso hablar con Jaime para felicitarlo. Planeamos la boda para mayo de 2005, un año y cachito después.

—Muy bien, hasta aquí lo dejamos por hoy, nos

vemos la próxima semana –dijo Martín tras mirar de reojo el tictac. Cuarenta y cinco minutos: ni uno más, ni uno menos.

***

–¿Bueno?

–Mi reina, ¿cómo están?

–Bien, *amacita*, ¿y ustedes?

–Bien, también. ¿Todo bien? – imaginé que ya iba a empezar, esa pregunta traía jiribilla.

–Sí, *amá* todo bien –no le había contado a doña Hu que decidimos ir con un psicólogo. No sabía cuál sería su reacción–. ¿Ustedes, qué novedades?

–Ay, pues es que no sé si decirte...

–¿Qué, mamá?

–¿Y me prometes que no te vas a enojar? No quiero que te enojes conmigo, muñeca, sólo quiero lo mejor para ustedes.

–A ver, dime –dije poniendo ojos de huevo tibio.

–¿A que no sabes a quién me encontré en Sam´s?

–No, ¿a quién?

–A la chava que nos hizo el comercial de la empresa. Llevaba en el carrito a sus gemelos. Están hermosos los condenados güercos; ya tienen dos años. Y es que yo me acuerdo que ella me platicó que habían batallado más de diez años en encargar. Y ahora que la vi con sus gemelos, güeritos los dos, le pregunté que cómo le había hecho y me dijo que en una clínica en el D.F.

–No, mamá: no me voy a ir a México. Ya te había dicho que los tratamientos son de un mes o mínimo tres semanas. El doctor me tiene que estar revisando cada dos días. Si lo vuelvo a intentar, sería aquí en Monterrey, con otro doctor.

–No, muñeca, ella dice que sólo viajó dos veces, fue y vino de Chihuahua al D.F. Me dio su teléfono y me dijo que le hables; que ella entiende por lo que estás pasando y que le encantaría ayudarte. Aparte me dijo que en esta clínica tres amigas de ella también se embarazaron y que es un método más avanzado. Háblale, muñequita, nada pierdes. Platícalo con Jaime. Yo *nomás* te paso el dato; ahí ustedes saben. No quiero ser metiche.

–Ok, gracias, lo voy a pensar –dije exhalando–. Mamá, Jaime y yo estamos yendo con un psicólogo, apenas llevamos dos sesiones.

–¿Y por qué no me habías dicho? –preguntó con un tono que traslucía un reclamo.

–Por eso, te estoy diciendo.

–Pero ya llevas dos sesiones y no me habías platicado.

–Se me había pasado, mamá; es que no nos ha dicho mucho todavía. Comentó que las primeras sesiones iban a ser para conocernos y entender nuestra historia.

–Pues qué bueno; me parece muy bien. Creo que un profesional les puede ayudar –me sentí aliviada de que aprobara las visitas al psicólogo.

–Sí, por eso decidimos ir.

–¿Y cada cuándo van a estar yendo?

–Una vez a la semana. Según él, por lo regular

trata a las parejas en unas quince sesiones, a ver qué tal.

–Bueno, la próxima semana me platicas qué les dijo.

–Ajá, sí mamá, yo te platico. «Ajá, sí», pensé

***

–Háblenme de sus padres –nos pidió Martín en la siguiente sesión psicológica. Jaime y yo nos volteamos a ver, como preguntándonos: ¿empiezas tú o empiezo yo?

–Primero las damas –dijo con caballerosidad mi marido.

–¿Qué le platico, doctor? –dije mirando hacia el techo y soltando un suspiro–. Pues mi mamá es de padres alemanes: era muy estricta y sobreprotectora; incluso, un poco racista, preocupona y desconfiada, de hecho le digo doña Hu, haciéndole burla por Saddam Hussein. Ella era la que ponía orden en la casa; muy perfeccionista. Mis amigas le tenían su respeto, varias veces nos cachó haciendo alguna travesura y nos puso pintas. Aunque ahora ya está mucho más relajada; ya se alivianó. Es entrona y luchona, nada conformista; muy tenaz. Se la pasa ideando cosas nuevas; es entusiasta y súper trabajadora, la quiero y admiro muchísimo. Nunca fue de las mamás que se la pasaban en el té canasta o de esas señoras copetonas y sangronas –dije irguiendo la espalda, poniendo cara de doña de sociedad–. No: aunque es elegante, es sencilla. Muy directa, si no le parece algo, ¡pum! Lo dice, le vale madre si te parece o no, ella no se queda callada. Igual de mal hablada que yo, por cierto –hice una graciosa mueca para justificar mis malas palabras–. Bueno, no, no tanto, pero también es pícara y le gusta el doble sentido. Es una mezcla muy única.

–Sí –dijo Jaime, riendo–, mi suegra es todo un personaje.

–¡Huy! Y mi mamá adora a Jaime, yo creo que más que a mí –comenté exagerando la nota.

–¿Y tu papá?

–Mi papá es muy cariñoso, noble, respetuoso, jamás lo he oído decir una grosería; es bastante conservador. Él nunca va a decir nada que haga sentir mal a la otra persona. Muy sensato y diplomático. Caballeroso hasta decir basta, aunque con una chispa que siempre nos hace reír. Mi mamá hace lo que quiere con él; sin embargo, en las decisiones importantes, él tiene la última palabra.

–Mi suegro es una persona fuera de serie –complementó mi marido–. Yo lo quiero demasiado.

–¿Y a doña Hu no? –le reproché divertida.

–Sí, claro; también –dijo acorralado, sabía que se estaba metiendo en camisa de once varas–. A tu mamá la quiero mucho, me cae súper; es muy divertida, pero mi suegro es mi suegro e igual lo estimo sobre manera.

–Mi papá no tiene problemas con nada ni con nadie –continué–. También es muy trabajador, nunca se queja de nada, él es feliz con lo que tiene en el momento. Se desvive por los demás.

–¿Y cómo es la relación entre ellos? –preguntó Martín.

–Muy buena. Se quieren mucho –contesté con las pupilas enfocadas en la rígida silla de madera fina–. No me acuerdo haber visto a mis papás pelear, ni gritarse. Ya ahora, mi mamá me platica que cuando se enojaban, había días que se dejaban de hablar. Fingían muy bien, porque nunca me di cuenta de que estuvieran enojados. Algunas veces mi mamá dormía en el sillón del cuarto de la tele. Cuando yo le preguntaba que porqué dormía ahí, ella contestaba: "Es que no me dejan dormir los ronquidos de tu papi". Yo le compraba la idea. La verdad, les agradezco que hayan sido discretos; gracias a eso, creo que no tengo patrones de un matrimonio conflictivo.

–¿De qué te acuerdas de tu infancia? –Martín me miraba con fijeza. Cuando hablaba, su tono de voz era cauteloso; relajante, más no adormecedor.

–Pues no sé –continué haciendo remembranza mientras me acariciaba el cabello y lo enredaba en mi mano–, me acuerdo mucho del rancho de mi abuelo al que íbamos casi cada fin de semana. No me encantaban las muñecas: al tener puros primos hombres, jugaba a las guerritas, andaba en patineta, tenía carros de control remoto. No sé por qué no me hice marimacha –Martín siguió callado esperando a que continuara con mi relato. Me quedé pensativa, y yo misma caí en cuenta–: yo creo que por eso soy mal hablada y alburera; imagínese, rodeada de puro vato. Las *Barbies* eran las únicas muñecas que me gustaban; de ahí en fuera, tenía puros monos de peluche que me regalaba mi papá, y, en las mañanas, cuando él me despertaba para ir a la escuela, agarraba alguno, e imitando algún tono de voz de caricatura, hacía como si el oso o el mapache era el que hablaba. Tuve un montón de mascotas. Me encantaba bañarlas, vestirlas y ponerles moños o cascabeles. Me acuerdo mucho de un brincolín que nos trajo una Navidad Santa Claus, lo disfrutábamos en grande mi hermano y yo, hasta que de plano se le pudrieron los resortes. Llegábamos de la escuela y lo único que hacíamos era brincar. Todos los vecinos se iban a la casa: rebotar era la diversión de la cuadra.

–¿Y tú, qué me puedes decir de tus padres, Jaime?

–Son todo para mí; son lo máximo. Los dos son muy religiosos: van casi todos los días a misa. Mi jefecita es muy tierna, muy linda –dijo con una voz melosa–. Es una excelente persona, súper dedicada y organizada. También es muy noble y entregada. ¿Qué le puedo decir yo de mi querida madre? La adoro; es muy prudente y detallista. Piensa siempre en cómo hacer el bien a los demás. Mi papá es muy estricto –dijo mientras daba un pequeño golpe al descansabrazos con la mano en posición vertical–, demasiado puntual y honesto. Es a todo dar. Acá mi papá era el que nos regañaba y ponía orden en la casa; mi mamá era la conciliadora. Los dos son muy trabajadores. Tampoco mi jefa fue de mucho socialité, aunque tiene un montón de amigas, estuvo muy pegada al negocio, apoyando a mi jefe, y a la familia.

—¿Y la relación entre ellos?

—Muy bonita, doc; muy armoniosa y alegre. No recuerdo tampoco haberlos visto pelear. Algunas veces discutían por temas del negocio, pero nada trascendental. Si mi jefe se alteraba, la *mamma* lo tranquilizaba, a su modo: cariñosa.

—La verdad —intervine—, me saqué la lotería con mis suegros. Son finísimas y excelentes personas, los quiero como a mi propia familia.

—¿Qué recuerdas de tu infancia, Jaime?

Mi esposo rio con cierto nerviosismo.

—Pues igual me la pasé muy padre. Tengo muy buenos recuerdos de los domingos en casa de mis abuelos; la pasábamos de lujo con la familia. En las vacaciones íbamos al Estado de México o a Aguascalientes a visitar a mis tíos y a mis primos. Me gustaba hacer deporte, futbol americano, tenis, karate, de todo un poco.

—Es cinta negra —dije orgullosa. Jaime sonrió con modestia.

A Martín le valió un cacahuate; permaneció callado. Tal vez ese hecho no le aportaba ningún dato de utilidad o tal vez sí y lo estaba registrando mentalmente.

—¿Te fijas cómo escogiste a un esposo muy parecido a tu papá? —me preguntó el psicólogo traspasándome con sus ojos como una aguja.

—¿Cómo? —pregunté haciéndome guaje.

—Describiste a tu papá y haz de cuenta que estabas detallando a Jaime.

–Ah, sí. De hecho, cuando conocí a Jaime y me dijo que era ingeniero mecánico, estudiando maestría en administración, que le gustaba tocar guitarra y que era cinta negra en karate, me quedé con la boca abierta, me dije: ¿qué onda? Estoy conociendo a mi papá de joven; en esas cuatro cosas también coinciden.

–Tu papá es muy parecido a la mamá de Jaime, y el papá de Jaime, tiene ciertas semejanzas con tu mamá –dijo el doctor atando cabos–. Ya ahondaremos más en el tema –concluyó cuando el tictac marcó la hora de partida–. Muy bien, nos vemos la próxima semana.

Capítulo veintidós

"¡No te raaajeeeees!", oí que mi Tito gritó. Como si al haber platicado de mi infancia con el psicólogo se me hubieran conectado algunas ondas electromagnéticas que estaban desenchufadas y empolvadas en mi cerebro, comencé a perder la conciencia y a encontrar los olvidos acordándome del episodio del no te rajes. Sorbiendo de tanto en tanto mi raspado de chamoy, sentada en el patio de la casa, veía como Jaime le aventaba la pelota a *Benito* y éste se la devolvía inquieto para que su amo repitiera el acto. Mientras mi mirada seguía en automático la pelota amarilla, mi mente se instaló en la década de los ochenta. Estaba junto con mi hermano y mis primos, empanizados por las nubes de polvo que levantaban las llantas de la troca de mi Tito. Íbamos cruzando el pueblo de Aldama, rumbo a Los Pozos. En contra esquina de la plaza principal, sombreada por altos y robustos árboles que provocaban una fresca sombra a los novios que cuchicheaban, al cruzar una de las calles de terracería, yacía un anciano de unos ochenta y tantos años.

–¡No te rajes! –le gritaba mi abuelo cuando pasábamos por esa esquina. El viejito levantaba la mano y le devolvía el saludo a mi Tito. Ese ritual sucedía de la misma manera siempre que íbamos al rancho; vez tras vez, sin falta. El "no te rajes" siempre estaba en esa esquina. La expresión de mi abuelo se podía traducir como no te mueras. No le gritaba para alentarlo a que continuara con algún trabajo o algún deporte; le gritaba para decirle que no se rajara ante la existencia; que se mantuviera vivo.

La pelota rodó hacia mí. *Benito* se me acercó para que le diera cuerda a su juguete y continuar con el juego. Sin soltar mi raspado pateé la bola que se detuvo entre los lirios persas. Jaime se sentó a mi lado y *Benito*, con la pelota en el hocico, se echó a sus pies para que lo acariciara.

–Rorro, ¿qué piensas de la clínica que me recomendó mi mamá en el D.F.? –le pregunté a Jaime sacándome el popote rojo de la boca.

–Se me hace complicado aventarnos un procedimiento fuera de Monterrey –contestó dubitativo–. Si estando aquí, es un jaleo, imagínate vivir todo eso estando en hotel, comiendo todo el tiempo fuera. Debe de ser muy incómodo, pero no sé. ¿Por qué? ¿Tú qué piensas?

–Pues se me ocurría que nada pierdo con hablarle a la chava que tuvo a sus gemelos en esa clínica. Ella vive en Chihuahua, y según le entendí a doña Hu, casi creo que se aventó todo el procedimiento a distancia. Sólo fue dos veces a México; a la aspiración y a la transferencia.

—Como tú veas, bonita —dijo rascándole la panza al *Beny*.

—Pues creo que no hay que rajarnos. Pero me queda claro que hay que buscar otra alternativa y me late que a lo mejor en el D.F. están un poco más avanzados en el tema —hacia mis adentros, pensaba: sería mi tercer *in vitro*, la tercera es la vencida. Aparte, si Celine Dion se embarazó después del sexto, quizá yo me pueda embarazar en éste. Estaba segura de querer llevar a cabo un tercer intento, pero tenía que encontrar la mejor opción disponible; no quería que fuera el mismo perro con distinto collar.

* * *

—¿Bueno?

—¿Karina?

—Sí, ¿quién habla?

—Soy la hija de la señora Fiehn. Mi mamá me pasó tus datos; me platicó que te encontró el otro día en Sam´s.

—¡Ah, sí! ¿Cómo estás? ¡Qué gusto!

—Gracias, pues aquí, molestándote —dije con un poco de pena.

—*N'ombre* para nada, al contrario, qué bueno que te animaste a hablar. Me contó tu mami que ustedes están buscando un *baby* y no sabes el gusto que me da poder ayudarte. Yo ya pasé por eso y sé lo desgastante que es. ¡Te quieres morir! —su voz era demasiado entusiasta, se oía feliz, completa; y en algún momento, ¡ella también se quiso morir!

Se me hizo un nudo en la garganta. Me sentí identificada y comprendida; hicimos buenas migas en breve. Era la primera vez que hablaba con alguien que había pasado por lo mismo. Los otros doctores eran recomendaciones de amigas de las amigas. Ella estuvo en mis zapatos. A lo lejos, oí los gemidos y balbuceos de sus bebés. La charla se hizo de dos horas. Yo tenía el *speaker* en el teléfono para que Jaime escuchara la conversación. Quería que oyera, de viva voz, el testimonio de alguna triunfadora.

–De verdad, Helga: no te des por vencida. Nosotros intentamos cuatro *in vitros*, y en el quinto, pegó. Hasta me fui a El Paso, Texas, con el mejor doctor y nada. En esta clínica del D.F. fue bien diferente. Para empezar, no tienes que guardar reposo después de la transferencia de los embriones. El mismo día que me los implantaron, volamos de regreso, porque al día siguiente teníamos que trabajar. Además, usan unos medicamentos diferentes: preparan tu cuerpo desde antes con vitaminas que, a mí, los otros doctores, nunca me recetaron. Todo está como que más avanzado. La clínica es muy moderna y tiene equipo y tecnología de primera.

–¿Y cómo se llama el doctor que te atendió? –pregunté totalmente ganchada.

–Mauricio Ríos; es el mejor. Déjame te paso su celular, te contesta a cualquier hora. Dile que yo te lo recomendé, vas a ver que te van a tratar de lujo. No tienes que irte desde antes, ni quedarte allá después, todo puede ser a distancia, ellos te van guiando y se mantienen en contacto contigo todo el tiempo. Tres de mis amigas también ya tienen a sus bebés, gracias a ellos.

—¿Y es muy caro? —me atreví a preguntar.

—Eso sí; no es barato. Ya no me acuerdo cuánto terminamos pagando, porque te cobran el servicio médico y el de la clínica, más aparte, los medicamentos. Pero tienen paquetes y puedes comprar un seguro que haces válido si no se logra el embarazo en el primer intento. Así, ya tienes pagado, como quien dice, el segundo intento y sólo compras las medicinas.

—Ay, Karina, pues mil gracias.

—Para nada, vas a ver que al final vale la pena todo el esfuerzo. Yo ya tengo a mis dos changos encima. Estoy encantada —pude percibir en su voz, esa maternal fascinación.

Batallé para articular el adiós. ¿Llegará el día en que yo pueda decir lo mismo?, me pregunté.

Investigué la clínica en Internet, en efecto, se veía de primera. Averigüé la información del doctor Mauricio Ríos. Era joven; pero, los estudios, la experiencia, y lo más importante para mí, la evidencia necesaria para considerar la posibilidad de ir con él, estaban cubiertos.

—¿Cómo ves? —le pregunté a Jaime—. ¿Te late?

—No sé. Hay que hacer cuentas y pensarla bien —me contestó, no muy convencido.

Yo ya tenía comprada la idea. El entusiasmo que Karina me había contagiado me poseyó por completo. Estaba de nueva cuenta ilusionada, así es que insistí y convencí a mi marido. Esta vez sería diferente: en el D.F. hay más tecnología; además, ella dijo que tomó vitaminas, eso podría hacer la diferencia. También comentó que todo era muy profesional y distinto a los otros procedimientos con los que intentó antes.

No me podía quedar con el *what if?*

Telefoneé al doctor Mauricio Ríos. La recomendación de Karina sirvió para que, a pesar de la distancia y de no habernos visto antes, me tratara con calidez. Durante la conversación le hice un breve resumen de nuestro historial y él, optimista, aseguró que con mucho gusto nos atendería y que, primero Dios, el embarazo se lograría con éxito. Apalabramos que viajaríamos en breve, para conocerlo a él y a la clínica, así como para que revisara con más detenimiento nuestro caso. No podíamos definir con certeza las fechas del *in vitro*, ya que dependíamos de mis ciclos y, aunque mi matriz funcionaba como reloj, uno o dos días de adelanto o retraso, alterarían los del tratamiento. Por lo pronto, lo dejamos abierto: finales de julio.

***

–Encontramos una clínica en el D.F. –le dije a Martín en nuestra sesión de terapia psicológica–. Queremos intentar una vez más.

–¿Por qué quieren seguir intentando? –preguntó con su tono apacible.

–Porque no nos podemos rajar. Esto suena diferente –dije emocionada.

–¿Qué piensas al respecto Jaime?

–Pues no hay peor lucha que la que no se hace, doc –respondió mi marido–. Vamos a ir a conocer la clínica y al doctor este sábado. La licenciada está muy entusiasmada con la idea, así es que le vamos a echar ganas.

–¿Cuándo piensan realizarlo? –ese día, Martín eligió una camisa anaranjada a cuadros, de manga corta, que combinó con unos jeans. Por lo regular vestía de manera juvenil. Su desenfado en el vestir contrastaba con su profundidad de pensamiento.

–En verano –contesté–. Usaré mis dos semanas de vacaciones para irnos al D.F. y no estar presionados con ir y venir. Nos quedaremos allá durante los monitoreos y hasta que se haga la transferencia de embriones –yo ya tenía el plan–. Ahora, lo que queremos, es que durante estos meses usted nos prepare para el resultado del tratamiento. Quiero que nos enseñe a controlar el estrés para llegar listos al procedimiento; sin nervios y tranquilos. Así todo fluirá de manera positiva.

Martín sonrió antes de decir:

–Yo no les puedo asegurar que van a llegar tranquilos y sin estrés y mucho menos que el resultado será positivo. Lo que les puedo garantizar es que, con estas sesiones, ustedes mejorarán tanto en lo personal, como en pareja.

–Quiero que me hipnotice –dije con arrebato–. Quiero que con la hipnosis me desestrese y que me programe para no estar obsesionada con el embarazo.

Nuevamente Martín sonrió, discreto.

—La hipnosis no funciona —dijo sin dudar.

—Claro que funciona, si no, no sería tan famosa. ¿Qué me dice de Taurus do Brasil o de Tony Kamo?

Jaime se reía entre divertido y apenado de la seguridad con la que yo, su esposa, hablaba.

—La hipnosis es una alternativa fácil desde la perspectiva de muchas personas. Si quieres, te puedo recomendar algunos psicólogos que la practican y a ver cómo te va; ahí me cuentas. Pero, ¿tú crees que si fuera real, la gente seguiría siendo drogadicta, alcohólica, gorda o histérica? ¡Por supuesto que no! —dijo alargando la última o y haciendo un ademán abriendo sus dos manos—: esos problemas ya los habría arreglado la hipnosis, si fuera efectiva.

—Pero quiero vivir esa experiencia. Quiero saber si es real. Usted hipnotíceme; así sabré que no existe.

Yo seguía terca y continué dándole vueltas al asunto. Quería encontrar esa solución mágica. Martín y Jaime permanecían callados, pero divertidos ante mi insistencia.

Tictac.

—Muy bien, nos vemos la próxima semana.

***

Este sería nuestro tercer *in vitro* y, aunque lo creía diferente, por ser en la gran ciudad, existía más incertidumbre. Jaime y yo nos preguntábamos: ¿Qué vamos a hacer si no funciona? Y platicábamos, una vez que había terminado el ajetreo del día, bajo el edredón de bolas de colores, sobre varias opciones: podría ser que requiriéramos de algún donante de esperma o de óvulo o quizá un vientre alquilado y, como última alternativa, la adopción.

Jaime era más firme en sus decisiones, para él era un rotundo "no" pensar en algún donante de esperma. Su ego masculino le impedía aceptar que llevara en mi vientre el hijo de alguien más, aunque yo ni siquiera lo hubiera conocido. Era: no, no y no. Fin de la discusión. En ese momento, yo no entendía su proceso de pensamiento machista.

Yo, por mi parte, sí estaba dispuesta a aceptar a una donante de óvulo, si llegáramos a la conclusión de que mis óvulos no servían. Le decía: prefiero que la mitad de nuestro hijo sea tuyo, así te puedo dar la oportunidad de que tú sí seas papá biológico; a fin de cuentas, padre o madre es el que educa. El solo hecho de tener hijos no te convierte en padre, así como el tener un piano no te hace pianista. Pero él refutaba: "Si no es de los dos, que no sea de ninguno".

Para entonces, pensar en la adopción no me parecía tan descabellado, era mi consuelo para decir: sí soy mamá y me siento realizada como mujer. Saber que existía esa alternativa me reconfortaba. Por el contario, a Jaime tampoco le encantaba esa idea y me decía: "Si tenemos un hijo quiero que sea nuestro. Pero, si eso te va a hacer feliz a ti, lo platicamos en su momento".

Por mi parte, y sin comentarlo con Jaime, investigué las casas cuna de Monterrey. Leí todos los requerimientos necesarios para adoptar. Cumplíamos con todos los requisitos, sólo había que aplicar y esperar. Ya había oído que adoptar era un proceso que podía durar desde un año hasta cinco, o más; era tedioso, hacían estudios, etcétera. Pero saber que aún existía esa alternativa me hacía sentir bien. Era como la red que me detenía antes de caer al vacío.

—Jaime no está dispuesto a adoptar —dije durante la terapia. Martín se quedó callado, como en muchos de sus silencios intencionados, para que terminara de sacar lo que me molestaba en ese momento—. Se me hace egoísta de su parte, porque tampoco está dispuesto a aceptar a un donante de esperma y yo sí estaría dispuesta a que una mujer donara un óvulo, si así se requiriera.

—No me parece —intervino Jaime, lanzando un profundo suspiro—. Si vamos a tener un hijo, quiero que sea nuestro. Yo quiero una Ninicíta o un Jaimito.

—Pero eso no importa —contesté defendiendo mi punto—, lo importante es que seríamos padres y si adoptamos, ayudaríamos a algún niño sin familia. Es más —continué—, hasta me pasa por la mente que es más valioso adoptar, que crear una vida con manipulación genética. El mundo ya está sobrepoblado como para inventar vidas a través de la ciencia.

—Ustedes son buenos candidatos para adoptar —dijo Martín—. Tienen estabilidad en sus trabajos, están en muy buena edad; son buenas personas. Les harían estudios, exámenes y un cúmulo de procedimientos, pero estoy seguro que en menos de un año tendrían a su bebé.

Un ligero rubor subió a mis mejillas.

–Es que yo siento, que si Dios no nos ha concedido ser padres biológicos, es porque quiere que adoptemos. Hay tantos niños sin familia, que llego a pensar que ese es nuestro destino: adoptar. ¿Para qué crear una vida de manera artificial, si ya hay muchas vidas que necesitan un hogar? –insistí, como si no me hubiera dado a entender en mi intervención anterior. La misma idea oscilaba de una célula a otra dentro de mi cerebro.

–Flaquita, ya estamos planeando el procedimiento en el D.F. Yo creo que no debemos adelantarnos. Vámonos paso a paso, no quieras correr antes de caminar.

–Ser papás adoptivos no es sencillo –comentó Martín–. En algún punto de la vida les llega a los hijos adoptados el momento en que quieren encontrar a sus padres biológicos. La adolescencia es una etapa muy difícil.

–Sí, pero la mayoría son casos de éxito en donde son la familia feliz y esos niños están súper agradecidos con sus papás adoptivos por darles una mejor calidad de vida.

–Hay de todo –contestó el terapeuta de manera neutral–. Tienen que evaluar muy bien la decisión que vayan a tomar, porque no hay vuelta atrás; si ustedes tienen vocación y voluntad, podrán sobrellevar lo que venga. Yo nada más les digo que tener hijos, es una *chinga*.

–¿Cómo nos dice eso? En lugar de que nos

aliente –refuté con un aspaviento de inconformidad.

–No quiero que cuando tengas a tu hijo, vengas irritada a decirme: ¿Por qué no me lo advirtió? –comentó imitando el tono de voz de una vieja histérica.

–Amor: si cuidar y educar hijos propios no es sencillo –dijo Jaime–, tener hijos adoptivos, tampoco. ¿Por qué mejor no nos dedicamos a disfrutar la vida con lo que tenemos, a viajar, a cumplir otros sueños, a amarnos siempre y ser felices tú y yo?

–Considera que vas a tener que pagar colegiaturas, llevarlos al pediatra, organizar tu día con base en lo que ellos quieren. Todo girará en torno a los hijos. Ellos deciden a dónde ir a comer; tienes que sacarlos a pasear los fines de semana; te despiertan a las siete de la mañana sábados y domingos. En definitiva: no es fácil y son una gran responsabilidad –remató alargando la *a* al pronunciar *gran*.

–Pero se supone que usted nos debe de decir que luchemos por nuestro sueño, que los hijos son lo mejor de la vida de las personas, que hagamos todo por conseguirlo.

–No –contestó meneando la pierna que tenía cruzada sobre la otra.

–¿Cómo qué no? –insistí pelando los ojos.

–Es mi responsabilidad decirte la realidad. Hay para quienes ser padre o madre es una vocación; hay para quienes no.

El *speech* de mi psicólogo me sorprendió.

Tictac.

–Muy bien, nos vemos la próxima semana.

Capítulo veintitrés

–¡Helga, qué gusto! Por fin nos conocemos.

–Hola, doctor, le presento a mi esposo, Jaime.

–¡Bienvenidos! Por favor díganme Mauricio.

Llegamos a la clínica del D.F. enclavada en Santa Fe, en el quinceavo piso de un lujoso edificio de vitrales color humo y ambientación minimalista. Cuando entramos al *lobby*, nos pidieron que llenáramos nuestro expediente. En la sala principal estaban unas seis parejas sentadas. Algunas señoras embarazadas, otras no. El lugar era moderno. Fotografías artísticas de bebés decoraban las paredes. Detrás de la recepción, dos amables chicas atendían a todos los pacientes y contestaban las llamadas entrantes, sin perder la sonrisa, aunque la persona, al otro lado del auricular, no las estuviera viendo.

Una vez en el consultorio, Mauricio habló de la tasa de procedimientos exitosos que tenían en la clínica, y de que la distancia, o el hecho de que nosotros viviéramos en Monterrey, no sería un obstáculo para realizar el tratamiento.

Se quitó los lentes oscuros y pidió disculpas por

usarlos estando adentro del edificio, en donde, a pesar de que su consultorio tenía una vista privilegiada al área más cosmopolita de Santa Fe, el color oscuro de los vidrios no permitía que el sol penetrara; iluminaba, mas no encandilaba.

–Perdón por estar usando estos lentes oscuros, es que me acaban de operar de la vista –cuando dejó sus ojos al descubierto, sus pupilas se notaban enrojecidas. No me acuerdo de qué lo operaron; no era miopía ni astigmatismo, eso lo recordaría. Era algún otro padecimiento cuya recuperación ameritaba que la luz no entrara en sus retinas. Se volvió a colocar los lentes.

Me sentí confundida. Mauricio era un doctor joven, estaría en el primer lustro de sus cuarentas o quizá menos. Hablaba mucho, muy seguro, cálido; eso sí, como si nos conociéramos de hace tiempo; sin embargo, ver tras el escritorio a un doctor prometiendo que yo no saldría de esa clínica sin mi bebé, cuyos ojos estaban cubiertos por el polarizado de los lentes, me parecía contradictorio y me daba un poco de desconfianza.

Nos dedicó dos horas. Recorrió en perfecto zigzag cada estudio, cada resultado, cada hoja de laboratorio que sacaba de mi carpeta verde limón, a pesar de que yo llevaba un resumen con todos los estudios, fechas y resultados, de todo lo que nos habíamos realizado desde que comenzamos a pedir asistencia médica. Habló de sus casos de éxito. En una plataforma electrónica nos mostró cómo fue que a distancia logró preparar a una mujer de República Dominicana y a otra de Buenos Aires y sólo fueron a verlo para la aspiración de folículos y transferencia de embriones: "Ahora son unas mamás felices", concluyó.

–¿Y hablando de costos? –pregunté.

–Ahorita los voy a pasar al departamento de finanzas, pero no se preocupen: contamos con apoyos económicos y créditos con bancos. Hay muchas facilidades para que ustedes puedan concretar su sueño. Piensen en todo lo que platicamos y me avisan cuando estén listos. Por lo pronto, seguimos en contacto vía telefónica, o por e-mail.

Nos guió hacia las oficinas de finanzas en donde una señorita de uniforme impecable, que consistía en un traje sastre azul marino ataviado con mascada verde turquesa, nos invitó a sentarnos frente a su escritorio. Nos explicó las formas y condiciones de pago. Si era de contado, era un precio; si queríamos un crédito, había que llenar formatos; si optábamos por comprar un seguro, era otro precio. Mi mente estaba abrumada. El viaje, el estar lejos de casa, el acento diferente al norteño, un doctor hablando de crear vidas cuando ni siquiera era posible mirarle a los ojos, y, para finalizar: números, sumatorias, seguros, costos de procedimientos, de medicamentos, etcétera. En ese momento no podía pensar con claridad, ni mucho menos, tomar una decisión.

Salimos de la clínica con una sensación agridulce. En el hotel nos dimos el tiempo de leer toda la información recibida, ya con más calma y con la mente despejada. El seguro que ofrecían resultaba interesante: consistía en que si en el primer procedimiento no se concretaba la concepción, contaríamos con un seguro en donde el segundo intento no tendría mas que el costo de las medicinas. Claro: era más caro y había que comprarlo desde un inicio. Era algo así como una esperanza de la esperanza inconcreta.

Fue un viaje *express*. El domingo ya estábamos de vuelta en Monterrey con varias dudas licuándose en la cabeza. ¿Será la mejor opción? ¿Será que lo que nos ofrecen realmente nos funcionará o sólo nos quieren enroscar la víbora? ¿Compraremos el seguro? Me permití unos días para que mi mente se enfriara y no tomar una decisión errónea. No teníamos tanta prisa como para decidir de inmediato; sin embargo, había que planear, y el plan incluía viajes, vuelos de aviones, reservaciones de hoteles y avisar en mi trabajo qué fechas me ausentaría. El grado de complejidad del asunto había aumentado de nivel.

Volví a pensar en Karina y en sus gemelos. Si bien era cierto que fue un tanto surrealista que el doctor usara lentes oscuros durante la consulta, también era cierto que nos trató muy bien y nos dedicó suficiente tiempo. Mauricio habló también de un método diferente. Sería fecundación *in vitro*, pero me administrarían, además de las vitaminas, un medicamento que haría que mi cuerpo se preparara mejor. Comencé a ver las cosas con una perspectiva diferente y quise volver a confiar. Tenía que volver a confiar. Sentía que me arrepentiría más de no haber intentado, que de haberlo hecho. «El que quiera pescado que se meta al mar», me dije.

***

Martín nos abrió la puerta y se postró cómodamente en su diván. Cruzó la pierna y se nos quedó viendo. De inicio, él nunca preguntaba cómo les fue, qué pensaron, llegaron a algún acuerdo, están bien. No, Martín esperaba a que nosotros arrojáramos lo que nos estaba causando alguna inconformidad o los rollos que trajéramos en la cabeza.

—Pues ya fuimos a México —dije—. Tuvimos la cita el sábado y nos fue bien. La clínica está preciosa, muy nueva y moderna; tienen mucha gente y están todos demasiado bien organizados. Hay varios médicos, muchas enfermeras; todos muy amables. A mí sí me latió.

—¿Y a ti, Jaime? —preguntó Martín dirigiendo su vista a mi marido.

—También, pero no sé: hay algo que no me termina de convencer.

—¿Qué es ese algo?

—Mmmhhggg —Jaime movió su cabeza de un lado a otro, dudoso—. Es en el D.F. y me siento fuera de mi zona, no me siento tan seguro como aquí. Cualquier emergencia, cualquier cosa, no estaríamos en nuestra casa. Estando allá, en hoteles, sin conocer, el tráfico… No sé.

—Amor, pero el doctor nos explicó que la distancia no es problema. Además, habíamos pensado que si lo hacíamos, sería durante mis vacaciones de verano. Nos iríamos dos semanas allá para que los ultrasonidos me los hagan en la clínica y estar cerca del doctor –dije tratando de convencerlo.

–Sí, pues, bueno; creo que nada perdemos con intentar –expresó encogiéndose de hombros.

–¿Y qué diferencias observaron allá en comparación con lo que les han hecho aquí? –preguntó Martín.

–Nos explicaron que dado nuestro caso, tendría que iniciar con otra medicina para inhibir ciertas hormonas antes de la estimulación. De esta manera, al inyectarme para estimular, todos los folículos crecerían a la par y habría más de éstos –contesté.

–También hablaron del método *ICSI* –Microinyección Intracitoplasmática de Espermatozoides– que consiste en la inyección del mejor espermatozoide, elegido por un experto, en el óvulo ya maduro –explicó Jaime–. Así, si mis espermas no nadan hacia los óvulos, en el laboratorio les dan una ayudadita inyectándolos directamente, lo cual garantiza que se formarán los embriones.

Nos costaba trabajo explicar en palabras "normales", los términos médicos, pero en general, eso era lo que habíamos captado.

–¿Para qué quieres tener hijos, Helga? –me preguntó Martín.

Esa pregunta ya me la había hecho, pero me percibía tan desesperada por encontrar algo que funcionara, que estoy segura de que a propósito me la volvió a hacer, no porque no se acordara de mi respuesta en alguna de las sesiones anteriores, sino porque quería entender mi obsesión.

—Porque quiero dar amor; quiero compartir lo que Jaime y yo tenemos. Es lo que sigue en la vida. Además, no me imagino de viejita sin hijos. Qué triste sería mi existencia. Y a los noventa, ¿quién me va a cuidar? —cuestioné.

—Es egoísta querer tener hijos para que te cuiden cuando seas mayor —dijo con la parsimonia que lo caracterizaba.

—¿Por qué? Si yo los cuidé de niños, ellos me deberían cuidar de vieja —contesté con un matiz de exigencia.

—Los niños no pidieron venir al mundo, la gente los trae. No es su responsabilidad cuidar a sus padres cuando ya no sean independientes —dijo Martín.

—¿Entonces?

—Debes de cambiar tu mentalidad. Aparte, tener hijos no te garantiza que te cuidarán cuando seas mayor. Ahí están los asilos llenos de viejitos esperando a que sus hijos o sus nietos los vayan a visitar y, si bien les va, les llaman por teléfono una vez a la semana.

—No a todos —dije negando con la cabeza—. A algunos los sacan a pasear los fines de semana. Esperan con ansia el domingo para que llegue su familia por ellos.

—Y los viejitos, en ciertas ocasiones, terminan siendo una carga para la familia —continuó el psicólogo—. Ahí están los hermanos peleándose porque no quieren atender al papá o a la mamá. En esos casos se convierten en la papa caliente que nadie quiere. Si no los meten a un asilo, están unos meses con un hijo, otros meses con otro, pero terminan siendo una molestia. Y más cuando los tienes que asear –concluyó dando énfasis a su última frase.

–¿Y entonces, para qué se tienen hijos? –pregunté, arrugando la frente.

–Porque así estamos educados.

–¿Y cuando las cosas no suceden así? –volví a cuestionar.

–Hay que trabajar con la mente, hay que aceptar y cambiar nuestro proyecto de vida. Las personas tienen hijitos porque es lo que sigue después de que te casas. Todos te presionan.

–Y si usted ha dicho que tener un hijo no es fácil, ¿por qué la gente sigue teniendo hijos? –insistí.

–Porque quieren al hermanito o a la hermanita. Para completar su fotografía de familia completa y perfecta. Así es la sociedad. Culturalmente, antes se tenían ocho hijos, después seis, luego cuatro, dos, y ahora muchas parejas ya están decidiendo no tener hijos.

–Pero...

Tictac.

–Muy bien, nos vemos la próxima semana.

¿Tenía razón o era un amargado al que no le gustaban los niños? Pensé en mi familia y era verdad: doña Hu se quejaba de que tenía que cuidar a mi abuela. Ella nunca aceptó estar en un asilo. Mi tío nunca la pondría en un asilo, pero tampoco podía cuidarla de manera permanente. Al vivir en ciudades diferentes él le decía a mi mamá: "Yo te doy el dinero que necesites para que contrates enfermera día y noche y que tú estés al pendiente". Mi otra tía, nunca la visitaba: "Es que no tengo carro, no tengo quién me lleve" y mucho menos se la llevaba a su casa: "Es que no tengo espacio".

Mi mamá le construyó a mi abuela un departamento al lado de su casa, en Chihuahua. Tenía su enfermera, pero era cierto: nadie le dedicaba el tiempo que se merecía. Todos teníamos nuestras agendas saturadas. Mi mamá trabajaba y mi abuela era un pendiente para ella: "Siento que no puedo hacer mi vida", se quejaba. Pensé también en una tía a quien sus hijos, imposibilitados de tiempo para cuidarla, internaron a su mamá en una casa de retiro: "Vas a estar más segura aquí, mamá, vas a tener atención las veinticuatro horas. Ya no puedes estar sola en la casa; ya te caíste una vez; es muy peligroso", le decían sus retoños, quienes se turnaban para ir a visitarla cuando no estaban de viaje.

Es verdad, pensé: tener hijos no me garantiza que me vayan a cuidar de vieja. Se me vino a la mente otra tía, más joven, pero amolada por haber fumado toda la vida. Sus hijos no la visitaban seguido; uno vivía en otro país, y los otros dos estaban tan enrolados en su rutina con sus propios hijos, que se olvidaban de ella por semanas.

¿Por qué? ¿Por qué seremos tan mal agradecidos los seres humanos?

CAPÍTULO VEINTICUATRO

Mi corazón es de licuado
leche con pan, plátano aguado...

Dos mujeres disfrazadas de payasas cantaban en el metro de la Ciudad de México. Sus hijos se acercaban a los pasajeros con un sombrero raído para juntar las monedas que les ayudarían a completar su comida del día.

Habíamos llegado a la gran ciudad para nuestro tercer intento. No era la primera vez que me subía al metro del D.F. y cada vez que lo hacía, saboreaba el folclore mexicano.

Aunque doña Hu me había dicho: "No vayas a usar el metro, es muy peligroso". Sí, *amacita*, le respondía yo. Si fuera sola, ni de chiste me subiría al metro, pero con Jaime me sentía segura. Me parecía interesante estar entre el enjambre de gente que corría para ir a sus diferentes oficios: asistentes, secretarias, vendedores de seguros, albañiles, estudiantes, señoras que iban por el mandado, recepcionistas, choferes; de todo. Todos mezclados en un mismo vagón. Algunos con sus audífonos escuchando su música, otros mirando a la nada, algunos otros durmiendo, pocos leyendo y otros tantos, torteando a las mujeres que estuvieran muy arrejuntadas, en las estaciones de mayor afluencia.

Una vez instalados en el hotel, Jaime rentó un auto, pues tendríamos que desplazarnos largas distancias y no queríamos sufrir en el proceso. Sería nuestro tercer *in vitro* y no estábamos dispuestos a pasarla mal, sobretodo porque nos estábamos gastando nuestras dos semanas de vacaciones de verano en un procedimiento médico.

Las inyecciones para estimular de nueva cuenta los ovarios me las tenía que aplicar todas las noches, a la misma hora, por lo que durante el día, decidimos ser felices turistas de la capital de nuestro país, y al caer el sol, llegábamos al hotel a pinchar mi vientre. Mauricio me revisaría cada tercer día para ver cómo iban creciendo los folículos y decidir si me aumentaba o disminuía la dosis, según mi respuesta ovárica y mis resultados de los análisis de sangre que ahí mismo examinarían.

—Buenos días —saludamos al llegar a la recepción para mi primer monitoreo. Jaime tomó asiento.

—Buenos días, Helga —contestó con amabilidad la recepcionista. A pesar de encargarse de cientos de pacientes, la atención personalizada en la clínica era un distintivo muy agradable.

—Tengo cita con el doctor Mauricio a las nueve.

—Sí, siéntate. Ahorita te atiende el doctor Giorgio, porque Mauricio tuvo que salir de viaje.

Me senté junto a Jaime. ¿Cómo que Mauricio

tuvo que salir de viaje?, pensé. ¿Y cómo que me va a atender un doctor que se llama Giorgio? ¡Estoy en una clínica para crear vidas, no en una casa de modas italiana! ¿Qué pasó? ¿Por qué Mauricio no está? Me comencé a angustiar. ¿Cuándo regresaría mi médico?

—Helga, Jaime —llamó la recepcionista—, pásenle. En el primer consultorio de la derecha los está esperando el doctor.

—Gracias —nos dirigimos hacia el pasillo de los consultorios.

—Bienvenidos. Soy el doctor Giorgio. Mauricio se tomó sus vacaciones pero me encargó su caso de manera muy personal. Lo estuvimos revisando a detalle antes de que se fuera y estoy al tanto de todo. Siéntanse en buenas manos. «¡¿Mauricio se fue de vacaciones?! ¡Estamos aquí por él!».

Sentí que las cosas se salían de control. De igual manera, noté la molestia en la cara de Jaime. La enfermera me entregó la bata y me abrió la puerta del elegante baño para que pasara a cambiarme. El doctor me hizo la revisión y me entregó un calendario en donde apuntaría la dosis diaria de las inyecciones.

—Lo más probable es que continuemos con la misma dosis dependiendo de los resultados de tus exámenes de sangre. Vamos bien: el endometrio está de buen tamaño y se ven varios folículos —comenzó a dictarle a la enfermera quien presurosa anotaba los tamaños de cada folículo y si estaban del lado derecho o del lado izquierdo.

Al terminar, me vestí y regresamos a la recepción. Tenía que esperar para que el laboratorio de la misma clínica tomara mi muestra sanguínea y la analizara.

—No friegues —me dijo Jaime con un tono de voz bajo y una mirada de desaprobación–. ¿Qué onda con el doctor Mauricio? Nos dijo que aquí nos esperaba para hacernos el procedimiento y ahora resulta que el angelito se va de vacaciones. ¿Qué seriedad tienen aquí, carajo?

Yo sabía que ese hecho le molestaría a mi marido. Yo también estaba molesta, pero tenía dos opciones: amargarme y renegar o aceptarlo y continuar. No ganaría nada con echar sapos y culebras. Nada cambiaría, ya estábamos en el D.F., ya había comenzado con el tratamiento desde un mes antes, ya todo estaba en marcha, no había manera de decir que esperaríamos a que regresara Mauricio o de reclamar. No serviría de nada.

—Ya sé, amor, pero ya estamos aquí. Ni modo. Todos los doctores deben de estar igual de capacitados —traté de tranquilizarlo.

—¿Helga Valdés? —preguntó una enfermera.

—Aquí —respondí poniéndome de pie.

—Pásele, vamos a sacarle su muestra de sangre.

Una vez que tomaron mi muestra, la enfermera me dijo que por la tarde recibiría una llamada en donde me informarían si se aumentaba o disminuía la porción durante los próximos dos días, antes de mi siguiente escrutinio.

***

El pie del hombre pedaleaba con ahínco mientras sus manos, embetunadas de barro húmedo, esculpían lo que sería una vasija. Traté de enfocar las manos del señor con el lente, y desenfocar el resto, para captar una imagen atractiva. Al ver a través del visor de mi cámara, mi voz interior repasó la canción de la Hermana Glenda:

Gira que gira, rueda que rueda
siento tus manos sobre mi greda
me asombra pensar que tú le quieras
¿Acaso no puedes hacerme de nuevo?
¿Acaso no puedes formarme?

Tu cacharro acaba de caerse
acaba de quebrarse, acaba de encontrarte
tú mi alfarero, tú mi alfarero
toma mi barro y vuelve a empezar de nuevo.

De pronto me sentí como si fuera yo un pedazo quebrado de barro. Recordé, como un episodio muy lejano, cuando le dije a Jaime que no quería vivir más, pero al ver las manos del hombre, creando aquella pieza, quise pensar que así estaba: tratando de moldearme otra vez, intentando rehacer algún tarro o recipiente con la masa, aún maleable.

–Ándale, amor. Vámonos, ¿no tienes hambre? Vamos a comer a El Santuario –me dijo Jaime, devolviéndome al presente. Entre artilugios domésticos, cacharrería y enseres variados, recorríamos la calle del Alfarero en Valle de Bravo. Decidimos pasar un par de días en el pueblo mágico disfrutando del encanto colonial y relajarnos en uno de los sublimes campos de golf de Avándaro, antes de nuestra siguiente consulta.

En punto de las cuatro de la tarde sonó mi celular y una voz de mujer, al otro lado de la línea, me dijo que los resultados de mi sangre eran los esperados y que continuara con la misma dosis.

El miércoles ya estábamos de vuelta en Santa Fe.

Me llamaba la atención que las veces que habíamos acudido a la clínica, se encontraba casi llena de pacientes. Eso me hacía pensar que estábamos en un lugar muy bueno. Como cuando vas a un restaurante y está vacío, quiere decir que la comida es mala, pero si hay mucha gente, debe estar buenísima. Pero no sólo eso me llamaba la atención, mientras esperábamos nuestro turno me gustaba analizar a las parejas, aunque algunas mujeres iban solas. La clínica era moderna y nada barata. Algunas de las personas que estaban ahí se veían de recursos forzados. ¿Cómo le hacían para pagar? ¿Usarían el crédito del banco? ¿Aprovecharían los financiamientos?

–Helga y Jaime, pásenle, por favor –nos dirigíamos al mismo consultorio que la ocasión anterior, para ver a Giorgio, pero la enfermera nos corrigió: "No, es en el consultorio del pasillo izquierdo".

Ok, pensé, los médicos comparten sus consultorios.

Al llegar, otro doctor nos recibió.

—Hola, mi nombre es David –se presentó–. Giorgio no vino a trabajar hoy, así es que yo te voy a revisar –vio el expediente y nos volteó a ver–. ¿Helga y Jaime, verdad?

Esto merecía un "no chinguen" de los que decía doña Hu. Mi doctor "principal", me deja encargada y mi doctor "a cargo", me deja de encargo con otro doctor. ¿Y por eso estábamos pagando más de cien mil pesos?

—Aquí está su bata. La dejo para que se cambie –dijo la enfermera con sutileza. Al dejarnos solos, Jaime no tardó en protestar.

—¡No inventes! ¿Qué les pasa a estos imbéciles? Estamos aquí porque te recomendaron a Mauricio y el *güey* ha de estar bronceándose en Cancún –dijo mi marido manoteando en el aire. Su voz se había caldeado–. Luego, el que se supone que va a darle seguimiento a nuestro caso, ¡no viene a trabajaaaaar! –gesticuló frenético.

—Cálmate, amor –dije atropellando sus palabras–, todo va a estar bien. Todos los doctores de aquí se ve que son muy profesionales.

Yo pensaba igual que Jaime, pero, ¿qué podía hacer? Uno de los dos tenía que mantener la calma.

—¡Profesionales mis huevos, y ni funcionan bien! Quiero hablar con el director de este Instituto, no me puedo quedar callado. Esto es una falta de respeto –dijo encolerizado–. Terminas confiando en un cabrón al que ni siquiera le puedes ver los ojos porque usa lentes oscuros, y luego te salen con estas jaladas.

Yo estaba preocupada porque el tono de voz alto de mi esposo traspasara las paredes y puertas del consultorio, y porque la discusión se escuchara en los cuartos contiguos.

–Amor, tranquilo –lo abracé y sentí la dureza de su cuerpo colmado de ira–. Me separé y comencé a acariciarle el ante brazo, de arriba, hacia abajo, como peinándole los negros vellos–. ¿De qué va a servir que hables con el director? Es más, quién sabe si esté. ¿Y qué nos va a resolver? Quejarnos no va a solucionar nada, ya estamos en esto; tenemos que seguir adelante. Si se va a dar, se va a dar, independientemente del doctor que me revise.

–¡Para mí no está chido que cada vez que te revisan, te vea desnuda un *güey* diferente!

Ahí estaba: era eso lo que le molestaba a Jaime.

–Rorro, ni al caso. No me ven desnuda. Traigo puesta una bata y apenas y revisan mi vagina para ver en dónde van a colocar la madre esa para hacerme el ultrasonido. Además, son doctores, son profesionales; ven vaginas todos los días, es su trabajo.

–Pero no dejan de ser hombres –dijo con la voz más calmada, esquivando mi mirada.

Unos leves toquidos en la puerta irrumpieron la discusión.

–Adelante –dije mientras me subía a la camilla.

–¿Lista? Ya viene el doctor para que la revise.

–Sí, lista.

Las siguientes revisiones las realizó el doctor Giorgio. Jaime tuvo que aguantarse sus celos y tomar el asunto con filosofía. Aceptó que ya estábamos en la mitad del camino y que no valía la pena hacer berrinches. Continué aplicándome las inyecciones noche tras noche, durante diez días. Habíamos tomado práctica. Cada vez lo hacíamos más rápido y eficiente. Nos sentíamos más seguros. El leve piquete que al inicio de todos los tratamientos me dolía, ahora, era casi imperceptible: me había acostumbrado a ellos; o eso quería pensar para hacer menos tedioso el asunto.

Después de inyectarme, nos íbamos a ver alguna obra de teatro o a cenar a la Condesa, Polanco o a Coyoacán. Conforme pasaban los días y los folículos crecían dentro de mí, la hinchazón era más incómoda. Trataba de comer ligero para no sentir la pesadez en mi vientre.

Llegó el día de mi último escrutinio, antes de que me programaran para la aspiración de los más de quince folículos que tenía adentro. Estábamos en la recta final. El pronóstico del doctor era bueno:

–Tenemos los folículos suficientes para un buen resultado.

Sabíamos lo que seguía: la inyección de *Gonadotrofina Coriónica* para concluir la maduración de los folículos y producir la ovulación en las treinta y seis horas siguientes.

–La inyección te la tienes que aplicar el sábado, a las nueve de la noche en punto –me dijo Giorgio, enfatizando el valor del tiempo–. Tu aspiración será el lunes a las nueve de la mañana. La puntualidad de esta inyección es clave para que tengamos todo listo el lunes a la hora programada.

–Sí, doctor –asentí. Obviamente conocía ya la metodología, y sabía el grado de importancia de la hora de aplicación de esta inyección. Lo que la hacía diferente, es que en las ocasiones anteriores, había sido intramuscular, por lo que una enfermera me las había aplicado, y ahora, me habían dado una jeringa para que fuera subcutánea y yo misma me administrara el medicamento.

En el hotel, teníamos ya casi todo listo para el suministro del célebre fluido. Esa tarde, grisácea y lluviosa, nos invitó a quedarnos en el hotel a leer, ver películas y a esperar a que las manecillas indicaran que eran las nueve de la noche. Decidimos pedir *room service*: enchiladas suizas y un club sándwich. Julia Roberts besó a Richard Gere en el final de la película *Pretty Woman*. Eran como las ocho y media de la noche. Tomé el control de la televisión para cambiar los canales intentando encontrar algún programa que nos distrajera por media hora más. Eugenio Derbez lloraba en el altar al casarse con Alessandra Rosaldo. Me quedé absorta viendo la boda de las celebridades mexicanas, y encantada con el ritual del casorio. "Servicio a la habitación", dijo una voz afuera de la puerta de nuestro cuarto. Jaime recibió la cena que fue colocada en la mesa de una pequeña sala. Yo lloraba junto con Eugenio por la emoción del momento en la que declaraba su amor. Sonó el teléfono. Era doña Hu preguntando cómo estábamos, lo cual me hizo voltear a ver el reloj, 8:53 p.m.

–Mamá, me tengo que poner la inyección, márcame al rato –colgué el auricular. Me puse nerviosa.

—¿Amor, ya van a ser las nueve, dónde está la jeringa? —le pregunté a Jaime.

—Déjame la preparo.

—¿No la has preparado? ¿Qué estabas haciendo? —lo cuestioné con un retintín de reproche en la voz.

—¿Qué estabas haciendo tú? —me regresó la pregunta—. Yo estaba esperando a que me avisaras.

—No manches. Apúrate, por fa.

Jaime la preparó como rayo.

Quedó lista.

Eran las 8:58.

Estábamos a tiempo para que el líquido incoloro penetrara en mí.

Faltaban dos minutos.

Mirábamos el reloj con ansia.

Volvió a sonar el teléfono.

—¿Buenas noches, señora Cantú, ¿la cena que pidió cumplió con sus expectativas? Le habla Joel, de servicio a huéspedes.

—Sí, Joel. Gracias.

8:59

—¿Hay algo más en lo que le podamos ayudar?

—No, todo bien.

—Si se le ofrece algo más, no dude en llamarnos.

—Gracias.

—Es un placer servirle, señora Cantú —alcancé a escuchar que decía el joven mientras colocaba la bocina en su lugar.

9:01.

Me pasé una torunda con alcohol en el área de mi vientre donde decidí pincharme esa noche.

–Listo, rorro; pásame la inyección.

De alguna manera, al estar yo recostada en la cama, y Jaime, sentado a mi lado, el émbolo de la jeringa comenzó a avanzar, debió haber sido que la presionamos con el antebrazo sin intención. Durante los microsegundos en los que se movió el émbolo, se salió el líquido cayendo en la sábana blanca que cubría el colchón. Jaime de inmediato lo detuvo y las gotas cesaron de caer.

El estrés se apoderó de ambos. Nos echamos la culpa: ¿Por qué no la agarraste bien? ¿Por qué no me la pasaste a tiempo? ¿Por qué seguías hablando por teléfono? ¿Por qué no la detuviste de inmediato? ¿Qué hacemos?

No sabíamos cuánta medicina se había perdido. Caminábamos ansiosos en el cuarto, de un lado a otro, pensando que habían sido sólo unas gotas y que no sería de importancia.

–¿Y si le hablo al doctor? –pregunté palpitante.

–¿Qué le vas a decir?

–Que al preparar la medicina sin querer se nos cayó un poco; que me diga si vamos rápido a una farmacia a comprar otra, o no.

–Háblale, a ver qué te dice –me dijo Jaime llevándose las manos a la cabeza.

No era posible que eso nos hubiera pasado. Una tontería, un descuido diminuto podría alterar el resultado. La habíamos regado, literal. Nos atolondramos, no lo hicimos con el cuidado y la atención debida. Sentía una angustia terrible y miedo y pena de hablarle al doctor y de su respuesta.

–¿Doctor Giorgio?

–¿Si, quién habla?

–Doctor, qué vergüenza; habla Helga Valdés. Disculpe que lo moleste a esta hora –se escuchaba música de fondo y el sonido de los trinches golpeteando entre sí. Sábado, pasadas las nueve de la noche, lo más probable es que estuviera en alguna cena o reunión.

–No te apures; dime Helga, ¿en qué te puedo ayudar?

–Doctor, es que cuando estábamos preparando la inyección de *Gonadotrofina*, se nos derramó un poco de líquido y no sabemos si mejor vamos a la farmacia a comprar otro medicamento nuevo. Pero ya son más de las nueve y, si encontramos una farmacia cerca, me estaría inyectando como a las nueve y media o cuarto para las diez, y mi cita la tengo el lunes a las nueve. ¿O me pongo el medicamento restante? –dije como trabalenguas. No sabía si me había explicado bien, pero esas fueron las palabras que me salieron lo más rápido que pude.

–¿Más o menos cuánto líquido fue el que se perdió?

–No sabemos. Yo creo que unas pocas gotas; quizá un cuarto del total.

–No te apures –dijo sin perder compostura–. Ponte el resto del medicamento y nos vemos el lunes.

–¿Y no se alterará el resultado?

–Si dices que fueron sólo unas gotas no debe de haber problema; tranquila.

–Está bien, gracias.

Mientras yo hablaba, a Jaime se le ocurrió devolver el líquido restante de la jeringa, a la ampolleta, para así, verificar los mililitros perdidos. El líquido apenas llenaba la mitad de la ampolleta. ¡Habíamos perdido más de la mitad!

—¡No puede ser, no puede ser! —grité llorando—. Soy una estúpida —me cubrí la cara con las dos manos y las llevé al pelo que comencé a jalar, desesperada. Me estaba jalando los pelos de la impotencia.

—Tranquila, bebita; todo va a estar bien.

—¡¿Cómo me dices que todo va a estar bien si perdimos más de la mitad de la medicina?!

Jaime también se sentía culpable.

—Déjame voy rápido a buscar una farmacia y compramos otro medicamento nuevo —me dijo con voz suave, tratando de aminorar mi ansiedad.

—¡Está pasando el tiempo: ya van a ser las nueve y media y yo no me he inyectado!

—Ok —dijo Jaime sentándose en una silla de la habitación y tomándome de las manos—. Te aplicas esto que tenemos aquí, voy rápido a la farmacia, la vuelvo a preparar y te aplicas el resto.

—¡Bueno, pero apúrate! —masculló sin parpadear.

Entre las prisas Jaime no encontraba su billetera. Es increíble lo que los nervios son capaces de causar a la mente. Estábamos hechos unos imbéciles. Me inyecté el poco medicamento que teníamos. Jaime logró hallar su cartera y salió como bólido. Vi que el celular lo dejó en la cama.

—¡Llévate el celular! —le alcancé a decir antes

de que cerrara la puerta del cuarto. Se regresó y salió. Volvió a los veinte minutos con el medicamento en la mano. Lo preparó de inmediato y me inyecté el resto de la porción, sin embargo, ya eran casi las diez de la noche. La cena que habíamos ordenado, apenas la probamos. El apetito se esfumó y nos impregnamos de angustia y dudas.

—Perdóname, amor. Fue mi culpa —dijo Jaime acariciándome el rostro con ternura, una vez que estábamos en la cama listos para dormir.

—No, perdóname tú. No estaba concentrada; soy una tonta.

—No digas eso, bonita, fue un accidente; todo va a estar bien. Te amo.

—Te amo. Perdóname por ponerme como histérica.

—No te apures, bebita, yo también perdí la cabeza. No fue un buen día; hay que descansar —me besó y apagó la luz.

Mi mente dio vueltas en la oscuridad. Intenté dormir pero no lograba dejar de pensar en la ineptitud del momento; en esos segundos en los que veía, una y otra vez, en cámara lenta, cómo brotaban las gotas, desvaneciéndose en la sábana, sin lograr detenerlas, sin poder meterlas nuevamente al pequeño barril cristalino.

Capítulo veinticinco

Al día siguiente amanecimos con cruda. No habíamos tomado una sola gota de alcohol, pero teníamos el ánimo pisoteado y la cabeza aturdida, como si nos la hubieran golpeado con dos platillos de batería.

La angustia fue nuestra compañera durante todo el domingo y, aunque nos esforzamos por ahogarla en el Museo Soumaya, cada gota de lluvia pintada en algún cuadro impresionista me recordaba las gotas perdidas una noche antes; cada borrón púrpura, la indeseada mancha; cada rostro plasmado por los reconocidos artistas me remitían tormentosamente a *El Grito*, de Edvard Munch.

Una punzada permanecía en mi cabeza y un escalofrío en mi corazón.

El lunes abandonamos el hotel a las seis y media de la mañana. Teníamos que llegar a Santa Fe a las ocho. El embotellamiento hacía que los nervios aumentaran, ¿qué pasaría si llegáramos tarde? ¿Estaban acostumbrados a la impuntualidad a causa del tráfico? ¿Todos tomaban su tiempo considerando las horas perdidas en el auto para llegar temprano? De pronto me distraían los comerciantes que se arrojaban con valentía entre los carros para vender empanadas, jugos, malteadas o pan de piloncillo.

Logramos llegar a la clínica, puntuales. A las ocho estábamos entrando en la recepción en donde de inmediato nos recibieron y nos hicieron pasar al lado izquierdo de la clínica. Al caminar por el pasillo, llegaba un punto en donde al girar hacia la derecha, se llegaba a los consultorios, y, hacia la izquierda, se encontraban las habitaciones, el quirófano, el laboratorio y los *masturbatorios*.

Seguimos a la enfermera de uniforme impecable en color rosa, quien nos llevó, sonriente, hacia una habitación privada que dejaba apreciar una inigualable vista a los modernos edificios cimentados como parte del desarrollo urbano de la zona. El piso de madera y las paredes pintadas en tonos pastel me hicieron sentir cómoda. Me cambié de ropa. A Jaime lo llamó otra enfermera para guiarlo al cuarto en el que depositaría su muestra de semen. Faltando veinte minutos para las nueve, entró Giorgio a la habitación.

–Helga, Jaime: buenos días. ¿Cómo amanecieron?

–Bien, gracias doctor.

–¿Ya estamos listos verdad? ¿Ya dejaste tu muestra? –volteó a ver a Jaime, quien asintió.

–Doctor –dije titubeante–: es que el sábado que me inyecté, nos dimos cuenta de que sí se perdió un poco más de la mitad de la medicina. Jaime fue a la farmacia y me volví a inyectar la otra mitad, pero eran ya casi a las diez de la noche.

Tras un breve silencio, dijo: –No se apuren; ya todo está listo para que aspiremos tus folículos.

En ese momento, la enfermera que se había llevado a Jaime al *masturbatorio*, entró con sigilo a la habitación con una hoja en la mano.

–Perdón que los interrumpa, pero ya analizaron la muestra de semen del señor Cantú y estos son los resultados –la enfermera entregó al doctor la hoja. Giorgio la interpretó con rapidez.

–Jaime, el conteo de los espermatozoides en tu muestra de semen fue muy baja. Con este resultado las probabilidades disminuyen en gran medida. Vamos a necesitar una muestra más. Necesito que te relajes e intentemos de nuevo. ¿Cómo ves?

En la habitación se instaló un silencio interminable, denso. Parecía que todo estaba en nuestra contra. Giorgio quiso destensar el asunto y dijo:

–No te apures. Si no, que el doctor Mauricio, que hoy regresó de sus vacaciones, nos done un esperma.

La cara de mi marido se tornó color hormiga, como si tuviera una súbita insolación. Sus pupilas eran un fuego helado, se tuvo que contener para no golpear al doctor. Yo simulé una sonrisa afligida, tratando de no darle importancia al asunto y haciendo tiempo para que mi esposo respirara.

–Por qué mejor no le pide que nos done trescientos mil pesos, que es casi lo que nos está costando estar aquí, ¿eh?

Cuando Jaime terminaba cualquier frase con "¿eh?", quería decir que estaba hecho un energúmeno y que cualquier respuesta errónea podría ser catártica. El doctor notó su enfado y se escurrió de la habitación como una resbaladiza clara de huevo.

–¡Maldito doctor, me dan ganas de partirle su madre! –dijo Jaime, cuando se cerró la puerta.

–Cálmate, amor: su comentario fue porque quiso hacer una broma; no te lo tomes en serio.

–Pues no fue nada graciosa su bromita, es un pendejo.

La enfermera entró y le pidió a Jaime que la siguiera para concretar la segunda muestra.

Entre tanto, me pasaron al quirófano. De inmediato reconocí el olor a formol. Un séquito de enfermeras estaba alrededor de mí, todas con uniforme rosa. Me colocaron la sonda. Me sentí flotar en unas nubes rosáceas y acolchonadas…. No supe más.

Desperté en la habitación. Jaime estaba esperando a que abriera los ojos, sentado en una silla al lado del ventanal. Cuando volví en mí, se acercó para besarme y preguntarme cómo me sentía. Poco a poco me reincorporé y le pedí que me tapara con la cobija que estaba doblada al pie de la cama. Tenía mucho frío. Entró la enfermera para averiguar si me sentía mareada o si quería algo de tomar, demandé un té de manzanilla y una pastilla para el dolor.

Cuando me sentí mejor, me puse mi ropa y seguí reposando en la cama. Tras unos sutiles golpecitos en la puerta entraron los doctores Mauricio y Giorgio. Mauricio nos saludó como si fuéramos sus familiares que no había vuelto a ver desde la Navidad anterior. En esta ocasión no traía los lentes oscuros, pero su bronceado delató que estuvo vacacionando en la playa, sin presiones, cuando se suponía que el compromiso era que él me atendería. Después del saludo y de intercambiar palabras sin importancia, el doctor se tornó serio y nos dijo:

–Helga, de los más de quince folículos que tenías, sólo logramos rescatar cinco, pues al extraerlos, nos dimos cuenta de que el resto estaban vacíos.

–¿Y eso qué significa? –pregunté todavía aletargada por la anestesia

–Que los folículos que parecen tener un tamaño correcto y contener buenos óvulos maduros, a la hora de extraerlos, están ausentes de ovocitos. Esto se llama síndrome del folículo vacío.

–¿Y a qué se debe? –preguntó Jaime.

–A que los óvulos, desde su origen, son de mala calidad, por eso no prosperan.

–¿Y cómo se corrige? –insistió mi marido.

–No hay manera; es genético –sentí como si un cubo de hielo resbalara por mi espalda, desde la nuca hasta el coxis–. Pero intentaremos con esos cinco que tenemos. La segunda muestra de esperma salió mejor. Haremos todo lo posible para que esto progrese de manera favorable. Mañana te hablo a tu celular para ver cómo vamos; te mantendré informada.

Me quedé viendo el ir y venir de la gente desde el ventanal del decimoquinto piso. Ejecutivos trajeados con portafolio en mano, secretarias uniformadas, choferes, restauranteros. Veía a las personas con mi mente en blanco.

El regreso al hotel fue más ágil; ya no era hora pico, el tráfico había disminuido. No tenía apetito, a pesar de haber estado en ayunas, lo único que deseaba era dormir. Síndrome del folículo vació, resonaba en mi cabeza, entre sueños. Quería entender en su totalidad el significado y el origen de ese padecimiento.

El ring del teléfono me despertó. Poco a poco los sucesos de la mañana fueron reconstruidos por mi memoria y me afligí. Amodorrada aún, alcancé a oír que Jaime levantó la bocina.

—Pues más o menos, señora Helga, aquí le comunico a la Niní para que le platique —mi marido me alcanzó el teléfono.

—*Amacita* —carraspeé.

—Mi reina, ¿cómo les fue?

—Mal. Descubrieron que tengo el síndrome del folículo vacío —dije, enderezando mi espalda para quedar sentada en la cama.

—Y eso, ¿qué significa?

—Que mis óvulos son de mala calidad, por eso no me puedo embarazar.

—Pero debe de haber medicamentos para eso —dijo doña Hu sin conocimiento de causa.

—Dice el doctor que es genético, que no hay nada que se pueda hacer para corregirlo.

—¿Y ya investigaste en Internet?

–No, apenas llegamos, me quedé dormida. Comoquiera dice el doctor que rescataron cinco folículos y que harán el intento con esos. Mañana me va a hablar para ver si se lograron fecundar. Cuando tenga noticias te hablo.

Ya caída la tarde, decidimos ir a Bellas Artes y caminar por el Centro Histórico para tomar aire y distraernos. El hambre comenzó a apretar y optamos por comer-cenar en el Sanborns de los Azulejos. Nada me caería mejor que un caldo tlalpeño con aguacate y queso, el cual me saboreé desde antes de entrar al edificio forrado con azulejos de talavera poblana.

Una vez instalados en el patio central del edificio barroco, rodeados de todo tipo de personas, desde turistas, intelectuales o artistas, hasta amas de casa, oficinistas o estudiantes, Jaime y yo no podíamos dejar de pensar y externarnos que las expectativas con las que habíamos llegado al D.F. habían sido demasiado altas en contraste con las experiencias hasta ese día. Nos preguntamos si la mala aplicación de la inyección que haría que reventaran mis folículos tuvo impacto en el dictamen.

De vuelta en el hotel, timbró el teléfono de la habitación.

–Contesta tú –me dijo Jaime–, son tus papás.

–¿Bueno?

–¿Cómo está mi chiquita? –oí a mi papá decir.

–Bien, ¿y ustedes?

–Preocupados, chiquita.

–Sí, ya sé –contesté con la voz quebrada.

–Tu mami está muy triste, que porque te hicimos defectuosa. «Lo que me faltaba: que mis papás me dijeran que me habían hecho defectuosa. Como si no me sintiera ya lo bastante mal para recibir ese juicio de mis padres».

–Papá, no me hicieron defectuosa –renegué–. Además, no es culpa de ustedes.

–Pues ese síndrome que te dijeron está muy raro, y ¿cómo que te dicen que es genético?

–Eso es lo que dice el doctor. Se dieron cuenta de que los óvulos están vacíos al tratar de extraerlos.

–No, vas a ver que sí tiene solución. Mañana le hablo al doctor Dinter para que me dé información al respecto. Verás que sí, chiquita. Hay que tener fe.

Aquel martes de verano defeño amaneció radiante, el esmog de la gran ciudad no se lograba percibir. El sol iluminó la habitación al correr las cortinas y quise pensar que ese día iba a ser mejor que el anterior.

Y así fue. Caminamos sobre la calle Reforma disfrutando de los grandes árboles y las construcciones antiguas hasta llegar a una plaza contrastantemente moderna. Decidimos comer en un restaurante de mariscos. Eran casi las tres de la tarde. Tenía colocado mi celular sobre el mantel color azul perseverancia, esperando la llamada del doctor.

Mientras partía un pedazo de empanada de marlín, el móvil tintineó. En efecto, era el doctor diciéndome que de los cinco folículos se fecundaron tres, lo cual era muy bueno. Sonreí y tomé a Jaime de la mano, quien de inmediato percibió que las noticias eran alentadoras. Quedó de contactarnos al día siguiente para informarnos de la evolución de los embriones.

Wow! ¡Se habían fecundado tres! Esa llamada nos cambió por completo el humor y logró que, aunque de manera bipolar la tarde se tornara nublada y ventosa, nosotros, lleváramos el sol por dentro. Era como si nos hubieran aplicado un *shot* electrolítico, estábamos entusiasmados por la noticia, y, totalmente reanimados.

Decidimos ir al teatro esa noche. Revisé la cartelera en Internet y me llamó la atención la obra *El amante*. Si le decía el título a mi marido, me diría que no me llevaría a ver esas cosas, pero si le decía que la protagonista era Marina de Tavira, encantado aceptaría. Y así fue.

Optamos por usar el metro para no atorarnos en los tapones viales, y transbordar en el metro bus para llegar al Centro Cultural Helénico. Como en ocasiones anteriores, algo o alguien en el metro, me llamaban la atención. Esta vez fue una señora con una bebita de unos dos meses, en brazos, sentada a mi lado. Ni el frío, ni la lluvia, impidieron que esa señora realizara sus actividades con la recién nacida. No alcanzaba a descifrar el vínculo de la niña con la señora, pues ella se veía demasiado grande para ser su mamá, y demasiado joven para ser su abuela. La niña me cautivó. Sentí el impulso de arrancarla de esos brazos y salir corriendo con ella; de tener por fin lo que tanto había deseado conmigo, pero no sería capaz de robarle a esa señora su felicidad. Sus lindas facciones y sus diminutas manos me hicieron soñar que en ocho meses y medio tendría yo a alguien así en mis brazos, aunque dudaba de mi capacidad: ¿Sería yo apta para cuidar a alguien tan indefenso? ¿Sería capaz de desvelarme noche tras noche para alimentarlo, cambiarle el pañal, o curarlo de algún padecimiento? ¿Tendría la paciencia y la dedicación suficiente para que una vida dependiera de mí? Por supuesto que contaría con el apoyo de Jaime; pero, como mamá, creo que me sentiría más responsable. Me sorprendió que me estuviera haciendo a mí misma esas preguntas. ¿Por qué dudaba de mi capacidad? Sí, estaba titubeando de poseer esa cualidad divina que tienen las madres, ese espíritu inquebrantable, esa entrega aguerrida. Había oído a algunas amigas hablar de que cuando tienes un hijo, se te activa un circuito integrado que no sabías que poseías, pensé que tenía que vivir la maternidad para que se encendiera ese *chip* en mí.

—Qué bonita niña —me animé a decirle a la señora.

—Gracias, es mi nieta —contestó cual pavorreal.

—¿De verdad? Tan joven que se ve usted.

—Ahí están mi hija y mi yerno —hizo un ademán con la cabeza y me indicó con los ojos que volteara hacia adelante.

En efecto: ahí estaban los jóvenes padres de la criatura, agarrados del tubo. La muchacha, de menos de veinte años no le quitaba la vista de encima a su hija. Difícilmente podría yo escapar con esa bebé en brazos; me taclearían en el primer intento.

–Tóquele la frente, no le vaya a hacer mal de ojo –me dijo al llegar a la estación en la que se tenía que bajar.

Cuando llegamos al teatro ya no había boletos para la obra; los que quedaban estaban reservados.

–¿Y no nos puede vender esos que están reservados? –le pregunté a la taquillera–. Ya son las ocho y media y no han llegado los dueños. Está por comenzar la función.

–Déjeme ver si les podemos acomodar dos sillas más dentro de la sala –la joven habló por el micrófono de la diadema que traía puesta.

–Pásenle –nos dijo otra muchacha abriendo la reja del centro cultural, guiándonos a través del bien podado jardín y entregándonos los programas de mano de la obra: *Voces de un asesino de cara larga y sin sonrisa*.

–No –le dije a la chica–, venimos a ver la obra de *El amante*.

–¿Cuál? –preguntó Jaime contrayendo la frente.

–En la que sale Marina de Tavira –recalqué.

–Esa obra se terminó la semana pasada, ahora está la de *Voces de un asesino*.

–Ni hablar; ya estamos aquí –dijo alguno de los dos.

Nos acomodamos en los asientos que nos adaptaron en primera fila, y al instante después de que nos sentamos comenzó el espectáculo unipersonal:

–'La mamá de Ángel, la mamá de Ángel era una puta con bigotes. El papá de Ángel cortaba carne para vender' –la escenografía estaba compuesta por sillas viejas, de madera, distribuidas con estrategia por el tablado; algunas en su posición normal, otras tiradas y otras volteadas. En el inicio de la obra, un joven vestido con un traje que le quedaba apretado, sucio y rasgado; se encontraba sentado en una silla justo en medio del escenario, con sólo una luz amarillenta que alcanzaba a iluminarlo sólo a él.

–'Al papá de Ángel le gusta cortar carne' –dijo el protagonista como si le estuviera contando un secreto a la audiencia–. 'La mamá de Ángel se murió de unos agujeros que le salieron en la piel, unos agujeros que sacaban una miel que olía muy mal. Mi hermana y yo nos quedamos solos, sin papá, sin mamá. Mi hermana y yo teníamos hambre. Ángel robaba carne para nosotros. Mi hermana y yo no teníamos ropa, este traje no es mío' –dijo el personaje volteando a ver sus ropas–. 'El papá de Ángel se molestó mucho con su hijo' –dijo en un tono más bajo y volteando hacia su izquierda–. 'Ángel es mi amigo, y es muy callado. Yo me lastimo y la gente ríe. Soy bueno haciendo... nudos. ¿Ángel? Ángel es bueno extendiendo la mano'.

Se oscureció el proscenio, el asesino corrió hacia la derecha y se tiró al suelo, pecho tierra. El respaldo de una silla le protegía la espalda y otra luz se iluminó desde el fondo de la atmosfera.

–'Ángel siempre me besa en la mejilla antes de irse. Me gustan los ruidos que hace, como el conejo. No me gusta cuando quiere hablar porque no tiene lengua. Al papá de Ángel le gusta cortar carne...'.

Durante la función, nos hicimos cómplices de la difícil vida de Buster. Nuestras emociones y sentimientos fueron atisbados por el solitario personaje que realizó el nudo de la cuerda con la que su madre se suicidó.

—Qué fuerte estuvo la obra —le dije a Jaime cuando salimos del teatro. La noche se había iluminado con las luces de la ciudad que parecían luciérnagas.

—Pues a mí sí me gustó —dijo mi marido—. De seguro estuvo mejor que esa otra que tú querías ver.

—No —contesté—. Si a mí también me gustó. De hecho me gustan las obras que te dejan pensando. Humor negro total.

—Los de ese *güey* sí son problemas, no los que tenemos nosotros —dijo Jaime.

—Ya sé, lo mismo pensé yo. Nos estamos ahogando en un vaso de agua porque no tenemos un hijo, cuando hay miles de personas que están completamente solas y jodidas.

—Tenemos todo: familia, trabajo, salud y, sobretodo, nos tenemos a nosotros.

—Te amo. Me encanta mi vida contigo —le di un apasionado beso y me acurruqué en su pecho mientras él pasaba su brazo sobre mi hombro, acercándome aún más a él.

—Y yo a ti, bonita. No me importa no tener hijos, si te tengo a ti.

***

—¿Bueno?

—¿Helga?

—Hola, doctor: buenas tardes.

—Hola, Helga. Te llamo para comentarte los avances hasta ahorita.

—¿Ajá?

—Ya perdimos dos embriones, se quedaron en el camino, no continuaron con su desarrollo.

—Pero eran tres, ¿qué no? —pregunté liada.

—En efecto, tenemos uno. Me gustaría verlos el día de mañana a las dos de la tarde para platicar —dijo Mauricio con un tono parco.

—Muy bien. Ahí nos vemos.

—Saludos.

¿Para platicar? ¿No sería para transferirme ese embrión que aún quedaba? Le parafraseé a Jaime las palabras del doctor y las dudas nos invadieron. ¿Por qué no me dijo que me fuera en ayunas? ¿Tendría que irme preparada para entrar al quirófano? ¿Qué pasaba? ¡Qué ansia!

Ahora, el día estaba soleado, pero nuestras mentes y espíritus se nublaron de pronto, contrario a la sensación del día anterior. Era como si nos hubieran bajado el *switch* y nos encontráramos en el limbo, flotando, sin respuestas concretas, sin hechos definidos, con neblina hasta en la médula.

Al siguiente día llegamos a la clínica a tiempo. Yo, optimista hasta la pared de enfrente, iba preparada para el quirófano: sin maquillaje, en ayunas y lista para recibir a nuestro embrión en mi ser.

Seguimos a la enfermera cuando nos llamó; sin embargo, mi corazón palpitó con vigor al darme cuenta de que no estábamos girando hacia el pasillo que conducía a las habitaciones y el quirófano, sino hacia los consultorios «*Fuck!*, esto no me gusta nada». En la puerta del consultorio, nos estaba esperando Mauricio. Desde que nos saludó pude percibir en su tono cierto recelo.

–Siéntense –nos pidió. Sacó varias hojas con fotos de los embriones, cuadros, gráficas, todo en perfecta organización–. Estas son las fotos de los cinco embriones que se lograron. A dos de los óvulos los tuvimos que inseminar mediante la inyección introcitoplasmática, es decir que el esperma fue inyectado directamente en el óvulo. En estos dos embriones, no se continuaron dividiendo las células, fueron los que perdimos de inicio. Esto quiere decir que los óvulos son tan frágiles, que se dañaron con la introducción de la microaguja. Por el contrario, los otros tres se fecundaron de manera natural, es decir, colocamos a los espermas y ellos nadaron solos hasta fecundar cada óvulo. De estos tres –nos señaló con la pluma las fotografías impresas en una hoja de papel bond–, dos de ellos se dividieron correctamente; sin embargo, después de ciertas horas, se comenzaron a fragmentar, por lo que, hasta ahora, únicamente nos queda uno.

–Entonces sí tenemos todavía uno que puede continuar –dije entre preguntando y afirmando.

–Sí, pero no es de muy buena calidad. De hecho, si se fijan –señaló en la hoja lo que en términos médicos era un embrión, pero para nosotros, era como estar en una clase de biología–, no tiene una forma bien definida. Si lo transferimos, sólo tendremos el cinco por ciento de probabilidad de que prospere.

Me le quedé viendo como esperando a que me dijera que con ese cinco por ciento era suficiente para hacer la transferencia.

–Realmente es un porcentaje muy bajo; no funcionaría –continuó.

Estuve tentada a decirle que no importaba, que me lo transfiriera. Quise pensar que un milagro obraría en mí y, que ese cinco, se convertiría en un cien por ciento. De pronto, se vinieron a mi mente los episodios vividos de la falsa implantación del embrión que sucedió en el primer *in vitro*, así como toda la angustia que sentimos, el legrado y la caída del pelo. ¿Valdría la pena por sólo un cinco por ciento de probabilidad? Si el doctor me estaba diciendo que no, tenía que confiar en su criterio.

–Lo que pudimos concluir es que la fragilidad de los óvulos es muy alta. En un segundo intento, dejaríamos que todos los espermas naden solos, ya que con la *ICSI*, fueron dañados los ovocitos y perdimos dos embriones de inicio. Aquí el problema no fueron los espermas: nadaron y fecundaron bien. Debido a que la fragmentación de los otros tres embriones sucedió en el tercer día, se concluye que el problema es de los óvulos, ya que si la fragmentación, hubiera ocurrido en el segundo día, concluiríamos que los de la mala calidad serían los espermas.

Era un hecho: el problema, era yo. Me lo estaban explicando con peras y manzanas. Estaba tan aturdida que no lograba articular una sola palabra. Me sentí como si estuviera dentro de una de las litografías a blanco y negro de M.C. Escher, en donde no sabía si estaba subiendo o bajando escaleras, con figuras imposibles, con sorpresas ocultas y en donde el infinito converge con lo limitado. Los ojos se me pusieron vidriosos y parpadeé continuamente para espantar las lágrimas. Permanecí observando las fotos de los embriones para evitar ver al doctor y que percibiera mi lloriqueo.

–Ustedes compraron el paquete del seguro, ¿cierto?

–Sí, todavía tenemos otra oportunidad en esta clínica –contestó Jaime. En su rostro se percibía que también estaba alicaído.

–Muy bien –continuó el doctor–. Aquí las probabilidades las podemos aumentar de manera muy positiva si fecundamos un óvulo donado, con un esperma de Jaime. Piénsenlo: no tienen que tomar la decisión ahorita.

–Ya lo habíamos platicado –comenté yo una vez que logré impedir que las lágrimas salieran–. Sabíamos que esa podría ser una de las posibilidades en determinado momento, pero Jaime dice que si no es de los dos, que no sea de ninguno. La verdad es que yo no sé cómo reaccionaría. Ahora puedo decir que sí, pero no sé si en un futuro eso llegue a ocasionarnos problemas y que yo sienta que no es mi hijo.

–Entiendo –contestó el doctor–; sin embargo,

créeme que eso no sucederá. Será tu hijo, lo sentirás crecer en tu vientre, se alimentará de ti, crecerá gracias a ti y se te olvidaría que el óvulo no era tuyo. Hemos tenido muchísimas pacientes en el mismo caso y son unas mamás tan felices que en un par de años regresan buscando al hermanito.

No pude contener las lágrimas. Bailaron sobre mis cachetes y no me importó que el doctor me viera. Con seguridad estaba acostumbrado. Jaime tomó mi mano y la apretó, lo que hizo que las gotas salieran con mayor descaro.

—¿Y cómo es que se lleva a cabo la donación del óvulo? —preguntó Jaime.

—Tenemos una base de datos muy completa con donadoras de todas las características físicas. Buscaríamos a alguna mujer que sea lo más parecida a Helga, con su tono de piel, de ojos, misma complexión, color de cabello, así como tipo de sangre compatible.

—¿Y cómo consiguen a las donadoras? —pregunté secándome con un *kleenex* que traía en la bolsa.

—Hacemos reclutamiento en las universidades. Casi siempre son estudiantes jóvenes con necesidades económicas. Debido a que hay un pago de por medio, el compromiso de las mujeres es muy serio. En algunos casos, son madres solteras, lo que garantiza que su útero es apto para procrear. El rango de edad de estas mujeres oscila entre los dieciocho y veinticinco años.

—¿Y les realizan cierto tipo de exámenes?

—Sí, claro. Tanto en donadores de esperma,

como de óvulos, hacemos estudios físicos y mentales. Revisamos antecedentes familiares y cuestionamos los hábitos como tabaquismo, alcoholismo y uso de drogas.

—¿Conocería yo a la donante? —pregunté intrigada.

—No, la ovodonación es anónima. Es decisión de ustedes. Piénsenlo bien. Si quieren volver a intentar con tus óvulos, lo podemos hacer, pero las probabilidades de éxito serían mucho más bajas. Deben preguntarse qué tan preparados están emocionalmente para otro resultado negativo, en dado caso que así sea, porque sabemos que es muy desgastante a nivel emocional.

—¿Cuánto tiempo tiene de vigencia el seguro que compramos? ¿Cuándo es la fecha límite en que lo podemos usar? —cuestionó Jaime.

—No tiene vigencia. Ese seguro lo pueden usar cuando ustedes quieran. Pero tomen en cuenta que de los treinta y cinco años en adelante, la calidad de los óvulos, en cualquier mujer, disminuye. Si optan por la donación del óvulo, no hay tanta prisa, pero antes de los cuarenta, sería lo deseable.

Partí del consultorio ensombrecida. Al salir, compartimos elevador con dos mujeres. Una de ellas llevaba una bolsa de la clínica con el *kit* de medicamentos para la estimulación ovárica. Lo que me dio curiosidad fue que si una de ellas se sometería al tratamiento, ¿por qué no iba con su pareja? La mujer que la acompañaba parecía ser su hermana. Eran dos mujeres con rasgos indígenas. Las ropas limpias y modernas, pero se veían humildes. Tuve la impresión de que podrían ser sirvientas de las casas o de los lujosos departamentos de Santa Fe. ¿Cómo es que pueden pagar un tratamiento de estos?, me pregunté.

Recibir esa noticia fue, hasta cierto punto, devastador; sin embargo, conseguí la resolución al cuestionamiento que hacía años le venía haciendo a Dios: si no voy a poder tener hijos, ya dime. Ahora me lo estaban diciendo. Me hubiera gustado tener ese dictamen desde un inicio y haberlo trabajado ya emocional y psicológicamente.

De nueva cuenta, hice una comparación con los *in vitros* anteriores; no cabía duda de que íbamos de mal en peor. En el primero se logró implantar un embrión, de los tres que se transfirieron; en el segundo no se implantó ninguno, de los tres transferidos y en el tercero, no hubo ni siquiera un embrión para ser transferido. De alguna manera, fue mejor así, pues evitaríamos esas dos semanas de ansia, de incertidumbre y de esperar encontrar el cofre en donde inicia o termina el arco iris.

Regresamos a casa con el vientre vacío. Decidí enviar el dolor a la fosa común sin muchos miramientos. De alguna manera, nos sobrepusimos del golpe sin depresiones agudas ni dramas. Probablemente borré cualquier expectativa y alivié la futura decepción anticipándola o tal vez, el haber vivido toda la experiencia fuera de casa, nos permitió dejarla lejos, fuera de nuestra cotidianeidad.

Capítulo veintiséis

—¿Cómo les fue? —nos preguntó Martín cuando reanudamos nuestra terapia psicológica después del viaje a México. Él nunca preguntaba nada, sólo se sentaba en su sillón y esperaba a que vomitáramos lo que trajéramos atorado. Pero, en esta ocasión, fue él quien rompió el silencio.

—Mal —contesté como si nada—, no funcionó el tratamiento.

Tras varios descriptivos minutos en donde le resumimos lo acontecido en el tercer intento, Martín nos preguntó:

—¿Y cómo se sienten?

—Al principio sí nos dio el bajón; pero, no sé, en esta ocasión no me deprimí como las veces anteriores, a pesar de saber que mis óvulos no funcionan —como si me hubiera llegado un flashazo mental, le platiqué de la llamada de mis padres.

—¡Ah, por cierto: mi mamá piensa que estoy defectuosa!

—¿Por qué? —preguntó suave desde su asiento.

—Porque obvio que les dije a mis papás que tenía el síndrome del folículo vacío y, ese mismo día, en la noche, mi papá me habló para decirme que mi mamá estaba muy triste y preocupada porque me habían hecho defectuosa –terminé haciendo un gesto de ¿usted cree? ¿Yo, defectuosa?

–¿Y qué piensas al respecto? –me preguntó pasándose las dos manos por su cabeza, poniéndose aún más cómodo en su reposet.

–¿Cómo mi mamá puede pensar eso? –dije haciendo una especie de puchero.

–Así son ciertas mamás –la entonación de Martín fue casi hipnótica. Peló los ojos como diciendo: y tú, que quieres ser mamá.

Siempre, después de algunos comentarios, Martín se quedaba callado, observando, dando tiempo para que su frase fuera digerida. Tardé más de lo acostumbrado en desentrañarla. Jaime también la mallugó.

–¿Cómo? ¿Por qué las mamás nos joden la existencia?

–Tú lo has dicho: algunas mamás, joden la existencia –dijo haciendo énfasis en la palabra *algunas*.

–No, mi mamá no es así. Ella siempre luchó por darnos lo mejor, siempre nos impulsó, nos motivó. Es un ejemplo para mí –Martín permanecía callado. Yo, continué justificándola–. Ella invariablemente está contenta, claro, es alemana y tiene su carácter, no es muy cariñosa que digamos pero admiro lo que es y lo que ha logrado. Nunca me había dicho nada que me hiciera sentir defectuosa, y ahora, cuando menos necesito ese juicio, lo hace.

–Ajá –chantó Martín para que continuara.

–Aunque platican que cuando nací dijo que estaba fea. Mi papá le dejó de hablar durante dos días, pero equis, no es como que eso me haya afectado, ya después me compuse –dije acomodándome un mechón de pelo y soltando una carcajada que contagió a mi psicólogo y a mi marido, quien tomó mi mano para besarla. El especialista pilotó la conversación a la trama con la que iniciamos.

–¿Y qué piensan hacer?

–Yo, por mí, acepto un óvulo donado. Así terminaríamos ya con este asunto, pero a Jaime nunca le ha gustado la idea.

–¿Por qué? –volteó a ver a Jaime. Su barbilla estaba apoyada en sus dos manos entrelazadas.

–Porque yo no necesito un hijo para ser feliz. Si tenemos uno que sea nuestro, bienvenido, estaría muy padre; pero si no, también estaría muy padre. Si esto es lo que nos tocó vivir, hay que disfrutarlo, ¿qué le vamos a hacer? –dijo Jaime con una sonrisa traviesa, encogiéndose de hombros. Un fulgor en sus ojos se encendió.

–Tu marido tiene una mejor visión que tú, ¿no te gusta esa idea? –en esta ocasión fui yo quien recibió la penetrante mirada del terapeuta. Permanecí callada y él continuó–. Te está diciendo que no le importa no tener hijos, que él es feliz contigo y tú, sigues encaprichada.

¿Encaprichada? ¿Sería sólo un capricho? ¿Sería que me costaba trabajo no conseguir algo cuando estaba acostumbrada a lograr lo que me proponía?

–¿Y qué hay de las famosas frases que no hay que darse por vencido, que hay que seguir luchando, que no debemos perder la esperanza? Si Alba Edison se hubiera dado por vencido, su lámpara de mesa no estaría prendida en este momento – contesté señalando la bombilla con el mentón.

–¿No has luchado ya lo suficiente? –me cuestionó.

–Sí, pero, ¿cuánto es lo suficiente? Celine Dion tuvo a sus gemelos en el sexto *in vitro* y yo apenas llevo tres. ¿Qué tal que el cuarto es el bueno y yo me venzo antes?

–Sabes de Celine Dion porque es famosa y tuvo un caso de éxito, pero cuántas mujeres no han llevado a cabo hasta más intentos y al final el resultado sigue siendo negativo. Esos casos, no se dan a conocer.

–Pues todavía tenemos otra oportunidad en la clínica del D.F., está la opción de hacer válido el seguro.

–Ustedes saben, respeto su decisión y les deseo suerte –tictac–. Muy bien –dijo después de ver de reojo su reloj–, nos vemos en la próxima sesión.

***

–¿Bueno?

–Hola, ¿cómo están?

–Bien, ¿y ustedes?

–Bien, hablamos para darles una noticia: ¡Estamos embarazados!

–¿De verdad?

–¡Sí!

–¡Muchas felicidades!

El hecho de que mi hermano y mi cuñada estuvieran esperando un bebé fue para mí una gran alegría y un tremendo alivio. La atención se desviaría de nosotros. El compromiso que sentía por hacer que mis papás fueran abuelos, dejó de pesarme. Serían abuelos. Ya no dependían de mí para vivir esa experiencia, lo cual me quitó la piedra del Pípila de encima.

***

–¡*Sim Saladim Ala Kazam!* –pronunció mi marido al convertir una varita mágica en un simpático plumero en tonalidades moradas.

–No se muevan; una más. ¡Emi, Emi!, voltea, mi amor. Lory acá, mira el truco que va a hacer el mago –decía tirada en el pasto tratando de captar la perfecta foto familiar–. Jorge y Rebeca, ustedes no dejen de sonreír. Rebeca, quítale la mano de la boca a Alex, por fa. Jorge, ¿le puedes limpiar la naricita a Fer? –mientras Jaime se desvivía detrás de mí apareciendo y desapareciendo juguetes o soplando para que las burbujas de jabón llamaran la atención de los niños y voltearan a la cámara, yo tiraba disparos jugando con la profundidad de campo–. ¡Listo!

–¿Cómo salimos? –me preguntó Rebeca.

–Muy guapos todos. Te hablo en la semana para que las veas, ya editadas y me digas cuáles vas a querer que te imprima.

Una vez que guardamos toda la faramalla que habíamos montado para la sesión de fotos, Jaime y yo aprovechamos el aún cálido clima otoñal para quedarnos un rato más en el parque, retozando.

—¡Qué *show*! —dijo mi marido—. Hoy nos tardamos más que en otras sesiones.

—Claro, imagínate para conseguir que cuatro niños se queden quietos, más los papás, está cañón —Jaime se dejó caer sobre la verde alfombra gracias a las lluvias de septiembre, y yo, me acosté perpendicular a él, recargando mi cabeza en su panza.

—Cuando tengamos hijos, ¿quién va a entretener a los niños durante las fotos familiares si el mejor mago, asistente de iluminación y productor va a tener que estar delante de la cámara? —pregunté con picardía.

—¿Más bien quién nos tomaría las fotos si la mejor fotógrafa va a estar posando? —me regresó el piropo jugando con mi cabello.

Giré sobre el pasto para ver de frente a mi marido, quien se quedó viendo el despejado cielo.

—¿Qué piensas?

—Qué no está fácil tener cuatro hijos. Si a nosotros, con uno, quién sabe cómo nos vaya a ir. Estamos ya muy acostumbrados a estar sólo nosotros. De verdad, no me importaría quedarme sin hijos, bonita —me acomodó una ristra de pelo detrás de mi oreja—. Teniéndote a ti soy feliz.

Aproveché que habíamos tocado el tema para tantear sobre nuestro siguiente movimiento. ¿Qué seguía? ¿Qué decisión tomaríamos? Me estaba diciendo que no le importaría no tener hijos. ¿Eso significaba que ya no intentaríamos más?

–Amor: si tú sí tienes la oportunidad de ser papá biológico, yo estoy dispuesta a aceptar un óvulo donado –le reiteré.

–No. Ya te dije que si no tenemos un hijo que sea de los dos, prefiero que no tengamos hijos.

–No quiero que por mi culpa tú no tengas la oportunidad de ser papá.

–A estas alturas no me importa no ser papá. Ya hemos intentado demasiado.

–¿Entonces ya ni siquiera quieres que cobremos el seguro en la clínica del D.F.?

–Pues *nomás* porque tú quieres, y porque ya está pagado, pero pienso que lo deberíamos hacer válido intentando otra vez con tus óvulos –insistió–, aunque tengo mis reservas por el hecho de que tendrías que medicarte más. Seguro también afectó la última inyección que estuvo mal puesta. Si todo debe de ser tan preciso y los óvulos maduran después de ciertas horas de haberte inyectado, tú te inyectaste más tarde. Es lógico que todavía no estaban listos cuando entraste al quirófano, por eso te dijeron que tienes el síndrome ese, que la verdad, yo no creo.

–Rorro, sería alargar la agonía. No va a prosperar; si no, ya se hubiera dado –contesté cortando unos pedazos de zacate y colocándolos, sin ninguna intención, encima del vientre de Jaime; sin embargo, yo también tenía esa duda: ¿la mala aplicación de la mentada inyección impactó de forma negativa?

–No me interesa tener un hijo, si no es tuyo también –dijo categórico.

–Yo prefiero que tengamos un hijo y que la mitad sea tuyo. Sería un Jaimito o una Jaimita, piénsalo, amor; lo querríamos igual.

–¿Qué te parece si hacemos el último intento con nosotros? –concluyó sacudiéndose el pasto que había yo colocado sobre su camisa.

–Me parece bien –dije sentándome y abrazando mis rodillas–. Incluso, si no se logra en ese último intento, igual y el *in vitro* con el óvulo donado lo hacemos aquí en Monterrey; ni al caso irnos a México.

–Pues sí.

Seguí con la mirada a una señora joven caminando en ropa deportiva y, detrás de ella a la sirvienta empujando la carriola con el bebé. En ese momento, se me vino a la mente la escena del elevador en la clínica de Santa Fe, con las dos mujeres indígenas, una de ellas, con medicamentos en la mano. Caí en cuenta de que la joven estimularía sus ovarios, no para tener a su propio hijo, sino para donar sus óvulos y recibir plata a cambio. Compartí mi pensamiento con Jaime.

–Puede ser, me suena lógico.

–No manches, igual y te dicen que te van a donar el óvulo de una mujer universitaria, cuando realmente, es el de una muchacha. Y ni cómo reclamarles. Ya con la mezcla del esposo, ni cuenta te das –tras un leve silencio, le pregunté–: ¿Qué te parece si hago una cita con Mendieta y vamos con él para ver cuál es el procedimiento de donación de óvulos en su clínica?

–Como quieras. Ya te dije que no me encanta la idea del óvulo donado.

–¿Prefieres adoptar?

–No, tampoco.

–Neta, ¿prefieres quedarte sin hijos?

–¡Claro! Se le hizo la lucha, y si no se pudo, ni hablar. Nos la pasaríamos de eterna luna de miel. Haríamos lo que quisiéramos. Sólo nosotros –me tomó del cuello y me tiró en el pasto antes de darme un apasionado beso–. Ya vámonos, me están picando las hormigas.

***

–Helga, Jaime, ¡qué gusto!

–¿Cómo está, doctor?

–Bien, gracias ¿y ustedes?

–Bien, también. Aquí dándole seguimiento a nuestro caso, después de haber descansado un rato del tema –le dije a Mendieta.

El cuadro del mar detrás de su escritorio, ahora no me provocaba nada: ni tranquilidad, ni inquietud. Nada. Era sólo una pintura del mar. No le comentamos del procedimiento en el D.F., ni del dictamen de mis óvulos de mala calidad. Quería su versión.

–Ya ve que en el último intento no se implantó ningún embrión, ¿qué pasó doctor, qué es lo que está mal?

Mendieta abrió mi expediente. Tras hojear sus apuntes y todos los estudios contenidos en la carpeta, dijo con la misma prudencia que lo caracterizaba:

—Considerando tu caso, se puede concluir que los embriones no resultaron de buena calidad debido a los óvulos. Pudiéramos seguir intentando; sin embargo, lo que yo les recomiendo en este caso para aumentar las probabilidades, es la opción de un óvulo donado. Pueden cumplir su deseo de ser padres a través de este proceso. Miles de parejas recurren a él con resultados muy positivos y forman su familia de esta manera.

—¿Y cuál es el procedimiento de ésta clínica para conseguir a las donadoras de óvulos? –pregunté enarcando las cejas e inclinando mi postura hacia el frente.

—El proceso lleva de entre tres a cinco meses para conseguir a una donadora que cumpla con ciertos requisitos que buscamos, entre ellos que físicamente cuente con los atributos más parecidos posibles a los tuyos.

—¿Pero cómo es que encuentran a esa mujer? –insistí.

Quería comparar el método de reclutamiento con el de la clínica de Santa Fe.

—La diferencia, con otras clínicas, es que nosotros no salimos a buscar a las candidatas: son ellas quienes vienen por su propio pie a ofrecerse de manera voluntaria para la donación. La experiencia nos ha enseñado que es mucho mejor de esa forma, pues son mujeres que quieren hacerlo y, por lo tanto, el compromiso se acrecienta. En efecto, hay un pago de por medio, pero es simbólico. En su mayoría, las mujeres que deciden donar, lo hacen convencidas de querer ayudar a una pareja a concretar su sueño.

El discurso de Mendieta fue muy romántico. Mujeres que quieren ayudar a matrimonios a cumplir su sueño, donando sus propios óvulos, sólo por la delicia que provoca el saber que estás haciendo el bien al prójimo. ¿Sería así de lindo? ¿No les importaba a esas mujeres que por el mundo rondaran niños con su misma genética, de su propio ADN, que quizá tuvieran su misma mirada y heredaran algunas de sus manías? Podría entender que las personas, en su afán de conseguir dinero, fueran capaces de muchas cosas: prostituirse, robar, secuestrar, matar, y en el mejor de los casos, donar espermas u óvulos, al final, *con dinero baila el perro*. Pero, ¿donar filantrópicamente? Habiendo tantas instituciones de beneficencia y tantas formas de ayudar, ¿por qué elegir desprenderse de una célula de su ser que se reproduciría en otro ser? Tal vez la madurez mental y emocional de esas personas era superior a la mía; aun así, no le compré del todo la idea.

–¿Cómo ves? –le pregunté a Jaime, cuando salimos del consultorio de Mendieta y nos subimos al coche para regresar a casa.

–*Mmm* –espetó moviendo la cabeza con indecisión–. Sigo sin convencerme. Prefiero continuar con el plan de hacer el último intento con tus óvulos, aunque ya te dije que tengo mis reservas. Sé el dolor que implica para ti inyectarte y hacer todo el proceso. Para mí está a toda madre, una jalada y listo, pero tú te llevas una buena friega. Además, siempre estas técnicas son riesgosas; no quiero que te pase nada.

–¿Como qué me va a pasar? –pregunté con cara de duda.

–No sé, ya has tomado demasiados medicamentos, llega un punto en donde el cuerpo reacciona.

–Amor, equis; ya lo he hecho varias veces y no ha pasado nada. No va a pasar nada.

–Me viene también a la mente que si quedas embarazada y luego se complica y no sé, que sea un embarazo de alto riesgo y tú estés en riesgo – dijo disminuyendo la velocidad para respetar el rojo del semáforo.

–Siempre eres muy optimista, ¿por qué de repente tanta negatividad?

–No es que sea negativo, soy realista. ¿Cuántas mujeres no se han muerto en el parto?

–¿Cómo puedes pensar en eso?

–Siempre existen posibilidades. Nada es seguro. Nunca. Nadie nos asegura que en este trayecto no se nos vaya a atravesar algún idiota y choquemos, nos muramos y adiós: se acaba todo.

–No puedes vivir con miedo. Tenemos que hacer lo que esté a nuestro alcance y confiar –dije motivada. No sé de dónde sacaba ánimos de estar motivada, sólo lo estaba.

–Lo que no quiero es exponerte a que te pase algo. Me vale no tener hijos; siempre te he dicho que prefiero tenerte a ti, que tener un hijo y sigo pensando lo mismo.

–Bueno, tranquilo: regresemos al plan que teníamos y con el que estabas de acuerdo. Hacemos el último intento con mis óvulos, en el D.F., para utilizar el seguro que ya tenemos comprado, ¿te late?

–Pues como diría don León: ya qué chingados.

–¿Y si no funciona, entonces recurrimos a la ovodonación? –pregunté con necedad.

–Ya veremos, dijo el ciego –concluyó, cuando entramos en la oscuridad de la cochera de la casa.

Capítulo Veintisiete

–Oiga, doc, ¿y cuánto tiempo más piensa usted que vamos a tener que estar viniendo a terapia? –le preguntó Jaime al psicólogo en la siguiente consulta.

–No creo que sea necesario que sigamos yendo cada semana con Martín –me había dicho mi marido la noche anterior–. Yo me siento muy bien, ¿tú no? Ni al caso seguir pagando terapia si vamos a volver a tocar el tema hasta dentro de un año –respingó mi regio marido–. En todo caso, retomamos las sesiones unos dos meses antes de regresar al D.F.

–Pues pregúntale a Martín, a ver qué te dice. Yo creo que él es quien debe decidir cuándo darnos de alta –contesté al quitarme la liga que sostenía mi cabello.

–Creo que llegó el momento de trabajar con cada uno por separado. Por técnica, no puedo seguir atendiendo a los dos, por lo que a ti, Jaime, te voy a recomendar con un colega. Él, por su parte, te dará seguimiento. No es nada urgente, háblale cuando sientas que necesitas avanzar con algunos de los temas que han salido a relucir en estas sesiones, pero tú estás bien –le contestó Martín con pasividad a mi esposo–. Te voy a seguir atendiendo a ti, Helga –me volteó a ver taladrándome con la mirada–, traes por ahí unos cablecitos cruzados –terminó la frase traslapando sus dos dedos índices entre sí.

Solté una risotada. Era cierto, tenía varios cables cruzados. El juicio equiparable a "estás loca" lo había recibido de la mayoría de las personas que me conocían bien. Para los de mayor confianza, era: "estás re loca", y lo peor, es que me gustaba recibir ese apelativo. No estaba segura de continuar en terapia para que me enderezaran los cables. Quería seguir teniéndolos cruzados; sensatamente cruzados. Así era yo, así me divertía, así hacía reír a la gente. Mientras no perjudicara a terceros, podría vivir siendo una loca feliz.

–El asunto aquí –continuó Martín acariciando su barba, que ya dejaba entre ver algunas canas, de hecho, su barba era más plata que su cabello. "¡Se dejó crecer el pelo!", le dije en una ocasión en la que abrió la puerta de su consultorio y noté que su mata estaba más tupida que de costumbre. "Se ve más joven, hasta se ve como más normal. Así no parece... psicólogo", dije riendo–, es que como dicen: Dios los hace, y ellos se juntan. Por un lado, Jaime tiene poco conteo espermático, y por el otro, tus óvulos no son de buena calidad. Ambos están cojos, si lo ponemos de esa manera. ¿Qué pasa cuando dos cojos se juntan?

–¿Cogen? –dije bromeando. Los ojos café castaño de mi terapeuta me miraron entrecerrados gritando: ¡Cables cruzados!

—Cuando dos cojos se juntan —contestó con la templanza de siempre—, tienen que aprender a caminar con la pierna buena. Así, uno se apoya en el otro y pueden dar pasos sincrónicos. Dejan de estar cojos porque la pierna buena del otro, los complementa. El problema surge cuando los dos cojitos quieren caminar con la pierna mala. ¿Qué pasa? No avanzan y se caen —nuestros rostros como efigies dieron a entender que el veinte tardó en caer—. En otras palabras —continuó Martín pronunciando cada vocablo con la paciencia de un Testigo de Jehová en Nepal—, pueden usar sus dos pies sanos para caminar y dar un paso sano o pueden juntar sus pies malos y no van a dar pie con bola.

Mis ojos vagaron en la habitación. Como siempre, después de una de sus avispadas frases, el silencio predominó en el ambiente. Jaime y yo estábamos buceando en nuestra propia reflexión, hasta que su voz irrumpió en la atmósfera.

—Ustedes dos no tienen ningún problema como pareja. Se la pasan a todo dar: ja ja ja, ji ji ji —dijo haciendo ademanes con la mano y agudizando la voz—, su único problema, según ustedes, es que no pueden tener hijos. Algo pasa en la cabecita de cada uno que hace que los espermas de Jaime no quieran salir y que los óvulos de Helga no prosperen.

—¿Quiere decir que es psicológico el que no podamos tener hijos? —pregunté confundida.

–Es probable.

–¿Puede la mente manipular nuestro cuerpo a tal grado?

–La mente es más poderosa de lo que creemos.

–Claro que no, porque si así fuera, las chavitas que no se quieren embarazar y que meten la pata, no se embarazarían porque su mente no quiere – dije con arrebato.

–Hay de todo –contestó Martín encogiéndose de hombros.

–O sea, según usted, ¿no nos embarazamos porque en el fondo no queremos tener hijos?

–¡Ajá! –dijo alargando la última a.

Ambos naufragamos de nueva cuenta en nuestras sesudas reflexiones antes de que me atreviera a decir:

–Déjese de payasadas freudianas. Ahí están los estudios que confirman que hay una realidad médica.

–Sí, hay una cuestión física innegable, pero eso no descarta que la psicología de cada uno de ustedes tenga una influencia en el miedo de ambos hacia la paternidad.

Tictac.

–Muy bien, nos vemos la próxima semana, Helga.

–Entonces yo ya no voy a venir, ¿verdad, doc? –intervino por segunda vez mi marido, en lo que había durado la sesión.

–No. Te voy a apuntar el teléfono de otro psicólogo.

Tomó su agenda telefónica y anotó los datos del otro terapeuta. Extendió la mano para darle el papelito a Jaime, pero lo intercepté antes de que mi marido moviera un dedo.

—Mejor yo lo guardo. No vaya a ser que luego este papel se pierda.

Capítulo ventiocho

–¡*Sim Saladim Ala Kazam!* –pronunció mi marido sus características palabras mágicas apareciendo un conejo de un sombrero negro. Los niños aplaudieron asombrados y emocionados con la magia que mi esposo les hizo durante el *show* que montamos.

–¿Y *usté* es un mago de verdad? –le preguntó un niño al terminar. Jaime rió.

–¡Claro que es un mago! –contesté yo, quien fungía como su asistente.

–A ver, entonces aparézcame en mi casa –retó con agresividad el pequeño.

El tono violento del niño me sorprendió. Todos los demás infantes se arremolinaron alrededor de mi marido tratando de encontrar los trucos en sus instrumentos de magia. Fuimos a una casa hogar, junto con otras parejas de amigos, para distraer a los niños durante el domingo y hacerles pasar un rato divertido. Les llevamos comida, juegos y libros para pintar.

Dentro de mí, tenía la esperanza de encontrar algún niño o niña, por ahí de los dos años, en busca de unos padres. Teniendo claro que resultaría tremendamente difícil tener un hijo con mis óvulos, de nuevo me invadió la necesidad de adoptar, más que de crear una vida. Dos años me parecía una edad adecuada: ya comían de todo, con suerte ya no usaban pañales y dormían toda la noche. Desde que íbamos en camino, Jaime me entregó una hoja con las políticas de la casa. Una de las reglas del recinto era que estaba prohibido preguntar a los niños acerca de sus padres. Si alguna pareja estaba interesada en la adopción, había que seguir el protocolo establecido.

Al llegar, pelé los ojos para ubicar a alguien con las características que buscaba. Tenía que ser de tez blanca, y, de preferencia, cabello claro. Me decepcioné al ver que todos los niños eran mayores, de unos ocho años en adelante y muy poco disciplinados; se peleaban entre sí y se hablaban con groserías de manera ofensiva. Era como si en cada frase dejaran sacar un poco del coraje que tenían con la vida. Pensé en la difícil infancia que de seguro tuvieron y en las terribles cosas que pudieron haber vivido antes de ser abandonados y luego rescatados por la casa hogar.

No obstante, así como peleaban, también reían y jugaban gozosos entre ellos. Eran en realidad como una gran familia.

El lugar era amplio, con hermosos jardines, juegos y columpios; nada ostentoso, pero sí bien cuidado. Contaba con aulas para que los niños tomaran sus clases, dormitorios, un comedor grande y una capilla. Admiraba a los fundadores de ese

lugar, deseé algún día tener el dinero para construir un espacio así.

–¿No le sobró un cuento? –me dijo una niña
dándole un pequeño jalón a mis jeans, a la altura
de la rodilla. Volteé y vi a una pequeña hermosa.
De unos tres años, tez blanca, cabello castaño y
los ojos más brillosos que había visto yo en mucho
tiempo. Me quedé sin habla, sintiendo una oleada
de ternura. La tomé en mis brazos y le pregunté su
nombre, una vez que reaccioné.

–Jocelyn –me contestó.

–Vamos a buscarte un cuento para que colo-
rees.

Me senté con ella en una de las mesas del amplio comedor y le saqué plática mientras rayo-
neaba con crayolas a Cenicienta. Le pregunté su
edad, cuál era su color favorito y a qué le gustaba
jugar. Jaime les estaba inflando globos a los niños
para darles forma de perritos french poodle y re-
galárselos. Busqué los ojos de mi esposo y, cuando
nuestras miradas se intersectaron, le hice ojos de:
¡mira! Jaime sonrió. Yo le volví a señalar a la niña
con la mirada, él me volvió a sonreír.

Me imaginé a Jocelyn en nuestra casa. En algún
momento, la construcción inconclusa, la terminamos. Había dos habitaciones disponibles para que
ella eligiera la que más le gustara y se la aadueña-
ra. Me vi comprándole ropa, llevándola al parque
y peinándola.

–¡Rita! –le gritó a otra niña que pasó cerca de
la mesa en la que estábamos pintando–. Ven, te
voy a enseñar mi dibujo –la otra niña se acercó y
se sentó a su lado.

—¿Cuántos años tienes, Rita? —le pregunté.

—Nueve.

—¿Y ustedes son amiguitas?

—Somos hermanas —me contestó.

Mi castillo en el aire se derrumbó. No podía adoptar a Jocelyn sin llevarme a Rita; no las separaría. Volví a imaginarme mi vida, pero ahora, con las dos niñas. No me disgustaba la idea. Sabía que tendría que hacer una gran labor de convencimiento con Jaime, pero si me lo proponía, lo conseguiría. Visualicé a las dos jugando en uno de los cuartos de la casa, adaptado como cuarto de juegos, con peluches, cuentos, rompecabezas. Haría galletas con ellas, les compraría accesorios femeninos y unas sobrecamas de colores. Me gustó la pintura creada en mi mente. No pude evitar indagar sobre su vida.

—¿Y cuánto tiempo tienen viviendo aquí? —pregunté a cualquiera de las dos. La de mayor edad lideró la conversación mientras la pequeña estaba absorta con su dibujo.

—Estuvimos seis meses, después mi mamá vino por nosotras y luego nos volvió a traer el año pasado.

Damn! Existe una mamá.

—¿Y les gusta estar aquí? —volví a preguntar.

—Sí, pero estamos esperando el verano para que mi mamá venga por nosotros. Nos saca una vez al mes, pero ya nos vamos a ir a vivir con ella.

—¿Y qué hace tu mamá?

—Es policía.

—¿Policía? ¡Qué valiente! —dije sorprendida. Ni

319

de broma intentaría adoptar a las hijas de una mujer policía. En un segundo, mi castillo en el aire se volvió a derrumbar. Pensé que si intentaba rescatarlas, su mamá, en caso de que aceptara, me chantajearía y me pediría su moche mensual por permitir que sus hijas siguieran conmigo. El ánimo se me desvaneció. Seguí jugando con ellas pero ya sin el afán de una relación a largo plazo.

De regreso, le platiqué a Jaime mi utopía.

—Pero no les debías de preguntar nada acerca de la familia —me dijo con un tono de desaprobación.

—Ay, amor, equis: la niña grande empezó a hablar de su mamá; no era como que la estuviera hostigando ni preguntándole nada que la hiciera sentir mal.

El resto del camino cavilé que quizá Jocelyn no era la niña indicada, pero que si buscaba, seguramente habría alguien más con quien hiciera *click*, si no en esa casa hogar, en alguna otra. No sabía qué tan benéfico resultaría sacar a un niño o niña de un lugar como esos, en donde viven con sus amiguitos, tienen enormes jardines y sus actividades son muy diversas, para llevarlos a vivir con dos adultos en un ambiente muy distinto. Obvio que extrañarían ese lugar y a sus compañeros pero con el tiempo, seguro se adaptarían.

Durante la semana pensé en Jocelyn y en que podría ir más seguido a visitarla. En mi siguiente sesión con Martín le describí mi experiencia.

—Es que siento que Dios no nos ha dado hijos porque nuestro destino es adoptar. Imagínese, sería salvarle la vida a un niño y que ese niño nos la salve a nosotros. Con eso justificaría mi existencia. Me podría morir tranquila sabiendo que hice algo extraordinario por alguien, que le cambié la vida, y eso, me motiva –comenté.

–Nada más acuérdate de que una vez que adoptas, ya no hay vuelta atrás. Es un volado en el aire: te puede ir bien o no tan bien –dijo mi psicólogo.

–Claro que me iría bien. Me gustó la idea de que no sea un bebé recién nacido. Pero que no tenga más de tres años, para que se pueda adaptar a nosotros con facilidad. Eso sí: que sea blanquito.

–A una mamá no le importa el color de su hijo.

–No es que me importe, o que discrimine; es sólo que Jaime y yo somos blancos, al menos que no se note a primera vista que es adoptado, creo que sufriría más. Y los niños en la escuela son crueles, le dirían que es hijo del lechero, o cosas así. Además, se me hace que sería más fácil querer a un niño bonito que a uno feo.

–Que sea blanquito no significa que sea bonito –comentó Martín, divertido con mi superflua explicación.

–Bueno, no me importa que sea morenito, pero que tenga bonitas facciones, no sé...

–A una verdadera madre –me interrumpió, hasta eso, con cortesía–, no le importa que su hijo sea feo o bonito. Una mamá siempre va a ver hermoso a su hijo.

–Bueno, a lo mejor yo con el tiempo lo vería bonito, pero mi mamá no. En mi familia el hijo de mi hermano es güero y de ojos azules, y todos mis sobrinos, hijos de mis primos y amigos, están bien chulos. Suponga que de la noche a la mañana yo llego con mi hijo diferente, digamos; sería el patito feo, pobrecito. Además, si mi mamá dijo que yo estaba fea, cuando nací, siendo su hija, no quiero saber lo que va a decir de mi hijo adoptivo. Igual y lo acepta, pero de lejecitos –dije haciendo una mueca despectiva.

–Si realmente quisieras ser madre, no te importaría lo que tu mamá piense.

–No me hubiera sometido a todos los intentos de inseminaciones e *in vitros* que hemos hecho, si no quisiera ser madre –respingué.

Martín se quedó callado, observándome. Esperó a que yo siguiera hablando.

–¿Usted cree que yo no quiero ser mamá? –envié la pelota a su área de juego.

–Contéstate tú –regresó con estrategia la bola.

***

Por varios días rumié la cuestión. No era normal que yo pensara de esa manera ante la adopción. Si realmente lo deseara, no me deberían de importar todos esos detalles que me condicionaban.

Las cálidas gotas de agua acariciaron mi piel durante la ducha. Asumí una revelación: tenía la idea de adoptar porque se me instaló en la mente que si no podía tener hijos biológicos, mi misión terrenal consistía en salvarle la vida a una personita, a través de la adopción. ¿Pero qué pasaría si no era lo que yo esperaba y, por lo tanto, en lugar de amparar a esa alma, le arruinaba más la existencia? No podría arruinársela más. Si yo no rescataba a esa criatura era probable que terminara sin estudios, pidiendo limosna, lavando coches o quizá vendiendo y/o consumiendo droga. Pero también sería factible que, al adoptar a ese hijo, le estaría quitando la oportunidad de adoptar a otra pareja más paternal, que sí estuviera cien por ciento segura de querer eso en la vida.

De forma accidental me corté la rodilla con el rastrillo, al tener esa clarividencia. Desvanecí la fina hilera de sangre con el chorro de agua tibia. Al secarme, continué dándole vueltas al asunto. ¿Qué tal si adoptaba y, al no ser como yo imaginaba, mi infelicidad hiciera infeliz al niño, y, de rebote, a Jaime? Enredé mi cabello con la toalla y la dejé torcida sobre mi cabeza. Sabía que al adoptar no habría vuelta atrás. No sería como un producto que compras en la tienda y que si no te gusta lo puedes regresar o cambiar por otro. Se trataba de una vida. Tenía que estar convencida y estar consciente de que mi existencia cambiaría para siempre, que implicaría muchos sacrificios. Quise pensar que valdría la pena, aunque, la verdad, no estaba segura. Jaime tenía razón, estábamos ya muy adaptados a estar solos y a tener una rutina que nos gustaba.

Salí del baño envuelta en mi bata rosa coral; me paré frente al espejo quitándome la toalla de la cabeza para cepillar y secarme el cabello. La turbulencia de la secadora no impidió que continuara masticando mentalmente mi chicle, haciendo bombas y tronándolas en mi cerebro. En caso de que decidiéramos adoptar, y de que fuera una niña, me la imaginé escribiendo en su diario:

Querido diario:
La mujer que me pide que le diga mamá me *desperto* para ir al colegio. Tengo que tender mi cama tan estirada que una moneda rebote. *Desayune* Zucaritas. En el recreo me *comi* mi lonche de pan de centeno, mi *nueba* mamá dice que es *mas nutritibo*. Mis compañeros se burlan de mi lonche, dicen que es aburrido. *Regrese* a casa con la mamá de Regina. Comimos en *chinga* porque mis papás adoptivos tenían que *volber* al trabajo. Me *quede* con doña *mary* y hice mi tarea. Mi nueva abuela me *llevo* al club a mi clase de *natasión*. De esta familia creo que mi abuelita es la *unica* normal –«Obvio se referiría a mi suegra; mi mamá: *cucú*»–. Cuando mi mamá *salio* del gimnasio fue a la alberca a verme nadar y me *aplaudio*, luego me dejó en la casa y se fue a su ensayo de teatro. Jugué con *Benito* a la pelota. Mi papá adoptivo me saludó y se puso a robar carros en su juego de la televisión. Platiqué con mis peluches. Mi mamá *llego* y cenamos molletes y me *dormi*.
Fin.

¡Pobre niña! Sería un martirio escribir todos los días en su diario. Inocente; tendría a una mamá que en un momento de su vida quiso ser sargento; eso no era normal; aunque, primero, habría que definir el concepto de normalidad. Y tal vez hasta las groserías aprendería; qué vergüenza. No, en definitiva tiene que haber mejores parejas que nosotros que tengan esa respetable y admirable vocación. No; no me nacía esa vida para mí, ni para el niño o niña. ¿Para qué "rescataba" a esa criatura si no le dedicaría el tiempo suficiente? Algo, algo no me movía a hacerlo. Antes me sentía egoísta de no adoptar. Ahora me sentía egoísta si lo hacía. Consideré que le haría mayor bien a la sociedad dándole la oportunidad de adopción a una pareja más entregada, dispuesta a sacrificarse, que hacerlo nosotros sólo por cumplir con el requisito de tener hijos.

Terminé de peinarme; usé gotas para evitar el *frizz* y me empecé a maquillar. Al cubrir mis imperfecciones, se me ocurrió, dado lo anterior, que podía ir a una casa hogar y sacar a un niño todos los domingos, pagarle los estudios, comprarle ropa, juguetes y llevarlo al Incredible Pizza, a Kidzania o al Chuk E. Cheese´s. Esa idea me gustó más. Descarté la posibilidad de la adopción y se me instaló en la cabeza esta modalidad: hacerlo feliz, sin tener el compromiso ni la responsabilidad veinticuatro/siete. De esa manera, estaría haciendo el bien y me sentiría plena, sin sacrificar el tiempo dedicado a mi matrimonio y a mis actividades. Decidí ahondar en el tema en mi siguiente sesión con Martín.

–Esa no es tan buena idea –me dijo el psicólogo cuando le platiqué mis planes.

—¿Cómo? —pregunté con los ojos llenos de extravío. Pensé que aprobaría mi altruismo—. ¿Por qué?
—Existe la posibilidad de que le hagas más daño a ese niño si sólo lo sacas los fines de semana.
—Claro que no —protesté—, lo haría muy feliz. Le dedicaría tiempo de calidad. Alguien capacitado para atenderlo se encarga de él y nosotros nos aseguraríamos de que no le falte nada. Pero en lugar de estar hasta el copete de él y de ponerlo a ver la televisión para tener silencio en la casa, mejor compartimos los fines de semana y le dedicamos todo nuestro tiempo y nuestra atención.
—La mayoría de esos niños tienen la esperanza de encontrar a una familia. Si Jaime y tú comienzan a interactuar con él y, supongamos que por algún motivo, tarde o temprano se termina la relación, ese niño va a sufrir mucho. Sería un doble rechazo, porque algunos ya se sienten rechazados por su familia biológica y cargan con ese dolor toda la vida. De pronto, aparece una pareja y él se ilusiona, sueña que por fin va a tener unos papás y una vida mejor, pero si eso no sucede, le estarías reafirmando que nadie lo quiere. Los mismos pensamientos que ya tiene por el abandono que sufrió, los volvería a tener y acumularía más resentimiento. En ese caso, te recomiendo más la adopción.
—Bueno, entonces, sí lo adopto con tal de hacerlo feliz —respondí.
—¿Estás segura? —me preguntó acariciando su flaco cuello.

–No. No estoy convencida de que eso me vaya a hacer feliz a mí y me queda claro que si yo no soy feliz, no puedo transmitir felicidad.

–Y tienes que tomar en cuenta la opinión de Jaime –me recordó.

–Ya sé; y a él nunca le ha latido esa idea –dije con una voz cavernosa.

Me miró con cara de ¿y entonces, para qué le das vueltas al asunto?

–Es que quiero ser mamá. No quiero arrepentirme de no haber tenido hijos cuando pude.

–Jaime ya te ha dicho que es feliz contigo, que él no necesita hijos, que te quiere disfrutar –hablaba no sólo con la boca sino también con la mirada profunda que me decía: Hello!

–Sí, y me encanta la idea. No tengo problema con vivir eso en esta etapa; me gusta mi vida, pero pienso en cuando tenga ochenta años; no me imagino sin hijos.

–Sigues pensando en tener hijos para no estar sola en un futuro.

–Sí –contesté cabizbaja dándole vueltas a mi sortija de matrimonio–. Yo sé que estoy mal, pero no puedo evitar pensar en eso.

–Existen más proyectos en la vida que tener hijitos –afirmó Martín de manera dogmática.

–¿Cómo cuáles? –pregunté esperando la respuesta que me resolvería la vida.

–Tú los tienes qué descubrir.

CAPÍTULO VEINTINUEVE

Corrí hacia la derecha para regresarle a Jaime la pelota color verde marca textos, con mi raqueta azul eléctrico. La velocidad de la bola me permitió hacer un buen golpe dirigido que hizo a mi marido perder el *set*.

–Bien jugado. ¿Me das la revancha?

–Va –respondí enérgica.

Mientras contestaba los tiros, algunos con dirección, otros sólo con la intención de cruzar la red y que cayeran dentro del cuadro, hice una introspección. Me acordé que cuando era niña y me preguntaban: ¿Qué quieres ser de grande?, tuve varias respuestas, según mi etapa: quiero trabajar en un zoológico y domesticar animales, quiero ser parapsicóloga, quiero ser misionera, quiero ser fotógrafa del National Geographic, quiero ser periodista, quiero ser escritora, quiero ser actriz. Soñaba con cada uno de estos trabajos y me sorprendió que en ninguna de mis visualizaciones aparecieran niños. Jaime tiró un saque que no pude contestar.

–Juego. Cambio de lado.

Tomé la pelota, la lancé al aire y di un pequeño brinco para lograr, ahora yo, un saque asesino. Mi marido regresó la bola. Hilamos un buen juego; reñido.

Continué con mis razonamientos. El amor siempre estuvo presente en mis proyecciones de vida: me podría enamorar del encantador de perros, de un cazafantasmas, de algún trotamundos altruista en el África, del editor de la revista *Nat Geo*, del dueño del periódico, de un editor o de cierto productor, pero no había hijos en los sueños que de niña hacía de mi vida. Me sorprendí de este develamiento. Perdí el *set*.

–Empatados. ¿Le seguimos?

–No, vamos a la alberca; me estoy asando. Me urge una piña colada o un clamatito –contesté enfundando mi raqueta. Quería despejarme.

Al ponerme el traje de baño en el vestidor de damas repasé en tono de A,B,C, el último acuerdo al que habíamos llegado Jaime y yo referente al tan ya mencionado Proyecto: cobraríamos el seguro del *in vitro* en el D.F., durante las próximas vacaciones de verano, con mis propios óvulos.

Una vez acostados en los camastros, con la vista al emblemático Cerro de la Silla del lado izquierdo y a la imponente Sierra Madre del lado derecho, disfrutando del primaveral clima, comencé una conversación con Jaime tanteando la cuestión que venía yo desmoronando.

–No quiero gastar otra vez mis dos semanas de vacaciones en la Ciudad de México con lo del procedimiento –dije aprovechando lo relajado del momento, lamiendo la orilla del vaso de unicel para escaldarme la lengua con la sal y el chile Tajín en polvo que le daban picor a mi Clamato.

–Ni yo –me contestó–. Vamos a tomárnoslo más tranquilo. ¿Qué te parece si sólo nos vamos la semana en la que te hacen la aspiración y, en caso de que haya embriones, la transferencia? Que todos los ultrasonidos te los hagan aquí en Monterrey y le mandas por *e-mail* los resultados al doctor.

–Sí, así le hizo Karina: la chava que me recomendó la clínica, todo el previo fue a distancia y ya ves que tuvo a sus gemelos.

–¿Y la otra semana a dónde te late que nos vayamos de vacaciones?

–Quiero playita.

–¿Qué playa se te antoja?

–Alguna mexicana; no hay que alocarnos mucho. Si me embarazo, van a venir gastos fuertes.

–¿Y el procedimiento? ¿En julio?

–Pues, sí –dije soltando un suspiro.

–No te oyes muy convencida.

–No lo estoy. Me da terror pasar por toda la trama otra vez –contesté haciendo un despectivo gesto. Sólo de pensar en los pinchazos y en los monitoreos mi abdomen se contraía, un nudo se instalaba en la boca de mi estómago y se me ponía la piel de gallina.

–Ya sé, bonita, a mí también. Sé que para ti es un calvario lo de las inyecciones y todo el mitote. Créeme que daría todo por evitarte esa parte.

–Amor, no por que tengamos ya pagado el procedimiento lo tenemos que hacer –me incorporé para quedar sentada y coloqué mis gafas oscuras sobre mi cabeza, dejando mis ojos al descubierto–. A la porra el dinero. Comoquiera nos tendríamos que gastar otra lana en el viaje y las medicinas, que no son nada baratas.

–No, yo sé –dijo Jaime dejando su michelada en el piso–, pero que no se diga que no le hicimos la lucha. Así, nos quedaríamos tranquilos de que, por nosotros, no quedó. Estudiamos para el examen; si no lo pasamos, no hay bronca; pero nosotros sí estudiamos.

Me coloqué las gafas y me acomodé en el camastro intentando relajarme. Minutos después, decidí hundir mi cuerpo en el agua clorada para refrescar mi cerebro.

Para esas alturas, ya no estaba tan segura de seguir intentando. Descarté por completo la adopción. La etapa que estaba viviendo era muy diferente a la de hacía varios años, en donde la mayoría de las mujeres que me rodeaban estaban embarazadas y vivían la ilusión de ser madres; esa ilusión que contagiaban hablando de lo maravilloso que era tener a un ser en el vientre; ese delirio de arreglar el cuarto del bebé, de comprar todo lo necesario, de tener a un pequeño que te sostuviera el dedo y te tumbara el universo con una sonrisa.

En esta etapa, lo que en mayor medida escuchaba, eran quejas. Los bebés ya eran niños y tenían uno o dos hermanitos. Concretar una reunión era cada vez más difícil. Si uno de los niños no estaba enfermo, estaba enfermo el otro. Si no tenían muchacha de planta, su vida era un caos. Añoraban una noche de ocho horas de sueño sin interrupciones. Pocas seguían con su vida profesional y mis respetos para ellas, la verdad; mis respetos para ambas: las que dejaban su trabajo para dedicarse a sus hijos en cuerpo y alma, siendo ellas las que los educaban, y no la nana o la sirvienta; y las que seguían trabajando, a pesar de tener hijos; sin duda, me quito el sombrero.

Aun así, externaban que pedían a gritos salir de vacaciones con sus maridos, a solas. ¿Ir al cine? Por supuesto, a ver *Cars, Turbo, Toy Story 3, Monsters University, Frozen* y todas las películas infantiles. Claro, era sólo una etapa de la vida, pero en las charlas, me llamaban la atención algunas de las frustraciones que lograba interpretar, entre líneas, o quejas abiertas ante sus situaciones.

—No sé qué voy a hacer ahora en vacaciones con mis hijos todo el día en la casa; me voy a volver loca. Como los güercos saben que no hay clases, batallo para dormirlos. Se quedan viendo películas hasta las diez de la noche –dijo Sara, dejando salir, de una bocanada, el humo del cigarro que estaba disfrutando.

—¿Hasta las diez? Yo acuesto a los míos a las siete. Estén de vacaciones o no –comentó María Inés–. Yo sí soy muy estricta; no me importa.

—¿A las siete? ¿Aunque estén de vacaciones? ¡Qué mala! –le reprochó Sara, acomodándose el chal beige con cuadros rojos y negros para cubrirse del viento.

–¿Qué te pasa? –se defendió María Inés– ¡Mi vida empieza a las siete!

–¿Estás bien? –le pregunté a Armando en el comedor del trabajo–. Te ves cansado.

–Ya estoy harto –respondió tallándose los ojos–. Ahora que Daniela está embarazada, además de estar todo el día de genio, me trae de su gato. Con eso de que no puede cargar nada, yo llego cansado de la chamba y me pone a bañar a Joaquín y a hacer pendientes de la casa. Ya no soy el esposo de Daniela, soy el asistente de la mamá de Joaquín.

–Me estaba volviendo loca sin muchacha; afortunadamente ya encontré a una, aunque sea de entrada por salida, mientras consigo a una de confianza que se quede a dormir para que me ayude a cuidar a los niños –me platicó en otra ocasión Tere, madre de tres.

–Bueno, al menos ya tienes quién te ayude con la casa, así tienes más tiempo para estar con los niños –le respondí mientras sumía con los palillos japoneses mi Salmon Roll en el negruzco líquido.

–No; lo que yo quiero es encontrar a alguien que me ayude con los niños. La casa como quiera: prefiero limpiar la estufa, que cuidar a mis hijos.

–¿Pero todavía la amas, no? –le pregunté a David, después de que me platicó que tenía problemas con Roberta.

–No sé. Define amor –me contestó mordisqueando su dedo meñique con afán–. Desde que nació Ximena, Roberta me desplazó. En la casa nunca hay comida. Sólo le hace papillas a la niña y no habla de otra cosa que no sea de ella. Todo el día me marca al trabajo para decirme que sonrió, que gateó, que dijo adiós, que mandó un besito. No manches. Y a mí nunca me pregunta que cómo estoy o que si quiero que me prepare algo de cenar. ¿Quién les dijo que al ser mamás, se olviden de ser esposas?

—Cuando tuve a mi hija me dio una depresión posparto que no me aguantaba nadie —dijo Aurora, cuando alguien de la mesa la cuestionó sobre su vida personal, durante una comida ejecutiva—. Sentía que me habían quitado mi libertad. Hagan de cuenta que me habían puesto un grillete en el pie.

—¿Y te quedaste solamente con ella, o te animaste a tener más hijos? —preguntó alguien más.

—Pues ya después tuve otro. No por mí: por darle un hermanito a Natalia, para que aprendiera a compartir. Total, de cualquier forma yo ya no tenía vida propia.

—¿Ya está más tranquila Cecilia? —le pregunté a Luis. Cecy era de lo más alivianada antes de tener a su primer bebé. Nos íbamos de antro y parrandeábamos hasta altas horas de la madrugada; platicábamos de mil interesantes temas cuando salíamos a comer; jugábamos tenis o viajábamos en pareja; la pasábamos bomba. Pero cuando nació Diego, Cecy se transformó. Tristemente no había yo visto mamá más irritable, que a mi buena amiga Cecilia.

—No —balbuceó Luis al cabo de un momento—. Lo peor es que ahora con dos, está más cañón.

Está mal que te lo diga, pero si no fuera por los niños, ya me hubiera divorciado.

–Al contrario –me sorprendí contestándole–; quizá, si no tuvieras hijos, estarías feliz con ella, porque Cecy cambió cuando fue mamá.

–Yo no sé cómo le hacían antes. El tío Tano tuvo doce hijos –dijo la tía Lila, durante un bautizo.

–¿Doce hijos? Imagínense, ¡casi doce años de su vida embarazada! –intervine.

–Si yo con dos, me estoy volviendo loco –dijo Federico, bromeando resignado.

Por supuesto que no todo era malo, existía también la otra cara de la moneda:

–Es lo mejor que me ha pasado en la vida.

–Cuando fui mamá, conocí el verdadero amor.

–Todas las desveladas valen la pena al ver la sonrisa de Ramirito.

–Mis hijos son los que iluminan mi existencia y le dan sentido a mis días.

–No hay mayor satisfacción que ver crecer a nuestros niños.

–Tener hijos es una chinga, sí, pero una chinga maravillosa.

Cada quien hablaba según como le estaba yendo en la feria.

En una de mis visitas a Chihuahua, mientras desayunaba, sonó el teléfono.

–¿Bueno?

–Hola, buenos días.

–Hola, ¿cómo amanecieron?

–Más o menos… de hecho te hablo para decirte que no vamos a poder ir a comer a tu casa.

Ahí nos disculpas con la Niní. Enriquito se puso bien malo en la madrugada; tuvimos que salir corriendo al hospital.

–¿Qué le pasó? –preguntó mi mamá, angustiada.

–No sabemos todavía. Le están haciendo estudios, pero se la ha pasado con diarrea, vómito y calentura.

–Pobrecito. Bueno, gracias por avisar. Ahí estamos al pendiente.

Una vez que doña Hu colgó la bocina y me parafraseó la llamada, mientras yo le ponía mantequilla a los *hot cakes* que me preparó, me dijo:

–Ay, *mijita*: yo no sé qué harías tú si tuvieras hijos. Yo creo que no podrías con el paquete.

Le puse más miel a mi desayuno para tratar de endulzar las palabras que acababa de oír. Mi propia madre no me tenía confianza, pero había algo peor: yo tampoco.

Mi mente desmenuzó todas esas charlas.

Siendo honesta conmigo misma, yo contaba con todos los indicios de convertirme en una mamá histérica: si no duermo bien, no puedo pensar bien y me pongo de mal genio; tengo sangre alemana: mi paciencia tiene pocos límites; no me gusta el ruido, entiéndase llantos de bebés, gritos de niños o musiquitas de juguetes escandalosos; hasta los ladridos del *Benito*, por más de tres minutos, me pueden exasperar; soy muy asquerosa: siempre le he tenido asco a los pañales y a las devueltas de estómago; contrario a las demás mujeres, no soy *multitask*, batallo para concentrarme en dos cosas al mismo tiempo: si alguien me habla, mientras estoy atendiendo a otra persona en el teléfono, me bloqueo; ¿qué pasaría si estuviera en una llamada y mi bebé empezara a llorar? No, no sé, ya me bloqueé.

Comencé a verle el lado bueno a mi situación. Nuestra vida era muy agradable, práctica; la pasábamos bastante bien: me gustaba trabajar; ir al gimnasio; viajar; salir con mi esposo; leer en silencio; tomar fotografías; participar en obras de teatro, o ir a verlas; hacer el amor a cualquier hora, cualquier día; levantarme tarde los domingos; ir a conciertos, etcétera. Actividades que seguramente les gustan a muchas personas, la diferencia era que yo no tenía que conseguir quién me cuidara a mis críos para poder realizarlas, ni estar con el pendiente. Ni siquiera extrañaría a mis hijos cuando saliera de viaje sin ellos.

—Ay, es que extraño mucho a mis niños —escuchaba decir a las mamás cuando dejaban de ver a sus hijos por más de ciertas horas.

Primero se quejaban de estar *full* y de no tener tiempo para ellas y cuando lo tenían, se quejaban también. ¿Es la naturaleza humana estar quejándonos? Que si sí, porque sí; que si no, porque no. Si yo nunca había tenido algo, ¿cómo lo extrañaría?

—¿Cuál fue la etapa más difícil de tu matrimonio? —le pregunté en una ocasión a doña Hu.

—Cuando ustedes estaban chiquitos. Uno piensa que va a tener muñequitos que van a hacer lo que tú quieras, y nada: te llevas un chasco —me dijo con la sinceridad que la caracterizaba, como si no fuera su hija con la que estaba hablando–. Ahora le doy gracias a Dios porque los tengo. Pablo y tú son mi motor. ¿Cuál será mi motor? ¿Qué me tendrá guardado el futuro?, me pregunté recibiendo el sol de frente. Mejor ni me preocupo; ni siquiera sé si voy a llegar a los cincuenta, me respondí. Recordé el libro morado que mi Tita nos enseñó cuando fuimos a visitarla aquella Navidad, tras el aborto: *¿Por qué te angustia el temor de un mañana que quizá no vas a ver? Bástele a cada día su afán. El ayer ya pasó, el mañana no ha llegado. Llena bien el hoy que tienes en tu mano.*

Capítulo treinta

La intención de ayudar de manera altruista la mitigué aportando una cantidad mensual a una asociación destinada a recaudar fondos para la educación. Con mi participación, estaba contribuyendo a que varios niños fueran becados y concluyeran sus estudios. Ese aspecto ya lo tenía cubierto; no pretendía ser ni un cuarto de lo que fue la Madre Teresa, no la destronaría.

En lo que me faltaba trabajar era en la parte de anunciar a la sociedad que no tenía hijos, pero sobretodo, en que sus caras de lástima dejaran de afectarme.

—Es que, ¿por qué la gente, cuando la saludas después de no verla durante varios años, o cuando conoces a alguien en cualquier parte, lo primero que te pregunta es cuántos hijos tienes? —cuestioné a Martín en otra de las sesiones.

—Por sacar plática —me respondió.

—¿Por qué no mejor preguntan cuáles son tus pasatiempos o qué te gusta leer, o en dónde trabajas? Es como si midieran la felicidad con base en el número de hijos que tienes. Y a las señoras mayores les preguntan que cuántos nietos tienen.

Y mientras más grande sea el número, más se emocionan. ¿Mande con esas conversaciones?

–Así es la sociedad –contestó con soberana serenidad.

–Pues me choca.

–Pues no puedes hacer nada.

Me quedé callada. Era cierto: no podía hacer nada. La gente, de por vida, me seguiría preguntando que cuántos hijos tengo y, en el futuro, me preguntarán que cuántos nietos me han dado mis hijos y, a los ochenta, que si ya tengo bisnietos. La sociedad no iba a cambiar. Era yo quien tenía que dejar de irritarme al recibir estos cuestionamientos. Me quedé observando la luz que manaba de la lámpara de mesa del consultorio. Martín también permaneció en silencio.

–La sociedad hace sentir mal a los que somos infértiles cuando preguntan –hice una pausa y corregí mi aseveración–: bueno, no cuando preguntan, cuando ponen su cara de compungido y dicen: "No te apures, ya llegarán" –dije imitando un tono ridículo y moviendo la cabeza con falsedad–. ¿Por qué me tienen lástima?

–Ellos no te tienen lástima. La que se tiene lástima eres tú. Créeme que varios te tienen envidia –su miráda me traspasó.

–¿Envidia de qué? –pregunté desdeñosa encogiendo los hombros e hice un ademán con las manos abiertas como si no tuviera nada que alguien me pudiera codiciar.

–De tu vida. Te la pasas viajando con Jaime, se llevan muy bien, van a restaurantes bonitos, no gastas un dineral en colegiaturas, tienes tiempo para tus *hobbies*; por muchas cosas.

–No creo.

Me colgué de la frase "la que se tiene lástima eres tú", misma que me hizo desoír las frases siguientes de mi terapeuta, hasta que el tictac indicó el término de la sesión.

–Muy bien, nos vemos la próxima semana.

***

La agenda del día ameritaba que me arreglara muy cuca, por lo que elegí los accesorios Mont Blanc que me había regalado Jaime por mi cumpleaños. Cuando tomé el par de aretes, uno se me cayó por accidente, no supe si se regresó al alhajero, o si cayó en algún otro lugar de la cajonera. Tenía que encontrarlo; además del valor sentimental, no era como algún otro de mis zarcillos baratos que había comprado en cualquier tienda de bisutería.

Angustiada, levanté las cosas y me encontré con varios recortes de revista que despertaron mi curiosidad. No me acordaba que en algún lugar del clóset estaban los tableros de visión que en cierto momento hicimos Jaime y yo, después de que fui al taller de *El Secreto*. Cuando tuve el aborto y me enojé con Dios, con el universo, con el cosmos y con todo lo sobrenatural a quien podía culpar, guardé con coraje los tableros detrás de las zapateras.

En aquel entonces, no quise verlos más. Al encontrar los recortes, inferí que se fueron despegando con el paso del tiempo y, que doña Mary, al hallarlos en el piso cuando limpiaba, los iba colocando debajo de mi alhajero. Me topé con el globo aerostático, la cámara Nikon, la computadora Mac, la imagen del crucero, la pareja nadando con delfines y el logotipo de la marca Mont Blanc. *Oh my God!* Todas las imágenes que tenía en mi mano se hicieron realidad. Ni siquiera me acordaba que había pegado en mi tablero algunos de esos retratos y menos el del logotipo de la marca del arete que en ese justo momento estaba yo buscando.

El pendiente sobresalió de adentro de la esquina de mi cajón de calcetines. Aliviada, y un poco sorprendida, me terminé de arreglar.

Se me hacía tarde para ir al trabajo, así es que pensé que por la noche resultaría interesante sacar mi tablero y desempolvarlo, para ver qué más descubría. Lo que no se me había olvidado era que en el centro del mismo, la imagen de un feto, así como la de un niño besando el vientre de una mujer embarazada, eran las protagonistas. Muy claro me quedaba que ese deseo principal no se concretó.

***

–Hola –me dijo Clemen, sonriendo, cuando me instalé a su lado en una de las bicicletas del gimnasio, después de mi jornada laboral.

–Hola, Clemen, ¿cómo estás? –le dije devolviéndole la sonrisa.

—Bien y ¿tú? —murmuró acercándome la cara, como si me quisiera inspeccionar.

—Bien, gracias.

Estaba por colocarme los audífonos para escuchar mi música mientras hacía ejercicio, y sobre todo, para evitar la plática con mi compañera de al lado, aunque había sido Clemen la única en darme la bienvenida, recién nos hicimos socios del club. El ambiente era bastante cerrado; sin embargo, a mí no me importaba: yo iba feliz al gimnasio, a clases de yoga, a jugar tenis, o a la alberca con mi marido; no necesitaba amigos en ese lugar para pasarla bien.

Clemen era una señora de edad regular, madre de tres hijos y quien sufría de esclerosis múltiple. Se podría decir que platicar con ella era perder el tiempo para uno; para ella, era hacer más placentero su momento, le encantaba hablar. Su memoria era muy corta. Cada vez que sostenía una conversación con ella, al día siguiente me volvía a preguntar lo mismo, una y otra vez.

Cambié de opinión y dejé a un lado los audífonos, decidí dedicarle mis pedaleadas a Clemen, aunque conocía perfecto la charla que estaba a punto de entablar.

—¿Eres nueva? —me preguntó.

—No, mi esposo y yo tenemos ya varios años de socios.

—¡Ah, qué padre! ¿Y tu esposo, aquí anda?

—No, pero no debe de tardar, viene en camino. Nos quedamos de ver aquí saliendo del trabajo.

—¡Ah, qué padre! —era sorprendente el buen

humor que siempre mantenía Clemen a pesar de su progresiva enfermedad. Todo para ella estaba padre, todo era bonito; siempre mostraba una sonrisa perene que dejaba ver su impecable dentadura e iluminaba su blanco rostro, que contrastaba con su cabello negro–. ¿Cómo te llamas?
–Angélica –contesté.

Muchas veces utilizaba mi segundo nombre para no entrar en detalles con el primero, que, por lo general, provocaba cuestionamientos como: ¿con G o con J? Con H. ¿De dónde es tu familia? Mis abuelos maternos eran alemanes. ¿Y sabes hablar alemán? *Wie geht es dir?* Blablablá. No me molestaban esas conversaciones, pero en esta ocasión pensé en practicar con Clemen mi nueva respuesta.

Sería la primera vez que diría que no tenía hijos. Hasta ahora, siempre que me preguntaban, contestaba: "Todavía no". Falso, hubo una excepción: "¡Niní y Jaime, qué gusto verlos! ¿Ya tienen hijos o se están esperando?", nos preguntó durante la boda de uno de mis primos, en Chihuahua, una tía chismosa y lenguaraz, de esas típicas que hay en cada familia y a quien no habíamos vuelto a ver desde nuestra propia boda. "No, tía, no tenemos hijos; cuando Dios quiera arruinar nuestro matrimonio, nos los mandará", contesté con ironía, logrando en ella una fingida y contrariada sonrisa, a la vez que tomé a Jaime de la mano para llevarlo a la pista de baile; no me perdería por nada practicar los pasos de salsa que mis amigos puertorriqueños me enseñaron durante mi intercambio universitario en la isla del encanto.

A Clemen, cada día le podría dar una respuesta diferente si quería; de cualquier forma, ella olvidaría la conversación.

–¡Ah, qué bonito nombre!

–Gracias, Clemen.

–¿Y ya tienes mucho de casada?

–Sí, ocho años –respondí. Ya sabía yo cuál era la pregunta subsecuente.

–¡Ah, qué padre, qué padre! ¿Y cuántos hijos tienes?

–No, no tengo hijos –dije acelerando un poco la velocidad de la bicicleta estacionaria.

–¿No? Bueno, al rato, al rato, ya verás –matizó con dulzura enterneciendo sus ojos.

–No, no vamos a tener hijos –me animé a decir, aun sabiendo que quedaba una última oportunidad por agotar. Su cara de confusión fue evidente. Por primera vez se quedó callada–. La maternidad no es para todas –continué. Ella siguió confundida–. No todas las mujeres tenemos el gen materno –no pude menos que sonreír.

–¡Ah, qué padre, qué padre! –dijo después de que absorbió mis palabras–. Bueno, tu esposo y tú solitos, ¿verdad? Como de luna de miel.

–Sí, ¿tú crees?

–¡Ah, qué padre, qué padre!

El esposo de Clemen dejó de hacer pesas en el piso de abajo y subió por ella. La tomó del brazo y la ayudó a descender del velocípedo.

–Ya vino mi esposo por mí –me dijo mientras se plantaba insegura en el piso–. Es que me tienen que ayudar a caminar; como tengo esclerosis, ya no puedo sola. La sonrisa no se le borraba del rostro. El señor me saludó asintiendo con la cabeza mientras sostenía a su mujer–. ¿Vienes mañana? –me preguntó ella con entusiasmo.

–Sí, mañana nos vemos.

–Sí, hay que venir a hacer ejercicio. Yo tengo que estar activa por mi enfermedad. Bueno, hasta mañana...

–Angélica –le recordé.

–Sí, Angélica, Angélica. Adiós, Angélica –se retiró colgada del brazo de su esposo dando pequeños pasitos y bajando los escalones, apoyándose también en el barandal. Cuando llegó al descanso de las escaleras y tuvo una mano desocupada, me volteó a ver y meneó la mano diciéndome adiós.

En su condición, Clemen podría embarrar un ventilador con quejidos y lamentos, encenderlo, y salpicarnos a todos, pero no: ella era un ejemplo de vida. Me gustaría tener la mitad de las sonrisas que repartía.

Una vez que se retiró, tomé mis audífonos y pedalee, ahora, al ritmo de *La Bilirrubina*, de Juan Luis Guerra. Mi boca se movía cantando:

> *Y me plaquearon hasta el alma*
> *con rayos equis y cirugía*
> *y es que la ciencia no funciona*
> *sólo tus besos, vida mía.*

Pero mi mente se batía pensando en que no representó problema alguno, para mí, contestar que no tenía hijos, al contrario, cavilé que, así como a Clemen se le olvidaría nuestra conversación debido a su padecimiento, la mayoría de la gente también arrinconaría mi respuesta, por el simple hecho de que, en el fondo, les valía un cacahuate.

Caí en cuenta de que no era yo tan importante como para ocupar la mente de las personas más de algunos minutos. Cada quien tenía su vida, sus situaciones, sus actividades. Es verdad, las personas preguntan el número de hijos sólo por hacer conversación; no porque les importe más que un mantecado de limón.

Encontré mi tablero de visión empolvado, cóncavo y con los espacios vacíos de las imágenes que se habían despegado. Lo observé divertida y con detenimiento. Como si fuera un *checklist*, cada vez que veía una imagen, la palomeaba en mi mente. Me volví a sorprender: todas (con excepción de lo que ya sabemos) las imágenes plasmadas se habían concretado. Algunas, en más de una ocasión, otras, como las palabras *Belleza* y *Antiedad*, se puede decir que aún las sigo trabajando.

La imagen del centro con el vientre de la mujer embarazada estaba a medio pegar. Vi que por la parte de atrás de esa imagen estaba, recortado perfectamente por la circunferencia, un mundo. La misma redondez de la panza de un lado, era la redondez del globo terráqueo del otro. La despegué por completo. El niño, que por un lado de la imagen besaba el vientre de su madre, por el otro, era una mujer treintañera sosteniendo el universo con sus dos manos. ¡Santos poderes alienígenos, Batman!

Con esta revelación, el cien por ciento de mi tablero se cumplió. La vida no me había dado hijos, pero sentí que tenía el mundo en mis manos y quería disfrutarlo y recorrerlo todo: era mío.

Miento. O para no ser tan severa: desvirtúo la realidad, no fue así. Sería un *cliché* muy barato el hecho de que el mundo coincidiera a la perfección con el reverso de la panza. Pero la verdad fue que, en un inicio, lo pensé, pues recién vi la parte que estaba despegada, los colores azul y verde me remitieron al orbe. Una vez que la despegué por completo, en efecto; era una mujer treintañera con los brazos abiertos la que estaba en la imagen, y su vestido era de esos colores: colores mundo, digamos. Lo que la mujer anunciaba era una lavadora de burbujas, y ella se sentía libre porque ya no tendría que lavar a mano. Eso también iba con mi vida. A mi lavadora ya no le funcionaba el agua caliente, lo que me recordó que, en un corto plazo, tendríamos que comprar un nuevo artefacto de línea blanca.

Aun así, pensé que existía un porqué, un motivo que justificaba la razón de que todos los demás elementos de mi tablero se hubieran cumplido, menos el embarazo. La naturaleza es sabia, me dije.

Capítulo treinta y uno

Aquellas cadenas de la caja en la que me sentía atrapada, cuando estuve deprimida tras los eclipsados *in vitros*, se habían oxidado y podrido. Pude salir. Asomándome con cautela me di cuenta de que mi esencia ahí seguía: magullada, pero auténtica. Ahí estaban mi sentido del humor y el amor por mi marido. Estaba dispuesta a vivir una vida sin descendencia, y a disfrutarla.

La idea me fue cautivando de manera exponencial; sin embargo, había un hueco o una pregunta a la que me faltaba ponerle respuesta.

–¿Para qué estamos aquí? –le pregunté a Martín.

Estaba inquieta. Si ya había decidido que no tendría hijos, ni de mi vientre, ni adoptivos, tenía esa duda bailoteando en mi mente. ¿Cuál sería mi proyecto de vida? ¿Cómo justificaría mi existencia? ¿Cómo descubrir esa misión terrenal? Tenía pensado que si era mamá, le dejaría al mundo buenos hijos, personas de bien que permearan una cultura positiva en el entorno. Pero, si no: ¿entonces? Sentía que debía de hacer algo que me hiciera sentir satisfecha; muy satisfecha. No nada más vivir y ahí llevármela cachetona. No: sentía que tenía que ir más allá.

—Tenemos dos opciones: sentarnos en el balcón a ver pasar a la gente que actúa, o ser nosotros los actores —dije cuando tenía unos diecinueve años en uno de mis discursos hacia a los rarámuris, alguna de las veces que fui de misiones a la Sierra Tarahumara.

—Como dice Séneca: si te atrae una lucecita, síguela. Si te conduce al pantano, ya saldrás de él, pero si no la sigues, toda la vida te mortificarás pensando que tal vez era tu estrella —pronunciaba ante el micrófono de Frecuencia Tec 94.9, en el programa de radio que conducía durante mi último año universitario.

El talento gana partidos, pero el trabajo en equipo y la inteligencia, ganan campeonatos —Michael Jordan. Plasmé en una hoja de rotafolio, con Pincelines de colores, junto a la imagen de uno de los mejores jugadores de la NBA y la pegué en la oficina de Recursos Humanos del periódico El Heraldo de Chihuahua, en donde trabajaba como reportera de la sección de deportes.

—Existen dos tipos de personas: las que tienden a subir y las que suben a tender —era otra de las frases que utilizaba cuando daba charlas motivacionales al personal de la empresa, durante las capacitaciones en mi trabajo.

Así era yo, una persona motivada a la que le gustaba transmitir mensajes de lucha, de acción. ¿En qué momento perdí ese impulso? ¿En qué momento me volví apática ante la vida? Era cierto que no pensaba igual que hacía quince, diez, cinco o ni siquiera pensaba igual que hacía un año. Esa Helga optimista se fue marchitando con los reveses de la vida. Como alcachofa cruda, tenía duras capas que cubrían ese corazón que alguna vez tuvo, y que creía en la vida, en perseverar por alcanzar los ideales. Pero hacía tiempo que ya no. Era como si le hubieran soplado a la flama de una vela; no obstante, sentía la necesidad de volver a encenderla. Sabía que a mis treintas todavía podía rescatarme. Quería rescatarme. Salí de la caja. Me vi y estaba enterita: manos, piernas, ojos, dedos, orejas. No me faltaba nada. Deseaba hacer algo con todo eso.

–Para ser felices –me contesto mi psicólogo.

–¿Para ser felices nosotros o para hacer felices a los demás?

–Para ser felices nosotros. Aunque lo ideal es que si estableces una relación con alguien y tienes una pareja, es para hacer feliz a esa persona. No se trata de pasar sobre mi propia felicidad para darle la felicidad al otro; no.

–O sea, ¿no se vale pisotear al otro para ser feliz yo?

–Bueno, eso también. Pero a lo que me refería es que no está bien sacrificar la felicidad de uno mismo, para que el otro sea feliz. Las cosas deben de ser parejas, la misma palabra lo dice: PA–RE–JA.

–Ah, ya entendí. En otras palabras: no debes dejarte pisotear –dije–. Como cuando las mujeres dejan que las maltraten, que les peguen, o hasta permiten que les pongan los cuernos, ¿no?

–Así es. Aunque muchas acceden a eso no porque quieran hacer feliz a su pareja, sino por miedo o por conveniencia. Hay quienes prefieren quedarse calladas, mientras sigan teniendo quién las mantenga, porque nunca han movido un dedo en su vida.

–Pues claro, mientras sigan con carro, casa, lana y buena posición social, que el esposo haga lo que quiera, siempre y cuando no le cierre a la llave del agua –comenté haciendo alusión a que no les quitaran su mesadita–. ¿Pero cómo pueden vivir esas mujeres así, sabiendo que están durmiendo con un güey que les está viendo la cara y que viene de acostarse con otra? Si cacho a Jaime poniéndome el cuerno, yo sí lo mando a freír espárragos en tres patadas –dije tronando los dedos. Tras un breve silencio, pregunté–: ¿Esas mujeres son felices?

–¿Tú qué crees? –me regresó la pregunta Martín, entrecerrando los ojos.

–Pues que no. Qué asco.

–¿Qué terminan haciendo muchas de esas mujeres? Consiguiéndose también a un amante. Hoy en día, tan común es la infidelidad de un lado, como del otro.

Me quedé callada.

–Si no, ¿con quién crees que les ponen el cuerno?

–Pues sí, ¿verdad?

–Por eso la importancia de entregarnos al otro en la relación. Para hacerlo feliz, y, por consecuencia, ser felices. Hay quienes terminan siendo *roommates* más que esposos. Comparten habitación; hasta ahí.

–También hay quienes siguen casados, únicamente por los hijos –dije como si fuera yo experta en el tema.

–Ajá, pero eso no está bien. Es mejor padres separados felices, que juntos y amargados. Los hijos se dan cuenta de los problemas de los padres y de la mala relación entre ellos. ¿Y qué pasa cuando crecen y forman su propia familia? Siguen el mismo patrón. Y ahí sigue el círculo vicioso –concluyó dibujando un círculo en el aire con el dedo índice.

–Pero si se divorcian, también van a seguir el mismo patrón. Dicen: si mis papás se divorciaron, pues yo también...

–Puede ser, si los papás no manejan bien el divorcio y contaminan a los hijos con comentarios negativos del ex esposo o la ex esposa. Envenenan esas cabecitas y las pobres criaturas no saben lo que está bien ni lo que está mal. Aunque no está en manos de uno el cien por ciento de la felicidad del otro –continuó–, si estás feliz, es porque tienes satisfechas todas las áreas de tu existencia.

–¿Cuáles son esas áreas?

–Debemos de estar bien en el yo conmigo mismo; el yo con mi pareja; el yo con mi familia; y el yo con mi trabajo. Y, por ende, si estoy en paz, y cumpliendo con lo que me corresponde en esas áreas, puedo sentirme satisfecho de mi papel en esa maquinaria del bien común; es decir, con la sociedad.

Me quedé callada, viendo sin ver, el cuadro del centauro apareándose con la ninfa.

–Luego –continuó–, reitero: estoy bien conmigo mismo y estoy bien con los demás. Eso me lleva a sentirme feliz.

–¿Y el yo con la religión?

–Es diferente ser una persona religiosa, a ser una persona espiritual –mi ambiguo rostro le hizo saber que necesitaba ahondar en el asunto–. Se puede decir que una persona espiritual desarrolla ciertas creencias y actitudes con la intención de lograr el bienestar, sin necesidad de pertenecer a una organización religiosa.

–Ok. Supongamos que me siento satisfecha en todas las áreas. ¿Con eso, ya la hago?

–Si estás haciendo lo adecuado, eso te debe de hacer sentir bien.

–¿Y cuando tenemos todas esas partes cubiertas y aun así, sentimos que nos falta algo? –insistí.

–Quiere decir que estoy dejando que algo le genere ruido a mi existencia.

–¿Y cómo identificamos ese algo?

–Haciendo clavados de introspección para dar con esas respuestas que me faltan.

Capítulo treinta y dos

–Flaca, ya se va acercando la fecha que planeamos para el cuarto *in vitro* en el D.F. –me dijo Jaime por ahí de mediados de junio, cuando regresamos de nuestras vacaciones en la playa–. Valdría la pena ir revisando las fechas y hablarle al doctor.

Sabía que aún teníamos ese procedimiento pendiente. Estaba confundida; ya no me causaba conflicto no ser mamá, al contrario: lo disfrutaba y sabía que mi marido también. Sin embargo, a Jaime, con su organizado esquema financiero, haber pagado algo y no utilizarlo, le causaba un trance algo severo.

Por un lado, me había externado que le preocupaba el riesgo que implicaba el procedimiento en mi salud, pero sus últimas palabras fueron: "Hagamos el último intento; que no quede por nosotros". Si eso quería mi marido, yo estaba dispuesta a dar mi brazo a torcer. En el fondo, sabía que las posibilidades de lograr un embarazo con mis propios óvulos eran ínfimas. Decidí someterme al tratamiento para que el resultado fuera negativo y que Jaime pudiera también darle carpetazo al *Proyecto Bebé*.

¿Y que fuera pegando?, me cuestioné hacia mis adentros. No; ni de chiste, me respondí. ¿Y si sí? Pues ya estaría de Dios, como dice la gente; querrá decir que sí tengo madera de mamá.

Revisé mi calendario. Según mis ciclos, las fechas en las que se tendría que realizar el procedimiento coincidían con las últimas semanas de julio.

–Amor, no va a poder ser en julio porque en esas fechas Matías se va de vacaciones, él ya las tenía programadas. Imposible irnos los dos al mismo tiempo –me sentí aliviada de recorrer la faena.

–¿Quién es Matías?

–Mi nuevo jefe; acuérdate que te lo presenté cuando fuiste a mi oficina.

–Ah, sí. Bueno, lo hacemos en agosto –me contestó Jaime.

–No, agosto es un mes de mucho trabajo; tampoco se va a poder. Lo dejamos para septiembre.

–¿Y sí te van a dar tus vacaciones? Ya no sería verano.

–Sí, seguro no hay problema.

–Ok, septiembre será.

***

–Flaquita, ya estamos en agosto, valdría la pena ponernos en contacto con la clínica del D.F. para que te vayan enviando las recetas de las medicinas y que sepan que en septiembre haremos el *in vitro*.

—Ok, les voy a enviar un correo electrónico.

Recibí de inmediato la respuesta del ginecólogo diciéndome que con gusto nos atendería en septiembre. Me dio la orden para que me hiciera un ultrasonido y descartar que hubiera algún mioma o pólipo en mi matriz. "Todo está bien, no habrá necesidad de ningún medicamento previo. Te anexo la receta de la *Folitropina*. Espero noticias tuyas el primer día de tu ciclo. Nos vemos pronto. Saludos".

***

Los camellos y las avestruces "asesinas", como las bautizó un niño cuando una de las aves de pelos como púas y convexos ojos le arrancó el vaso de cartón con la comida que compramos, a diez pesos, para alimentar a dichas especies, seguían insaciables el camión de los visitantes durante el Serengueti del Bioparque Estrella. Los "chavos" iniciaron su carrera de bicivoladores a las doce del mediodía. Más adelante, vimos a un gracioso chango columpiándose de la rama de un árbol y a su pareja rascándose sus rosadas nalgas con singular alegría. Por diez pesos más, adquirimos zanahorias para alimentar a las jirafas. Mi sobrina estaba feliz y a mí se me olvidaba el dolor mientras estaba sentada.

—¿Crees que haya necesidad de ir con el dermatólogo? —me preguntó Jaime un día antes enseñándome una lesión en la pierna que se le veía bastante mal.

—¡Ay, rorro! ¿Qué te pasó? —pregunté preocupada.

—Me lastimé el miércoles que fui con la banda a entrenar para la carrera.

—¿Desde el miércoles? —me acerqué a la herida para valorarla mejor—. Pero si todavía traes la carne viva, ¿te duele mucho?

—No, no me duele, pero mañana empieza la carrera; tengo miedo de que se ponga peor y allá, en medio de la nada, ni cómo atenderme.

—Definitivamente vamos al dermatólogo. Sirve que me revisa a mí también, porque me salieron unas ronchas muy raras —en esta ocasión fui yo quien se levantó el pantalón para mostrarle a mi esposo el enrojecimiento que se me instaló en ambas piernas, de las rodillas hacia abajo.

—¿Y eso? —me preguntó Jaime.

—No sé; de repente me empezaron a salir. Yo creo que me picaron los moscos el día que fui contigo a andar en bici.

—¿Dónde anduviste, Jaime? —le preguntó el doctor Blanco a mi marido, cuando revisó su pierna.

—En las bicis, doc. En una ruta acá por Sierra Alta.

—Esto te lo hizo una hiedra. Te voy a recetar una pomada; con eso te va a cicatrizar.

—Mañana nos vamos a una carrera en el Bioparque, ¿puedo...

—¿Vas a ir a la carrera de los bicivoladores? —le preguntó interrumpiéndolo—. ¿Pero esa carrera es de veinticuatro horas, no?

—Sí, somos cinco en el equipo; vamos a participar en relevos.

–¿Tú también vas? –me preguntó Blanco abriendo desmesuradamente los ojos enmarcados por sus cerradas cejas. El pelo que ya no tenía en la cabeza, le sobraba en las cejas.

–Sí, pero yo no voy a participar. Las esposas nada más vamos a echarles porras.

–¿Y van a acampar? –le preguntó a Jaime.

–Sí, va a estar muy divertido –contestó emocionado mi marido.

–Doctor, de hecho yo también quiero que me revise porque me salieron unas ronchas en las piernas –me subí el pantalón hasta las rodillas para mostrarle mi padecimiento. Se acercó y tocó las ronchas con el dedo índice.

–Es urticaria –dijo–, te voy a recetar *Allegra*. Te tomas una pastilla cada doce horas.

–¿Entonces los dos nos podemos ir al Bioparque? ¿No hay problema? Porque ya ve que allá es puro monte –pregunté.

–No, no hay problema. Suerte en la carrera.

Esa misma noche, Jaime y yo preparamos todo para el día siguiente. Alistamos los *sleepings bags*, la comida necesaria, nuestras maletas y lo indispensable para un fin de semana en el campo. Habíamos invitado a Isa, nuestra sobrina de ocho años, pues pensamos que sería una buena experiencia que pasara un fin de semana con sus consentidores tíos y que conviviera con los hijos de los demás amigos que también participarían en la hazaña.

En la mañana siguiente me despertó el dolor y la comezón de mis ronchas. En lugar de mejorar, seguían enrojecidas y, ahora, me provocaban molestia.

—¿Cómo amaneció tu lesión? —le pregunté a Jaime.

—Muy bien, mira —me enseñó su peluda pierna y noté la cicatrización.

—¿Y tú, cómo seguiste?

—Pues igual —no le mostré mis ronchas para no preocuparlo—. Yo creo que el medicamento tarda en hacer efecto.

—¿Te duele? —me preguntó al notarme caminar renga.

—Un poco, pero ahorita se me quita. Estoy bien.

No estaba bien, pero no quise arruinar el fin de semana. Jaime llevaba meses preparándose para su carrera; sus amigos contaban con su participación, y mi sobrina estaba de lo más entusiasmada. "Durmió en el *sleeping bag*. Ha pasado toda la semana diciendo que se va a acampar con sus tíos", dijo mi cuñada el sábado cuando le hablé temprano para decirle que no se le olvidara echar un suéter en la maleta de Isa porque, seguramente, en la noche haría frío.

Me tardé más de lo acostumbrado en bañarme. Las gotas de agua me irritaban aún más la piel. Al vestirme, el roce del pantalón cargo color caqui me molestaba; pensé que con la segunda toma del medicamento, poco a poco, las ronchas se irían desvaneciendo.

—¿Lista, flaca? ¡Vámonos! —me gritó Jaime desde el primer piso. Yo todavía me cuestionaba si sería buena idea ir. Tenía miedo de empeorar, pero no podía dejar a Isa con Jaime; él estaría pedaleando, y no me atrevía a marchitar en mi sobrina la emoción que tenía por vivir ese fin de semana. Aguántate, Niní, me dije.

Con el sol rumbo al poniente, pasamos la tarde en los juegos del parque. Al caer el sereno se dibujó en el cielo una luna que parecía la sonrisa del gato de *Alicia en el país de las maravillas* y nos fuimos a una aldea mientras nuestros valientes esposos pedaleaban entre veredas de terracería, sin más iluminación que la de la lámpara de su casco y las chispas de estrellas centellando en la inmensidad del cielo.

–Seguro fue algo que comiste.

–Has de traer una chinche.

–Para mí que te picaron los moscos.

–No, te ha de haber picado una araña.

–¿Cambiaste de detergente para ropa? –todas tratábamos de interpretar mi padecimiento, sin llegar a una conclusión certera. Pasé una madrugada inquieta. Además de las pocas comodidades del lugar, la mera fricción de la pijama me resultaba molesta.

Cuando vislumbré que el alba despuntó, lo primero que hice fue revisarme las piernas. «*Shit*! ¡Más ronchas!». Quería salir de ahí, pero no había manera; y no lo haría: faltaban pocas horas para que terminara la carrera. Si ya había aguantado todo ese tiempo, soportaría unas horas más.

–¿Pero por qué no me dijiste? –me reprendió Jaime con medalla en mano cuando me vio las piernas, de regreso en la casa.

–¿Para qué, amor? Sólo te preocuparías y, de cualquier manera, no hubiéramos solucionado nada; el doctor no consulta los fines de semana, tendríamos que ir al hospital, y ni al caso.

–No importa, vamos ahorita al hospital, que te atiendan en urgencias.

–No, así acostada no me duele. Ya se me quitó la comezón. Mejor me espero a mañana y voy otra vez al dermatólogo –le dije tumbada en la cama.

El lunes por la mañana las erupciones se habían reproducido. Pululaban como hormigas en caramelo. Me vi los brazos y pude distinguir más círculos enrojecidos, de los codos, hacia las manos. Mi preocupación se incrementó.

Llegué al trabajo y le expliqué a Matías, mi jefe, la situación.

–¿Me das permiso de ir al dermatólogo?

–Claro, ¿ya tienes cita?

–No, ahorita le hablo a la recepcionista para que me atiendan de emergencia.

–Es eritema nodoso –dijo el doctor, revisándome con mayor detenimiento–, debes de permanecer en reposo absoluto durante una semana.

–Claro que no: tengo que ir a trabajar –me quejé pensando que era una exageración.

–Te tengo que internar.

Solté una chillona carcajada. Era muy común que el doctor Blanco hiciera bromas. Lo conocíamos de años atrás. En ese momento, pensé que era una más de sus vaciladas. Tomó la pluma y comenzó a escribir en una de sus hojas membretadas. Inferí que me estaba apuntando el nuevo medicamento que me recetaría, pero no, alcancé a leer que escribió: *Favor de recibir a paciente con eritema nodoso para internamiento...*

¡Era verdad: me tenía que internar! Los ojos se me vitrificaron.

—¿Qué es esa enfermedad, doctor? —pregunté embrollada.

—Es una respuesta autoinmune de tu cuerpo. Tengo que hacerte varios estudios para encontrar qué es lo que te la está causando. Hay diversos motivos: algún estreptococo, tuberculosis, leucemia, fiebre del valle de San Joaquín, hepatitis, alguna infección urinaria, o cierto medicamento que hayas tomado.

Me quedé muda. ¿Leucemia, hepatitis, tuberculosis?

—No llores —me dijo sin darle mucha importancia al asunto.

—No estoy llorando —respondí parpadeando con prisa para espantar las lágrimas que estaban a punto de emerger.

—¿Qué medicinas has tomado últimamente?

—Ninguna.

—Pásale al quirófano, te voy a extraer un pedacito de una de las lesiones para analizarla. En la biopsia vamos a confirmar qué es lo que tienes.

La enfermera me anestesió el área pretibial, y, mientras el doctor extraía con una habilidad colosal, una parte de mi piel con el sacabocados, pensé lo peor. La palabra que más comezón me causó, fue leucemia. ¿Y si tenía cáncer?

—¿Qué hospital prefieres, el Muguerza o el

CIMA? –me preguntó al colocarme una gasa en el agujero que me hizo en la parte inferior de mi pierna derecha.

–Es igual –en ese momento lo que menos me importó fue el hospital.

–Bueno, te veo en el CIMA a las siete de la tarde. De aquí te vas a tu casa para que Jaime te lleve. Yo llego ahí ya cuando te hayan ingresado.

–Necesito un justificante para mi trabajo –le dije, impaciente, al dermatólogo.

–Pide a Nancy que le haga a Helga una carta de reposo absoluto durante una semana, por eritema nodoso –le dijo a la enfermera–. En la recepción te entregan tu justificante. Te veo más tarde –me extendió la mano y salió del cuarto acomodándose la corbata granate y abrochándose el botón de su saco gris.

No me animé a informarle por teléfono a mi esposo que me internarían. Preferí llegar al trabajo para avisarle a mi jefe y entregarle la justificación médica.

–¿Qué te dijo el doctor? –me preguntó Matías sentado detrás de su escritorio.

–Que tengo eritema nodoso –le entregué el comprobante y las instrucciones para el internamiento en el hospital.

–¿Y eso?

–No sé, me van a hacer estudios; pueden ser varias enfermedades las que lo causen.

–¿Cuándo te internan?

–Ahorita. El doctor me va a recibir a las siete en el CIMA.

–¿Ya le avisaste a Jaime?

–No, llegando a la casa le digo. No quiero preocuparlo y que maneje apurado.

Matías *googleó* eritema nodoso. En la pantalla de su portátil aparecieron fotografías de exactamente las mismas lesiones que tenía en mis piernas. Leyó un poco al respecto y coincidió con lo que me dijo el dermatólogo.

–¿Quieres que te investigue más con Elisa? –su esposa era doctora.

–No, todavía no, gracias. Por lo pronto que me hagan los estudios, a ver qué sale.

–¿Necesitas algo? –me preguntó empático.

–No, nada. Me llevo la laptop para trabajar desde allá; voy a estar revisando correos y firmando todo en electrónico. Cualquier cosa, me marcas al celular; estaré al pendiente.

Llegué a la casa e hice una maleta con lo que se me ocurrió que podría necesitar. No sabía cuántos días estaría hospitalizada. Oí la puerta de la entrada.

–*Honey, I´m home* –gritó Jaime desde el recibidor.

–Estoy arriba, amor. ¿Puedes venir?

–¿Vas a ir al club? –me preguntó, despistado, cuando entró en la habitación y me vio alistando la maleta.

–No, el doctor Blanco me dijo que me tenía que hospitalizar. Resultó ser una enfermedad que se llama eritema nodoso.

–¿Hospitalizar? –repitió, con desconcierto.

–Sí –comencé a llorar.

—No te pongas así, bonita –me abrazó y secó las saladas gotas con su pulgar–. ¿Qué más te dijo el doctor? ¿Qué es esa madre?

Le expliqué a Jaime mientras me cambiaba de ropa y me ponía algo más cómodo. Al abrocharme las agujetas de los tenis me acordé de hablarles a mis papás, a quienes ya les había anticipado que tenía unas ronchas muy raras en las piernas.

—Muñeca, ¿cómo sigues? –me preguntó doña Hu.

—Tengo algo que se llama eritema nodoso. Me van a hospitalizar porque el doctor quiere que esté en total reposo y hacerme varios estudios.

—¿Hospitalizar? –redundó alterada.

—Sí, de hecho, ya me tengo que ir, mamá. Son las seis y media y a las siete me va a recibir el doctor en el CIMA.

—¡No, no! ¡Espérate! ¡¿Cómo que ya te vas?!

—Te hablo más tarde, ya cuando me hayan ingresado.

—¡No! ¡Que no te internen! ¡Te van a decir que tienes cáncer y te van a querer operar!

—¡Mamá, me tengo que ir! –las lágrimas fluyeron con mayor ímpetu.

—¡No me dejes así, muñeca! ¡No te vayas al hospital! –gimió, como si le dijera que me iba Tombuctú, sin boleto de regreso.

—¿Y qué quieres que haga? ¡Cada vez me salen más ronchas, me duelen, me tengo que atender!

—Pero los doctores sólo te hospitalizan para sacarte dinero, Ninicíta. No seas tonta, mi reina: una vez que entras al hospital, ya no sales. «Doña Hu, ¡gracias!».

—¡Mamá! ¡Ya! ¡No me digas eso! ¿Tú crees que yo estoy feliz de entrar al hospital? –le dije con la voz ahogada en llanto. Jaime me hacía señas con la mano para que me tranquilizara y no le gritara a mi madre–. ¡Yo también tengo miedo, y estoy confundida, pero me tengo que atender! –los gestos de mi marido fueron totalmente ignorados–. ¡Tengo que confiar en el doctor!

—Pues ahorita mismo agarro un avión para estar contigo –concluyó tajante, su linaje alemán imperó en su aseveración.

—Ya no hay vuelos de Chihuahua a Monterrey a esta hora. No te apures, mamá –dije limando el tono–, tranquila; voy a estar bien. No es necesario que vengas. Deja ver qué sale en los estudios y te aviso –apenas colgué y terminé de ponerme los tenis, cuando el teléfono timbró.

—Chiquita, ¿cómo que te van a internar? –me preguntó mi papá.

La misma conversación que tuve con doña Hu, la volví a tener con mi papá. Sabía que estaban preocupados por mí, pero en ese momento estaba yo tan irritable y enmarañada, que sus llamadas me sacaron de quicio.

—Déjame hablarle al doctor Dinter; voy ahorita con él y le llevo fotos de tus piernas; verás que te saca adelante con la homeopatía –me dijo mi papá–. Compro los chochos y te los mando.

—Papá, no me voy a esperar a que me hagan efecto los chochos. ¡Necesito que me atiendan ya! ¡Me duelen las piernas; no aguanto la ropa! ¡Cada día me salen más!

–Bueno, que te hagan todos los estudios que sean necesarios, pero no vayas a dejar que te operen.

–Claro que no, ¿cómo crees que me van a operar?

–De cualquier manera mándame fotos de tus piernas, voy a ir con Dinter para que nos dé su opinión. A lo mejor ni siquiera es eritema lo que tienes, y te van a saturar de medicinas que luego te descomponen otras cosas.

–Ok. Te mando las fotos por *WhatsApp* –lo que quería era colgar e irme al hospital.

–Gracias, chiquita. Si no se va tu mami hoy, mañana va a estar ahí contigo, y si es necesario, yo también me voy.

Capítulo treinta y tres

–Hola, muñeca –me dijo doña Hu abriendo con sigilo la puerta de la habitación ciento treinta y cinco del Centro Internacional de Medicina–, ¿no estás dormida?

–Hola, *amacita* –contesté amodorrada–. No, me despertaron bien temprano para hacerme estudios. Tenía que estar en ayunas –me incorporé para dejarme abrazar por mi mamá. De esos abrazos que sólo las mamás pueden dar, sanando cualquier dolencia interna y apaciguando el miedo y la perplejidad. Me besó la frente con profundo amor.

–A ver tus piernas –me pidió. Me quité las vendas lentamente para que apreciara los moretones en los que convirtieron las ronchas–. Estás mejor, Ninicíta. En las fotos que le enviaste a tu papi se te veían las piernas muy lastimadas.

–Sí, ya estoy mejor. Los medicamentos me hicieron efecto de volada.

–Gracias a Dios, muñequita. Como quiera te traigo los chochos que te envió el doctor Dinter.

–¿Qué dijo cuando vio las fotos? –le pregunté.

—Que no te apures; que no es nada grave. Dijo que con la homeopatía vas a salir adelante.

—Mamá —dije con tono de reproche—: no quiero ahorita tomar los chochos. Voy bien con las medicinas que ya estoy tomando. Después no voy a saber qué fue lo que me hizo efecto.

—No te apures. Vamos a esperar. ¿Cuándo te dan los resultados de los exámenes que te han hecho?

—No sé. No debe de tardar el doctor; me dijo que me veía hoy en la mañana.

Estuve tres días hospitalizada. El miércoles me dieron de alta. Aun así, la recomendación fue que permaneciera en reposo absoluto una semana más. Se descartaron todas las enfermedades posibles. Los resultados de los estudios estaban bien. Por una parte, era alentador que no tuviera leucemia, hepatitis o tuberculosis; pero por otra, no encontrar la causa de la enfermedad, me encrespaba. ¡¿Qué era lo que tenía?!

"La causa del cincuenta por ciento de las personas que padecen eritema nodoso, es desconocida", dijo el dermatólogo cuando no encontró indicio alguno de mi dolencia.

Ya en la casa, y con las medicinas, día a día iba mejorando. Con Jaime, doña Hu y doña Mary, me sentía mejor atendida que en el hospital. Aunque la comida del nosocomio era mucho mejor que la de doña Mary, la de mi mamá, superaba a ambas, por mucho. Unos días después, doña Hu se regresó a Chihuahua; tranquila de que ya estaba mejor, pero inquieta, al igual que nosotros, de que la causa fuera desconocida.

El sueño me venció una noche, antes de la última toma de la medicina del día. A la mañana siguiente, las lesiones volvieron a brotar «*Shit!* ¡La pastilla!». Me lamenté de haberla olvidado. Hablé al consultorio del doctor Blanco, solicitando que me atendiera con prioridad.

–Llega a las dos y media –me dijo la recepcionista–; te voy a hacer un espacio antes del primer paciente de la tarde.

–Pero eso quiere decir que no me estoy curando, que sólo tengo las ronchas controladas con las medicinas –le dije a Blanco una vez que me revisó y me dijo que obviamente el rebrote era por la falta del fármaco–. Lo que quiero es conocer la causa y curarme de raíz.

–¿Has estado en alguna caverna en los últimos meses? –me interrogó.

–¿Caverna?, ¿cómo caverna? –pregunté poniendo cara de signo de interrogación. Me imaginé a Vilma Picapiedra.

–Sí, algunas grutas a las que hayas ido.

¿Grutas? No, no solía frecuentar esos lugares y no asociaba su pregunta con la causa de mi padecimiento. Hice memoria con las pupilas indecisas perdidas hacia la izquierda.

–¿Grutas, como las Grutas de García? ¿Estalactitas y estalagmitas? –cuestioné frunciendo la frente.

–Exacto.

–En Semana Santa estuvimos en unas grutas en Belice, y en junio, en unas cavernas en la Riviera Maya –contesté tras mi flashazo mental.

—¡Ay, Helga! —resopló el doctor abriendo todavía más sus ojos saltones.

—¿Por qué?, ¿qué tiene qué ver? —pregunté desconcertada.

—Porque en esos lugares hay murciélagos.

—Sí, de hecho me acuerdo de haber visto algunos en las cavernas de Belice.

—Y el guano de los murciélagos, si lo respiras, puede causar un hongo en los pulmones; se llama histoplasmosis. Te voy a canalizar con un infectólogo para que le dé seguimiento a tu caso.

—¿Y la histoplasmosis produce el eritema nodoso? —indagué con el mismo desasosiego.

—Es una de las posibles causas; muy remota, pero dado que no hemos encontrado el origen, y que estuviste de paseo en esos lugares, la debemos de descartar. De cualquier manera yo te veo el lunes por la tarde, una vez que reciba el resultado de la biopsia.

—¿Hasta el lunes recibe el resultado? —inquirí ávidamente.

—Sí. Se tardan una semana en analizar la muestra.

—No —dijo Fillman, con absoluta seguridad—, no tienes histoplasmosis; eso le pasa a las personas que duran días dentro de las cavernas y que respiran por largos periodos de tiempo el hongo del guano. Esto no es eritema nodoso, esto es una alergia —más se tardó el infectólogo en atenderme, que en declarar su dictamen ante mis detestables e insistentes ronchas—. A partir de hoy vas a suspender todos los medicamentos que hayas tomado –colocó una de sus recetas en la impresora de inyección de tinta y una vez que se terminaron de plasmar las letras negras en la hoja verde, me la entregó, explicándome cómo tomarme cada uno de los nuevos medicamentos–. Si dices que el lunes te entregan el resultado de la biopsia, me la escaneas, para ver si te añado algún medicamento más –concluyó antes de despedirse con un cálido apretón de manos.

Estaba confundida: un doctor aseguraba que era eritema nodoso y el otro, que era alergia. No sabía si comprar el montón de fármacos recetados por Fillman si probablemente, el lunes que regresara con Blanco, nuevamente me iba a recetar remedios para el eritema. ¿Y si me tomo los chochos?, se me ocurrió. Mal no me harían.

–Muñeca, ¿cómo te fue con el doctor de las infecciones? –me preguntó doña Hu vía telefónica.

–Pues dice que es alergia; me recetó cinco medicinas diferentes y me dijo que el lunes que reciba el resultado de la biopsia, se la escanee para ver si agrega alguna otra medicina. No sé qué hacer: estoy pensando comprar las medicinas y, comoquiera, tomarme los chochos que me mandó el homeópata de Chihuahua.

–Me parece bien. Tómate los dos; los chochos no te van a hacer daño. ¿Y tus ronchas, cómo van?

–Igual, ni para atrás, ni para adelante... Después del rebrote han seguido igual; se volvieron a poner rojas.

–Ay, mi reina, qué angustia. ¿Quieres que me vuelva a ir?

–No, gracias, *amacita*; no es necesario. ¿Ustedes cómo están?

–Bien, andamos en el circo con Pablito. Está encantado con los elefantes.

Colgamos y, un minuto después, el teléfono volvió a sonar.

–Vas a ver que es mi papá –le dije a Jaime lanzándole una mirada de complicidad.

–¿Bueno?

–Chiquita, no compres las medicinas –me dijo mi papá.

–Comoquiera me voy a tomar los chochos que me mandaste, pero necesito algo que me apague las lesiones; están otra vez rojas y me duelen.

–Deja que el cuerpo expulse lo que tenga que expulsar. Esas ronchas que tienes son una respuesta de tu cuerpo a algo que te está causando daño, dales tiempo de que evolucionen y solas se te van a quitar. Deben de tener su proceso, pero si las controlas con medicinas, la intoxicación que tienes seguirá dentro de tu cuerpo y no te vas a terminar de curar.

–¡Papá, pero me duelen! –dije un tanto exasperada–. Quiero algo que me quite el dolor. ¡Para ti es muy fácil decir que me aguante, porque tú no las tienes; tú sí puedes caminar y hacer tu vida normal! ¡Yo ya quiero estar bien!

–*Mijita*, te están recetando cinco medicamentos. Es puro mugrero, pobre de tu cuerpo; el hígado lo va a resentir, es demasiado. ¡Deja que tu cuerpo sane solo! –dijo hilando la frase con una insistente exclamación–. Tómate los chochos; es medicina natural; date esa oportunidad. El doctor Dinter es muy atinado, toda la vida nos hemos curado con él y con el licenciado Turín.

—¡Papá, ya! ¡Tú y tus remedios naturales! Si funcionaran, desde cuándo que hubiera tenido un hijo.

—Es que eres muy desesperada; quieres que todo suceda rápido y la medicina alternativa no es así, el cuerpo requiere meses para responder.

—¡No manches, papá! Estuve con la homeopatía y el naturismo más de un año para tratar de embarazarme. ¿Cuántos años tengo que durar con eso para que funcione? ¿Cinco, seis? ¿Siete, el número cabalístico? ¡Siete días de la semana, siete colores del arco iris, siete pecados capitales, siete artes, siete notas musicales! ¿Siete años de naturismo para que la Niní se embarace? ¡No inventes!

Estaba encolerizada; no con él, con la situación. Comencé a llorar de impotencia, de ser ignorante ante el tema de la salud; de no tener a algún familiar que fuera doctor y que me asesorara sin intereses personales de por medio.

—¡El doctor Dinter y el licenciado Turín son los mejores especialistas del mundo! —contestó mi papá seguro de lo que decía, como si fuera un auditor que certificara médicos—. ¡Tienes que confiar en ellos! Si me das permiso, ahorita voy con Turín y también le enseño tus fotos. Vas a ver que te van a sacar adelante. Yo estoy convencido de que la homeopatía es muy buena medicina; el naturismo, también, pero los dos juntos, son una maravilla.

—No sé —gemí más tranquila, tragándome las lágrimas—. Tengo miedo de empeorar.

—Sí, mi chiquita, yo sé. Y lo más seguro es que en los primeros días así suceda. El medicamento homeopático es una pequeña dosis de lo que tienes; te va a hacer efecto para que el cuerpo termine de expulsar lo que tenga que salir, pero en dos días vas a notar el cambio. Te vas a curar sin efectos secundarios —su tono se tornó cariñoso y convincente.

—Ok, háblale al licenciado Turín —accedí limpiándome los mocos con un *kleenex*—, pero ya sé lo que te va a decir, que tengo el colon inflamado y que haga tres días de ayuno con frutas.

Empecé con la homeopatía. Necesitaba dormir, pero faltaban horas para que anocheciera, y, en ese momento, no me apetecía. Estaba muy ocupada revisando cada cinco minutos mis piernas, evaluando el color y la cantidad de las ronchas.

—Chiquita, ya fuimos tu mami y yo con el licenciado Turín. Le enseñamos tus fotos y lo que te dijeron los doctores. Dice que tienes el colon inflamado. No te mandó ningún día de ayuno. Le voy a tomar una foto a la hoja con las indicaciones que tienes que seguir y te la mando.

—Ya sé lo que dice esa hoja, papá: jugo de zanahoria todos los días, aceite de oliva, aceite de ricino untado en el área afectada, semillitas de calabaza, fruta ácida antes de cada comida, no harinas, no azúcares, no carnes rojas, blablablá.

—Sí —dijo mi papá, riendo—, pero además te está

recetando cuatro cápsulas de arcilla en ayunas durante cuarenta días.

–¿Y de dónde voy a sacar las cápsulas de arcilla? –pregunté sarcástica.

–En cualquier tienda naturista. Agárrate la Sección Amarilla y habla para preguntar si tienen y si sí, que Jaime te las compre. Si no consigues, yo te las compro acá en La Pirámide y te las mando el lunes a primera hora. Pero por lo pronto, ve siguiendo las instrucciones de la hoja y no dejes de tomar los chochos. Mañana hablamos para ver cómo amaneciste.

Al día siguiente las ronchas permanecían, pero al menos, se tornaron nuevamente como moretones. No se reprodujeron. Eran las mismas, del mismo tamaño, en los mismos lugares, pero ya no estaban enrojecidas. Si ya había dejado los medicamentos y no empeoré; era buena señal. Seguí al pie de la letra las indicaciones de Turín y continué con la homeopatía.

Permanecí en reposo. La espalda la tenía hecha pomada. El recogimiento me tenía bomba y moría por salir y tomar aire fresco. No estaba acostumbrada a estar tanto tiempo encerrada, aunque no faltaron las visitas de mis suegros, cuñadas, compadres, compañeros del trabajo y amigos cercanos. Todos llegaban con cosas deliciosas para comer: manzanas cubiertas de chamoy, chocolates, dori-nachos, nieve y hasta pizza.

–Gracias, ahorita no tengo hambre, al ratito me lo como –decía.

Se me hacía agua la boca, pero mi dieta naturista me impedía comer todas esas tentaciones. Jaime fue quien se papeó. La única que le atinó fue Paty, quien se aprontó con una preciosa bolsa transparente con mangos, manzanas, peras y naranjas. Me cayeron de perlas.

Era lunes, el día de la cita con el dermatólogo para la entrega de los resultados de la biopsia. Mi mejoría fue notoria. Sin embargo, me comenzaron a doler las articulaciones de una manera atroz. Las muñecas, la cadera, las rodillas, los tobillos: todo me dolía. Caminaba como viejita o como si hubiera montado un percherón durante seis horas seguidas.

No le comenté al doctor Blanco que había dejado los fármacos y que estaba con medicina alternativa. No se le caería el pelo, ya no tenía; pero sin duda me reprendería. Los alópatas no creen en lo alternativo. Sólo le mostré la receta que Fillman, el infectólogo, me expidió.

–Dijo que no tengo eritema nodoso y también descartó lo del hongo del guano; dice que es alergia –le comenté a Blanco cuando me preguntó sobre el dictamen de Fillman. Blanco leyó la receta que le mostré y tachó todos los medicamentos, sólo coincidió en uno.

–Este sí te lo puedes tomar; los demás, no, –agradecí no haberlos comprado.

La enfermera le acercó el sobre cerrado del laboratorio en donde venía el resultado de la biopsia. Yo estaba nerviosa. ¿Qué si decía que tenía cáncer? Mis palpitaciones se aceleraron mientras abrió y leyó la carta. Una vez que terminó de leerla para sí mismo, la leyó en voz alta: "Espécimen: piel de pierna derecha. Diagnóstico: Paniculitis septal compatible con eritema nodoso".

Suspiré aliviada de que no dijera algo peor.

–Ahí está. Sí es eritema nodoso lo que tienes – expresó como diciendo que él infectólogo era un inepto. Le externé mi dolor de las articulaciones.

–Es normal; parte de los síntomas del eritema es el dolor en esas partes del cuerpo.

–Pero en un inicio no me dolían –me quejé.

–Así es esta enfermedad –dijo con aires de notario público–. No todos los síntomas aparecen al mismo tiempo es normal que en una segunda etapa se reflejen este tipo de dolores. *Ibuprofeno* 400, uno cada ocho horas. Si el dolor persiste, te tomas dos. Y una semana más de reposo absoluto.

–¿Una semana más? –pregunté abriendo los ojos, casi tan grandes como los de él–. No, ya tengo que ir a trabajar.

–Esta enfermedad se cura con reposo. Pídele a Nancy que le haga un comprobante por una semana más a Helga –le dijo a la enfermera.

Ya llevaba tres días con la homeopatía e inicié con el naturismo, que es lo más difícil: iniciar. No compré el Ibuprofeno. Decidí hablarle a Turín para que me diera un remedio natural que contrarrestara mis dolores.

–Tome medio vaso de jugo de papa –me dijo, tras preguntarme cómo seguía.

–¿O sea, corto la papa y la pongo a reposar en agua? –pregunté ignorante.

–No. Se hace un jugo de papa con el extractor. ¿Tiene extractor?

–Sí; licenciado. De hecho me he estado tomando el jugo de zanahoria por las mañanas.

–¡Qué bueno! ¡Qué bueno! Va a ver que pronto se compone, ¿eh? Usted es ácida por naturaleza y muy aprehensiva, igual que su mamá. Hay que alcalinizar el cuerpo. Lo que tiene es ácido úrico; por eso los dolores. Pero va a ver que pronto se compone, ¿eh?

Jaime preparó mi medio vaso de jugo de papa. Lo bebí de un sorbo, para evitar el sabor a nada crudo. A los quince minutos mágicamente pude mover las muñecas y los tobillos con libertad. Los dolores de la cadera y las rodillas también desaparecieron.

–Mañana voy a ir a la oficina –le dije a Jaime–, ¿me llevas para no manejar?

–¿Estás segura? El doctor Blanco te dijo ayer que una semana más de reposo.

–Ya sé, pero no voy a estar caminando. Voy a quedarme en la oficina y voy subir las piernas en una silla. Te prometo que no me voy a mover.

Por la mañana me tomé el agua de papa, para aliviar los dolores que se agudizaban al amanecer. Llegué feliz a mi trabajo. Coloqué un cojín en la silla y me instalé, lista para reanudar actividades.

–¿Cómo estás? –me preguntó Matías cuando me vio en mi oficina.

–Mejor, gracias –le contesté desde mi escritorio, con las piernas horizontales–. Voy a estar en esta posición porque se supone que todavía debo de estar una semana más en reposo.

–¿Y qué haces aquí?

–Pues ya. No tiene caso que esté en mi casa. Estoy mejor. Las juntas las voy a tener por videoconferencia para no moverme de la oficina.

–¿Y qué te encontraron?

–¡Nada! –contesté frustrada.

–¿Cómo que nada?

–Mil estudios y todos salieron negativos.

–Le voy a hablar a Elisa para ver qué más información nos puede dar sobre esta enfermedad.

Después de media hora regresó Matías a mi lugar de trabajo.

–Te vas a tu casa –me dijo enfático.

–¿Qué?

–Dice Elisa que para que te recuperes tienes que estar en reposo.

–Pero aquí estoy tranquila, no me voy a mover.

–Piénsalo, como tú veas, pero yo te recomiendo que te vayas a tu casa para que te mejores pronto. Es importante que sigas las instrucciones del doctor.

Durante el día, estar en mi escritorio con las piernas horizontales, me resultó cansado y me seguía molestando el roce del pantalón. Al finalizar la jornada, le dije a Matías que el resto de la semana la trabajaría desde mi casa, que le tomaría la palabra para recuperarme más rápido.

Jaime me subía el desayuno antes de irse al trabajo; la comida a las dos de la tarde, y, en la noche, la cena. Durante mi reposo, a ratos hacía pendientes de la oficina, a ratos leía, a ratos escribía, a ratos veía la televisión, a ratos pensaba y a ratos recibía o hacía llamadas telefónicas.

Mi suegra y mis cuñadas estuvieron todo el tiempo al pendiente. Ellas, y algunas amigas, con afecto se ofrecieron para hacerme el supermercado, ir a la farmacia o a cualquier mandado que necesitara. Yo declinaba sus ofrecimientos aunque el refrigerador cada día estaba más vacío y tenía pendientes de ama de casa por hacer, me daba pena molestarlas. No quería ser una carga para nadie. Sabía que cualquier cosa que se pudiera necesitar, Jaime, al salir de su trabajo, la realizaría.

Cuando mi marido llegaba a la casa y terminaba de asumir mi rol en ciertos pendientes hogareños, veíamos la serie *The Tudors*.

—Yo creo que después de este dichoso eritema que te salió, está más que claro que el *in vitro* en el D.F., lo posponemos. Es más, lo cancelamos a la fregada —me dijo Jaime una noche, mientras nos preparábamos para dormir.

—Posponerlo, de hecho —le contesté aplicándome en los labios barra humectante—. Ya le mandé un correo al ginecólogo explicándole que me diagnosticaron eritema nodoso y que estoy en tratamiento; que dejaríamos el procedimiento para más adelante. No le especifiqué fechas. Ni siquiera sé cuánto tiempo me vaya a durar este hechizo.

—El dermatólogo dijo que el eritema también es causado por algunos medicamentos —dijo Jaime—. Me ha pasado por la mente que a lo mejor todo el mugrero que te inyectaste te lo provocó.

—Sí —contesté—. Doña Hu opina lo mismo. Pero la verdad, no creo; hace ya un año que me inyecté para el último *in vitro*.

–¿Pero cuánto medicamento no te has metido ya, flaca? No quiero que te expongas. Por mí, cancelamos el *in vitro*.

–¿Estás seguro? Eras tú quien decía que debíamos de hacer el último intento; que no quedara por nosotros...

–Sí, pero ahora con esta enfermedad que te dio, ni loco te arriesgo. Quiero que ya te recuperes; que estés al cien. No me voy a exponer a que te pase algo por necio, como el idiota de Enrique VIII –dijo haciendo referencia al protagonista de *Los Tudor*.

–¿Por qué, no te entiendo?

–El estúpido estaba obsesionado por tener un hijo varón. Tiene a varias esposas que no se lo pueden dar; y cuando por fin encuentra a una buena mujer, que lo ama, que lo hace feliz y que le da a ese niño que tanto quería para que continuara la dinastía, ella se muere. Tuvo a su hijo, pero se quedó sin su esposa...

–Que me digas eso, es un alivio –dije con una sutil sonrisa–. La verdad yo ya no estaba segura de querer hacerlo. Lo iba a hacer por ti.

–No, bonita. Después de este susto, no pienso ponerte en peligro.

–Ok, ¿entonces quedamos en que ya no vamos a hacer el *in vitro*, ni vamos a buscar el óvulo donado, ni vamos a adoptar?

–Exacto, a la goma todo. Te prefiero mil veces a ti, a mi compañera de vida, que a un hijo, forzando la situación. Hay que saber apretar la tuerca sin barrer el tornillo –expresó con su término ingenieril.

–Porque no quiero que a la vuelta de los años te arrepientas y me vayas a reclamar que yo no quise o que por mi culpa o no sé. ¿Estamos en mutuo acuerdo?

–A menos que tú quieras lo contrario.

–No. Quiero esto. A nosotros –contesté segura, acercándome a su lado de la cama y embarrando sus labios con ChapStick.

Capítulo treinta y cuatro

Aún debía permanecer en reposo y, en los momentos en los que estaba sola en la casa y presionaba el *off* en el control de la televisión o dejaba de lado algún libro, a ratos pensaba, a ratos me deprimía, a ratos intentaba meditar y a ratos lloraba.

Lágrimas serenas, sin dramas, sin chillidos de loca. Desde mi cama, con tres almohadas bajo mi espalda, veía a través de la ventana el despejado cielo azul, la frondosa bugambilia color salmón y la palmera del vecino, que me remitía al caribe. ¿Qué diablos tenía? ¿Qué me había provocado esas ronchas inmundas que me tenían fuera de combate?

Si las señales del destino, de Dios o del universo existieran, podría considerar mi eritema nodoso como eso: una señal. La enfermedad me vino justo las fechas en las que teníamos programado el cuarto *in vitro*. No me encontraron ninguna causa, por lo que mi padecimiento fue idiopático. ¿Habrán sido la *Folitropina* y demás medicamentos que estimularon mis ovarios los que me lo provocaron? ¿Fue mi cuerpo que reaccionó psicosomáticamente? En algún lugar de la red leí que el eritema puede ser psicosomático. Según Wikipedia: *El psicosomatismo es un proceso de origen psíquico que tiene influencia en lo corpóreo.* ¿Mi psiquis desarrolló la enfermedad como defensa ante el invasivo tratamiento al que estaba a punto de someterme? Como diría algún personaje cómico de la televisión mexicana: nadie sabe, nadie supo.

Más días de incapacidad y más tiempo para pensar. A mis treintas, en el estado de dependencia en el que me encontraba, me sentía una inútil. Pensé en todas aquellas personas enfermas que sufren algún accidente o tienen una dolencia mayor, en la que ni siquiera se pueden levantar al baño y que además, viven en condiciones precarias. Esa sí que no era vida. Al menos tenía el amor y los cuidados de mi marido; un digno techo con aire acondicionado y calefacción, por lo que el problema del infernal y gélido clima de Monterrey no me incomodaba; tenía comida y el cariño de mis seres queridos. Era muy afortunada. Jodida, pero afortunada. Sabía que mi padecimiento era temporal y que conforme pasaran los días, recuperaría la salud y podría volver a realizar mi vida.

Aun así, el miedo me invadió. No pude evitar pensar en mi vejez. Esa etapa en donde comienzas con algún achaque y de ahí pa´l real, todo es de bajada. Me entristecí. Me visualicé en la década de mis ochenta años, por ejemplo. Una edad en la que, si Jaime fallecía antes que yo, no tendría a nadie más que me atendiera en caso de enfermedad. Mis papás y mis suegros probablemente estarían ya en aquel paraíso eterno y prometido en el que ellos creían. Mi hermano, en otra ciudad. Mis cuñadas y amigas tendrían sus vidas y achaques propios. A mis sobrinos no les correspondería hacerse cargo de mí. ¿Qué diantres haría yo cuando todavía no estuviera tan amolada para estar en un asilo, pero sí enferma, que ocupara atención?

Más días y menos roña. Seguí con remedios alternativos que me dieron excelentes resultados. Mis piernas ya estaban limpias, nunca me había visto el área pretibial tan reluciente, siendo que siempre había estado así, mas nunca había reparado en ello. Era de esas cosas que tenemos y que damos por sentado que siempre van a estar bien, hasta que las vemos mal y caemos en cuenta de lo bien que estaban antes.

Extrañaba moverme con libertad. Extrañaba ir al gimnasio, jugar tenis, agacharme, vestirme con rapidez y desvestirme para hacer el amor. Al pobre de mi marido lo tenía en ayunas. Conforme iba mejorando, le iba levantando el ayuno; pero, en un inicio, era yo como una muñeca inflable. ¡Qué cosa!

Cuando reanudé mis sesiones con Martín, le comenté del estado deprimente del que fui presa y del terror que sentí de enfermarme de esa manera, siendo viejita.

—A ver —le dije a mi terapeuta–, supongamos que usted está en sus noventa años, no tiene hijos y, su esposa, ya falleció. ¿Qué haría si por ejemplo se quiebra una pierna?

–Le hablo a una ambulancia –dijo impasible.

–Bien. Pero supongamos que está usted solo en su casa, se resbala al salir de la regadera y queda intrincado. La lesión le impide moverse incluso para alcanzar el teléfono y hablar a la ambulancia. ¿Qué hace?

–No –continuó apacible–. Cuando ya esté en esa etapa, ya voy a estar en un asilo.

–Bueno –insistí–, imaginemos el mismo escenario, pero usted está más joven. No sé, setenta y cinco años. A esa edad no va a estar en un asilo; puede caminar perfecto, su estado de salud es bueno, es autosuficiente, pero se quedó viudo y sus hijos viven lejos. De pronto, tiene un accidente o una enfermedad en la que lo tienen que hospitalizar. ¿Qué hace?

–Ya te dije, le hablo a una ambulancia y que me lleven al hospital para que me atiendan.

–¿Se iría al hospital solo? –pregunté alzando una ceja e inclinando mi torso hacia enfrente. Parecía que estaba yo interrogando a un delincuente para tratar de desenmascararlo.

–Sí. Solo.

Este malechor o sabía mentir muy bien o era inocente.

–Qué deprimente tener que hablar usted mismo para irse solo al hospital. Iría solo en la ambulancia. Estaría solo en la habitación.

–O le hablo a algún amigo, compadre, primo, vecino. Siempre hay alguien dispuesto a ayudar –dijo ablandándose un poco.

–Ese es el problema –le dije como si hubiera

dado en el blanco. Apoyé mi torso en el diván y acomodé las manos en los descansabrazos–: a mí no me gusta pedirle favores a la gente. Cuando es tu esposo, papás o en dado caso, hijos, pues lo hacen porque te quieren, porque tú lo harías por ellos; de alguna manera, porque les corresponde. Pero cuando no hay un vínculo familiar, me cuesta trabajo pedir favores de ese tipo. Favores normales, pues equis, pero favores que impliquen tiempo para ellos y de alguna manera, sacrificio, no puedo, no me gusta.

–¿Por qué?

–No sé –contesté alzando los hombros–. Y lo confirmé ahora que estuve enferma. Varias personas se ofrecieron para hacerme el supermercado, ir a la farmacia o ayudarme con algún pendiente que tuviera: ir a la tintorería o minucias de ese tipo; y no, aunque sí tenía la necesidad, me daba pena molestarlos.

–¿Tú no lo harías por ellos?

–Sí, claro que sí. Pero para mí no significaría ningún sacrificio.

–Para ellos tampoco –dijo con su tono letárgico pero firme–. Hay gente que está esperando hacer favores para sentirse bien, para sentirse útiles. Si se ofrecen, es porque están dispuestos a hacerlo por ayudar.

Me quedé meditabunda. El cuadro colgado en la pared que me quedaba de frente atrajo mi vista. Esa mujer que se sentía presa de sí misma, de un lado encarcelada y, del otro, libre. Martín se quedó en silencio. Sabía que mis necias e ilusas neuronas estarían entramando alguna ideología, quizá interesante o tal vez mentecata.

–Bueno, pero de todas formas, qué deprimente estar solo –continué diciendo, insaciable.

Lo más seguro es que mi psicólogo ya advertía ese mentecato comentario de mi parte. Me gustaba machacar el tema desde distintos ángulos.

–Es diferente estar solo a sentirse solo –dijo él.

Ahora fui yo quien permanecí callada para que continuara con su idea.

–Puedes estar rodeado de gente y sentirte solo o, puedes estar solo y no sentirte solo. Es diferente estar solo, a sentirte solo.

Ya veía venir algún comentario perspicaz que pareciera trabalenguas y que tuviera el objetivo de que mis neuronas por fin conectaran creando chispas bioluminiscentes. El silencio imperó de nuevo. Eran frases sencillas, que cualquiera podría pensar, pero pocos lo hacíamos y, menos aún, pocos las atomizábamos.

–¿Entonces me tengo que mentalizar para saber que voy a estar sola en el hospital? –dije, como si no fuera obvio lo obvio.

–Así es. Tienes todavía varios años para mentalizarte, como tú bien dices.

–Ok. Pero ahora supongamos que usted ya salió del hospital. Ya está otra vez en su casa, pero necesita estar en reposo. No puede atenderse solo. ¿Qué hace?

Una niña de ocho años ya hubiera dejado el tema por la paz. Una pinta e inmunda mula era menos terca que yo; pero ahí seguía: *ñingui, ñingui, ñingui.*

–Contrato a una enfermera –dijo Martín, despreocupado. Sus respuestas eran tan inmediatas, que pareciera que tenía una metodología ya prevista para cada caso que se suscitara en su futuro.

–¿Cómo que contrata a una enfermera? ¿O sea, usted solito marca, no sé, a alguna agencia de enfermeras y les dice: Hola, me manda a una enfermera para mí mismo? –dije ridiculizando la voz mientras simulaba sostener un teléfono en la mano.

–Ajá –dijo con el mismo tono inexorable, encogiendo los hombros.

Chin..., ninguna respuesta era debatible. En esa situación cualquier persona sola lo haría. Un extenso cortejo de dudas desfilaba en mi mente. Dejé salir un suspiro como diciendo: no, *pos tá bueno*.

–Tienes que hacer un plan de jubilación emocional –terminó diciendo mi psicólogo, antes de que el tictac anunciara el final de la sesión.

***

Tengo que hacer un plan de jubilación emocional, me repetí estando atorada en el tráfico de Gonzalitos.

Una cosa tenía ya muy clara: mi senectud, cuando ya no fuera autosuficiente, la pasaría en un asilo.

Recordé los asilos de ancianos en los que realicé mi servicio social. Deprimentes era una palabra benévola para describir esos lugares: viejitos amargados, porque sus hijos no los visitaban; viejitas ansiosas de ser escuchadas; abuelitas listas para jugar a la lotería; ancianas rezando el Rosario. Todos en una sala común y ésta con un común denominador: olor a orines. Las habitaciones y los baños eran compartidos. Poca o nula privacidad en esos sitios. Las enfermeras, mal encaradas, hacían que, a fuerzas, los tercos viejitos abrieran su boca para que la gelatina de hacía dos días llenara su estómago. Los muebles viejos y apestosos. Sillones con el relleno de fuera, camas con los resortes cubiertos por sábanas percudidas, pisos con días de no ser trapeados.

No. No era eso lo que quería para mí. Quería un lugar digno, limpio, con trato amable. ¿Qué necesitaba? Plata.

Injustamente, los buenos lugares, cuestan. No es justo que porque uno tenga más dinero, sea mejor atendido. No, no es justo; pero me di cuenta de que no sólo tenía que hacer un plan de jubilación emocional, sino también un plan de jubilación económico.

No me asustaba compartir con otros viejitos, al contrario, me gustaba esa idea; con certeza sería quien organizaría las fiestas clandestinas de la tercera edad o la típica viejita de las películas que maneja sin permiso el camión amarillo y se lleva a todos los abuelos a dar un paseo, obvio, sin el permiso de la administración. Ese era el chiste: retar a la autoridad. ¿Y por qué no? Recoger a viejitos huérfanos que estuvieran deambulando en la calle para llevarlos al asilo y que nuestras elevadas cuotas subsidiaran las de ellos.

¿A quién le hablarían para decir que su mamá

estaba loca y que estaba violando las reglas del recinto? ¡Ja! ¡No tendrían a nadie en la lista de contactos! ¿Me expulsarían sabiendo que nadie me recogería? Si así fuera, estaría entonces sentada en la banqueta junto con los otros viejitos huérfanos a quienes recogí durante el paseo, esperando a que llegara un camión amarillo a salvarnos y nos aceptaran en un paradisiaco lugar, sin discriminaciones.

Si quieres llegar a la mesa puesta
nadie te la va a poner
lo que no hagas por ti mismo
nunca nadie lo va a hacer.

Jaime rascaba las cuerdas de su guitarra cuando entré en mi domicilio. Me deshice de las llaves y de las cosas que traía en la mano. Bailé con gracia, como era mi costumbre, cada vez que llegaba y mi marido se encontraba practicando la lira y cantando.

El chiste no es llegar hasta arriba
sino quedarse ahí toda la vida
pero es difícil, difícil poder llegar.

Casi siempre mi baile terminaba por desconcentrarlo arrancándole algunas carcajadas, pero, en esta ocasión, opté por dejar de payasear para sentarme a su lado y unirme a su voz. Él sólo sonrió y continuó con la entonación de *El Tri*.

El hambre es gruesa y no perdona
raza o nacionalidad
coge parejo sin importarle
color, sexo o edad.

CAPÍTULO TREINTA Y CINCO

–¿Qué ha habido, compa?

–¿Qué onda, mi Jimmy? ¡Cuánto tiempo!

Jaime se encontró a un compañero de la primaria y secundaria cuando surtíamos la despensa en el supermercado.

–Mira, te presento a mi esposa –dijo mi marido colocándome su mano en la espalda.

–Angélica, mucho gusto –le extendí la mano para saludarlo y me jaló para darme un beso. En el carrito tenía sentado a un precioso niño de exquisitas facciones y ojos color cielo que me cautivaron.

–Qué hermoso tu hijo –no pude evitar decir–. ¿Cuántos años tiene?

–Acaba de cumplir dos. ¿Y ustedes, cuántos hijos tienen?

–Ninguno –contestó Jaime.

–¿Tienen poco de casados?

–Ocho años –dijo mi esposo abrazándome por la cintura.

–Ah, pues ya vendrán los hijos pronto –comentó con el tono de consuelo que yo tanto satirizaba.

—Así estamos bien –dijo Jaime sonriendo, ecuánime.

—N'ombre, no hay que perder la esperanza.

—No –contesté tajante–, no vamos a tener hijos, no tuvimos esa fortuna.

—Bueno, los tiempos de Dios son perfectos: llegarán cuando tengan que llegar –insistió.

—Ya pasamos esa etapa –dije forzando la risa.

—La fe en Dios Padre mueve montañas. Ya verán que cuando menos lo esperan tendrán a sus hijos –no le quedaba clara nuestra respuesta e insitía con sus argumentos apoyados en la fe.

En ese momento llegó la esposa. El *homo sapiens* la ignoró, apenas y la volteó a ver. Inferí que era su cónyuge, porque colocó en el carrito leche Nido y paquetes de pañales. Traía una cangurera colgada en el frente con un bebé como de seis meses y otro niño de unos cinco años, llegó junto con ella e intentó subirse a la parte trasera del carrito.

—¡Bájate, Tony! –lo tomó del brazo y lo jaló con brusquedad–. Ya te dije que si no te portas bien, te voy a dar unas nalgadas –susurró entre dientes, pero con evidente coraje.

La mujer llevaba puesto un fachoso vestido amarillo, iba peinada de chongo con la mitad de los pelos de fuera y sus ojeras evidenciaban su cansancio.

—Vámonos, Antonio –le dijo en un tono militarizado a su esposo, quien se despidió con un glacial estrujón de mano. «¡Sale bye, hasta nunca!».

—¿Qué onda con tu amigo? –le pregunté a Jaime, al hacer fila para que nos rebanaran el queso.

–Ya sé, bastante insistente.

–¿Gusta probar?

–No, gracias –le contesté a la señorita de Tangamanga cuando nos acercó la charola con jamones y pimentón.

–Yo sí –contestó mi marido tomando dos mondadientes con cuadritos de las muestras.

–Qué lástima que aquí en México la mayoría de la gente no está preparada para aceptar que una pareja no tiene hijos. Pareciera que vivimos en una sociedad retrógrada y prejuiciada –dije con chispas de reprobación en mis pupilas–. Hasta ganas me dan de agarrar un altavoz y decir: "A ver sociedad: existimos personas que no podemos o no queremos tener hijos, ¿algún problema? No por eso soy menos mujer ni menos feliz, ahórrense sus caras de compasión" –comenté gesticulando como si estuviera sobre un pódium delante del pueblo.

–¿Viste la carota de la esposa? –dijo con el segundo jamón de muestra rumbo a la boca.

–Sí, además, hay quien no termina de entender que los hijos, a fin de cuentas, son prestados. Luego se casan y ahí andan las mamás, deprimidas, con el síndrome del nido vacío porque giraron toda su existencia con base en sus hijos, olvidándose de su esposo y de ellas mismas.

–Deja tú, en una de esas, cuando se casan los hijos, ya ni se llevan bien con el esposo de tanto tiempo que estuvieron nada más al pendiente de los niños. Después de veintitantos años se voltean a ver y dicen: Ah, caray, ¿aquí estabas? –terminó haciendo un gracioso gesto que me hizo reír.

—Creo que si tuvieron la bendición de tener hijos, es porque, en parte, esa es su vocación: que la hagan bien, que la disfruten, que valoren que tienen algo que millones de parejas anhelan y buscarían hasta en el infinito. Claro, cualquiera diría que para mí es muy fácil decirlo porque no tengo hijos o la típica que dice que no puedo opinar porque no sé lo que es ser mamá, pero pienso que las mujeres tenemos más capacidad de la que aprovechamos, incluyéndome.

—Pues a ti, como te dijo Martín: probablemente aportes más a la sociedad así, que cuidando hijitos.

—Me da doscientos cincuenta gramos de queso gouda en rebanadas, por favor.

Capítulo treinta y seis

Entré en el local de Punto Central buscando a Ángeles, con quien hablé un día antes para preguntar sobre el grupo, y lo que necesitaría para ser parte de él. La ubiqué de inmediato: sentada en la esquina izquierda, en una de las sillas que estaban acomodadas en forma de U. Sobre una de las mesas con mantel verde oscuro hasta el piso, tenía su computadora y algunos papeles en perfecto orden. Me presenté con ella, quien me recibió con calidez y me invitó a que me sentara donde quisiera.

Algunas de las otras personas ya habían llegado. Saludé con un buenas tardes, mismo que fue respondido de manera amable. Poco a poco, se fueron integrando los demás miembros del grupo, y, a las siete en punto, llegó la persona que lo lideraría, saludando a todos de forma amigable. Cuando llegó a mi lugar, me estrechó la mano y me dijo: "Bienvenida".

El guía se colocó en su asiento negro ergonómico. Si la U formada, por las sillas y las mesas, tuviera diéresis, él sería uno de los puntos, en este caso, sólo existía un punto. Sólo una persona asesoraba a los demás como él lo hacía, con esa capacidad de escuchar, apuntar, corregir, confundir y cuestionar, al mismo tiempo de guiar a los que descubrimos en la escritura una forma de expresar nuestros sentimientos y pensamientos.

—Hola, me llamo Helga —dije después de que Felipe me miró con sus intensos ojos azules, pidiéndome que me presentara.

Él estaba sentado con las piernas cruzadas en forma de mariposa sobre el asiento, sin importar que la suela de sus zapatos pudiera mancharlo. No le importaba nada que no emergiera de nuestra mente; no le importaba si había una tormenta y no traía paraguas; no le importaba si los del local de al lado pintaban con cubetazos negros las paredes blancas; no le importaba si vestíamos con traje sastre o con bermudas y patas de gallo; se interesaba por lo que éramos capaces de pensar y de crear.

—¿Qué esperas de este taller? —me cuestionó.

—Espero que me asesoren. Espero aprender.

—¿Traes algún proyecto en mente? —su voz era tranquila, pero dejaba ver que en su vida, imperaba la hiperactividad.

—Sí, mi esposo y yo somos infértiles. No está padre cómo la sociedad te presiona o te trata de discapacitado cuando le dices que no tienes hijos. La gente te ve con lástima, como si te faltara algo, como si buscaras consuelo comentan: "No te apures, al rato pega. Dios sabe cuál es el mejor momento". Opinan sin saber lo que hay detrás de cada pareja –terminé haciendo un aspaviento, desorbitando las pupilas–. Quiero narrar mi historia.

–Aplausos para Helga –dijo el experto en literatura cuando terminé de hablar. El grupo unió con sonoridad sus palmas para hacerme sentir bien, de la misma manera en la que yo lo haría cuando alguien más expusiera su proyecto.

Se puede decir que la conversación que tuvimos con el amigo de Jaime, en el supermercado, fue la gota que derramó el vaso para que me animara a escribir al respecto. Como víctima de la infertilidad conocía la espiral en la que se sienten los matrimonios durante la búsqueda. Miles de parejas lograron su sueño a través de algún tratamiento médico. Otras lo encontraron con alguna ayudadita alternativa. Muchas más satisficieron esa necesidad adoptando, y algunas, como nosotros, por diversas causas o situaciones, decidieron no ser padres. Todas las opciones muy válidas y respetables.

Pero no sólo están los maridajes que se inclinaron por alguna de las disyuntivas anteriores. ¿Cuántas aún están inmersas en esa desgastante búsqueda? ¿Cuántas tienen ya a un hijo y están desconcertados por que no llega el segundo? o ¿Cuántas terminaron por divorciarse dándole mayor peso a tener descendencia que a tener un compañero de vida?

Sentí la necesidad de relatar mi historia, no de vender ideas, sino de romper ese tema que en nuestra sociedad es tan común y tan tabú a la vez, y del cual se habla con términos médicos, en la mayoría de los casos. ¿Pero qué hay tras bambalinas? O, ¿qué hay detrás de cualquier búsqueda? Tener un hijo fue mi búsqueda, y mi obstáculo: la infertilidad. Es esa pesquisa afanosa que poseemos todos y que en otros casos puede llamarse de otra manera.

No todas las historias han de terminar con el final de cuento de hadas que malamente nos infiltraron en el: *Y vivieron felices para siempre*. ¡Qué carajos! La vida no es así, pero al final del balance es, en ese trayecto, en ese laberinto, en el que nos encontramos con nosotros mismos, conocemos nuestros límites, establecemos prioridades y, si no acertamos en lo que buscamos, al menos nos tropezamos con el discernimiento de la existencia. Quizá no éramos una pareja que intentaba tener un hijo, éramos una pareja que trataba de encontrarle sentido a la vida.

¿Pudiera seguir intentando quedar embarazada? Sí, tengo treinta y cinco años, aún estoy a tiempo. ¿Eso me garantizaría un resultado positivo? No. ¿Podría aplicar para adoptar? Sí. ¿Eso me aseguraría la felicidad? No sé. ¿Podría seguir lamentándome toda la vida y preguntándome qué hubiera pasado? Sí, ¿eso me avalaría algo? Sí: ser miserable por anhelar lo que no fue, seguir flagelándome, continuar estática. ¿Habrá quien me juzgue? Esa no debería de ser pregunta, debería tener el tono de una afirmación. ¿Me importa? No; me vale un cuerno.

Tuvimos que tomar una decisión y cerrar ese capítulo en nuestras vidas.

Sanar, avanzar.

No nací para estar en un hoyo negro con paredes chorreadas de amargura. Decidí no vivir el resto de mi existencia rebosada de lamentaciones. A diferencia de algunos años atrás, ahora, en las calles de la ciudad, los encuentros con la milicia son cada vez más esporádicos, rara vez me detiene algún retén y las colisiones narco-policiacas, para bien de todos, han disminuido. Aun así, las pocas veces en las que de forma circunstancial me he visto frente a una ametralladora, mi piel se eriza. Les he vuelto a cobrar respeto, tal vez el mismo respeto que ahora le tengo a *la* vida, a *mi* vida. Ni de broma deseo que me traspase el plomo, como cuando lo ansiaba con aquellos pensamientos destructivos que me llevaron a buscar apoyo psicológico.

Opté por aceptar, por voltear al cielo y agradecer todo lo bueno que tengo y lo que puedo hacer con ello.

Cuando niña, por ahí de los once años, disfrutaba leer novelas de suspenso; me gustaba escribir. Quería contar alguna história. La protagonista sería una mujer, vestida con una gabardina beige, caminando en la oscuridad. Locación: Venecia. Esta mujer se toparía con un misterioso hombre de sombrero e intercambiarían códigos secretos para desenmascarar a algún mafioso y, en el *inter*, se enamorarían. Tomé mi libreta de Hello Kitty y comencé a escribir. No llegué a la sexta línea cuando me bloqueé y pensé que no podía describir Venecia si nunca había estado ahí. En aquel entonces, mi única fuente era la enciclopedia; ni soñar con el Internet que hoy nos permite obtener información en cuestión de segundos. Cerré la libreta y pensé que si quería hablar de algo, tenía primero que conocerlo. Quería una historia con personajes y lugares reales. No tengo ninguna historia interesante qué contar; necesito viajar y vivir más, me dije en aquel entonces, y mis escritos se redujeron a guiones de teatro para las obras que montaba en el rancho de mi Tito.

Había dejado de perseguir muchos de los sueños que tenía de pequeña, por estar envuelta en lo que los cánones de la sociedad me dictaban: estudiar, conseguir trabajo, conseguir marido, tener hijos, ser mamá.

Fue hasta ahora que pensé que tenía algo interesante para contar. Viví y viajé en esa búsqueda, en donde la protagonista era yo. Decidí abrir ese cajón en mi mente cuya categorización se llamaba *Proyecto Escritura* y que poco a poco arrinconé. Descubrí algo que me satisfacía y que me acompañaría durante toda mi vida. No necesitaba doctores, dinero, medicinas, ni nada invasivo. Ni siquiera compañía: sólo mi mente y yo. Papel y lápiz, o de preferencia, una computadora: llevaba años sin hacer apuntes a la antigüita.

***

El tráfico de Gómez Morín estaba insoportable. Era evidente que hubo algún choque o que algo atrofió la movilidad de los autos. Yo estaba desesperada por llegar a Punto Central; eran diez para la siete y no quería llegar tarde a mi sesión en Fábrica Literaria.

Siete más diez; fue lo más temprano que pude llegar.

—¡Hola! Perdón, pero el tráfico está infame, yo creo que algo pasó porque no es normal —dije al cruzar la puerta de vidrio antes de sentarme en una de las sillas que conformaban la U, levantando un poco el mantel verde para no pisarlo.

—Hubo un accidente con una grúa en el edificio que están construyendo en Plaza Tanhará —dijo Enrique.

Ángeles estaba ya sentada con la portátil abierta; Felipe, que nunca llegaba tarde, así cayera un chaparrón, se encontraba ya postrado en su silla ergonómica con una pierna doblada sobre el asiento negro.

—¿Cómo estás, Helga? —me saludó, como siempre, amable. La camisa gris que eligió ese día hacía que sus ojos se vieran más grisáceos que azules.

—Bien, gracias.

—¿Traes algo para leer? —me preguntó sosteniendo una pluma roja en su mano derecha.

—Sí. Traigo el capítulo cuatro. ¿Quién más va a leer hoy? —pregunté volteando a ver al resto de mis compañeros del Taller de Proyectos Literarios.

—Yo —dijo Made, mirándome con su expresiva y oscura mirada.

—Si quieren empezamos con Made, y luego vamos contigo, Helga. ¿Les parece? A ver si en los próximos minutos alguien más desafía el tráfico y se incorpora. Por lo pronto, Made: ¿qué nos traes?

—Un cuento. Todavía no sé si lo voy a incluir en mi libro, pero se los quiero compartir.

Made leyó uno de sus mágicos cuentos con un sorpresivo final, muy de su estilo. Las metáforas, el tono poético y el romanticismo, manaban de sus textos.

—Aplausos para Made —dijo Felipe cuando mi compañera terminó su exquisita lectura. Vamos ahora con la retroalimentación y luego escuchamos lo que escribió Helga.

Mi lado de la moneda

–Odio cuanto hay en este mundo, pero más que todo las puertas giratorias, las cajas mortuorias, las peleas, las pulgas, las fundas, los abejorros, el calor, el sudor, los vampiros, las píldoras, los brotes, los trotes, las sartenes, los mitenes, los gusanos, los gérmenes, los paquidermos y los políticos.

–¿Qué dijo?

–¿No estabas escuchando?

Comencé a estirarme la cara con las manos para evitar las arrugas, a inhalar y a exhalar, a balancear con nerviosismo mi pierna izquierda cruzada sobre la derecha. La señora Paddy era la principal sospechosa de haberse robado los bonos que mi mamá nos entregó como herencia y sólo se le ocurría enumerar las cosas que odia.

–¿No podemos recurrir a alguna amenaza? –le pregunté al doctor Emmet con un matiz petulante y de exigencia.

–No acostumbro amenazar a mis pacientes – me contestó.

Fairy insistía en que se estaba quemando la tina de baño. Nadie le creímos, no se podía esperar otro tipo de comentario de los internos de un manicomio, hasta que la enfermera lo confirmó:

–Doctor, había fuego en la tina de baño de la señora Paddy. Me temo que sean los bonos, o lo que queda de ellos –dijo la señorita Willie sosteniendo un recipiente con un bonche de papeles calcinados.

–¡No! ¡No, no, no, no! –grité desesperada.

Mi hermano confirmó que esos papeles tiznados, en efecto, eran los bonos que avalaban nuestro patrimonio. La herencia, en cuestión de segundos, se convirtió en cenizas.

–¡Yo no puedo ser pobre, no sé cómo! –clamé sin perder compostura.

Nos fuimos desmoralizados y con un futuro incierto. Dejamos internada a mamá. Sólo a una loca se le ocurriría esconder los bonos dentro de un oso de peluche para, con ese dinero, establecer una fundación que ayudara a cumplir los sueños de "los tontos de buen corazón".

–¿Y quiénes son los tontos de buen corazón? –le preguntó el doctor anotando cada respuesta en su expediente.

–Los que creen en la gente e invierten en la bondad.

–Eso suena muy cuerdo.

El doctor le dijo a mi mamá que evaluaría la posibilidad de dejarla libre. Al quedarse sola, llegó la enfermera y le dio una caja. Cuando la abrió exclamó:

–¡Mis bonos!

–Están todos a excepción de la esquina de uno

que tuve que quemar con los periódicos para que sirviera de prueba convincente.

–Afuera hay una camioneta lista para llevarla a donde usted quiera –aseveró el doctor cuando regresó.

–Debo de estar loca. No me quiero ir –replicó mi mamá–. Me gustaría sentirme protegida, cerrar los ojos en la noche y saber que hay paredes que guardan mi sueño.

–Pero la paz que usted encontraría aquí es como la luna que se refleja en un lago oscuro, golpea la superficie y se desvanecerá. ¿Esa es la clase de paz que desea?

–Yo lo único que quiero es no desear nada. Cuando uno realmente no desea nada, encuentra la felicidad.

Ahí estaba la frase que más me gustaba de la obra de teatro *The Curious Savage*, de John Patrick. Desde que salí de escena me quedé viendo, detrás del telón de boca, en el área lateral del escenario, el final de la comedia.

Yo lo único que quiero es no desear nada. Cuando uno realmente no desea nada, encuentra la felicidad.

Contrario a ese aforismo, pasamos la vida deseando algo: amor, trabajo, dinero, casa, hijos, coche, etcétera. Cuando lo conseguimos, queremos más: más amor, un mejor puesto, más dinero, una casa más grande, más hijos, un coche más nuevo, más etcéteras. La salud es el único algo que deseamos sólo cuando no lo tenemos.

Y así se nos pasa la vida.

No es que esté mal ser ambicioso, soñar, tener objetivos y metas que nos ayuden a desarrollarnos, a ser mejores, lo que no está bien es dejar de vivir el presente por estar obsesionados con lo que no tenemos en el momento. Nos empeñamos en valernos de diferentes medios para conseguir lo que queremos y, si bien es cierto que hay cosas que están a nuestro alcance, hay otras que no.

Ya mucho se ha hablado y escrito que la felicidad no es el destino, sino el camino, la forma de vida o la actitud; o que cuando no podemos tener lo que queremos, debemos de empezar a querer lo que tenemos. Puede haber miles de formas poéticas y filosóficas de transmitir estos conceptos, pero, ¡ah, cómo nos cuesta trabajo aplicarlos!

La sociedad nos ha vuelto competitivos, consumistas. Vivimos en una cultura saturada de *bluff* que nos lleva a ser insaciables, a no tener llenadera. Los medios de comunicación y las redes sociales nos atiborran de necesidades creadas, de tratar de agradar a gente a la que, en su mayoría, le valemos un sorbete de limón.

Podríamos tener todo lo que anhelamos y seguir insatisfechos, sin paz, vacíos, y entonces nos inventamos alguna otra necesidad y ahí vamos tras ella, ¿pero, qué hay del instante actual? Pareciera que existe un algo, un no sé qué que lleva a nuestra mente a visualizarnos en el futuro y como por *default*, a preocuparnos.

Si de cualquier forma vamos a terminar hechos polvo o cenizas, igual que los periódicos que quemó la enfermera pretendiendo que eran los bonos de la señora Savage, ¿no sería mejor invertir nuestro tiempo, pensamientos y dinero en experiencias?

Hoy por hoy, no siento que los años de mi vida, en los que mes tras mes estaba más preocupada por ver mis calzones, que por disfrutar de lo que me rodeaba, fueron en balde. Si me acompañaste hasta este punto de mi historia, ya sabes por lo que pasé, página por página. En ese momento me sentía adentro de una caja sin oxígeno, pero ahora, que lo veo en retrospectiva, prefiero pensar que fue un preludio.

Un preludio que me ayudó a ser quien soy ahora, a valorar lo que tengo, a ver la vida desde otra perspectiva, a amar más a mi esposo, a mi familia y a mis verdaderas amistades.

Un preludio que me llevó a aceptar que aunque mis óvulos sean como una nuez vana, no quiere decir que así tenga que ser mi vida.

Un preludio que me hizo entender que tal vez no pueda dar vida a través de mi vientre, pero sí a través de mi mente, de mis acciones, de las capacidades con las que sí cuento.

Un preludio que antecede a lo que está por venir.

No sé cómo fue que este libro llegó a tus manos, si estás buscando un hijo o no, si al igual que nosotros decidiste dejar el tema por la paz o si acaso siempre supiste que tener hijos no era lo tuyo.

En caso de que seas una persona que sigue inmersa en esa búsqueda: te felicito por seguir luchando, sólo asegúrate de no traer puesto un tapaojos que te impida ver lo que hay en tu lado ciego, voltea y saborea todo lo bueno que tienes a la redonda.

A lo mejor conoces a alguien que esté pasando por algo similar o puede que sólo seas un amable lector que me acompañó a través de cada capítulo. Creo que todos nos enfrentamos con alguna situación que debemos de aceptar cuando resulta imposible cambiarla y tal vez te viste reflejado al encajar tu realidad en la mía.

Este libro es el lado de la moneda que me tocó vivir. Algunos batallamos para entender que no se puede manipular el futuro, él se las ingenia para llegar solito; la vida es así, pero, pase lo que pase, en cada una de nuestras historias, el regalo de vida lo tenemos nosotros.

El regalo de la vida ya lo tienes tú.

***

Yo, ahora, estoy sentada en una ergonómica silla negra, en el improvisado estudio de mi casa, que se suponía que sería el cuarto de un bebé, manipulando el teclado de mi Mac, después de siete años de luchar por crear una vida.

Siete años de interrogantes, de sube y bajas, de literalmente ponerme de cabeza, de intentar con remedios impensados y de procedimientos caros y vanos. Después de siete años y, de sentarme de cara al viento para reflexionar, aprendí un montón cosas: hoy me doy cuenta de que sin haber estudiado medicina, soy experta en temas de infertilidad. Entiendo que a punta de trancazos que da la vida, aprendes que por ahí no es. Sé que se puede cambiar de manera de pensar, aunque pienses que la idea la tienes incrustada en la médula. Aprendí que el destino no se puede crear; se pueden crear y manipular las oportunidades, pero el destino es y punto. Ahora soy consciente de los tediosos paradigmas que nos implanta la sociedad y ciegan nuestra visión, orillándonos a cumplirlos sin tregua, inmersos en ella.

La sociedad, la iglesia y nosotros mismos nos colocamos una de esas anteojeras que les ponen a los caballos para que sólo miren al frente y no se distraigan con lo que hay a los lados.

Así iba por la vida. Caminaba con esos tapaojos que no me permitían ver lo que había en mi lado ciego y con un jinete, que cuando trataba de voltear el cuello, me jalaba las riendas para que siguiera por el camino preestablecido.

¿Quién era ese jinete? ¿En qué momento se montó en mí? ¿Por qué guiaba mi camino sin preguntarme a dónde quería yo ir? Eran mis patas, con mis gruesas pesuñas, con mi fuerza, pero alguien me colocó una montura, unas espuelas y herró mi nalga con un fierro caliente, adueñándose de mí. ¿Por qué? ¿Por qué no podía ser libre? ¿Por qué no podía correr por los pastizales y revolcarme sobre ellos, si quería? ¿Por qué me daban de la pastura que el hijo del caporal del rancho situaba en el comedero, si yo sola podía salir a pastar? Bastaba con que me abrieran la puerta del corral, sin montura, sin espuelas, sin tapaojos. ¿A quién le importaba si era una yegua pura sangre o una mestiza? Yo sólo quería recorrer el campo; fresca, auténtica.

Después de siete, o más años, entendí que la libertad me la doy yo misma, con o sin hijos. Benditos los que los tienen, benditos también los que no. ¿Quién otorga las bendiciones? ¿Son benditos los que bendicen? No necesito un nombramiento especial para sentirme especial.

La vida no tiene la obligación de darnos lo que queremos. A cada uno le toca lo que le toca, y a mí me tocó no tener hijos. La dicha viene en diferentes presentaciones, con empaques de diferentes tamaños y regalos sorpresa insospechados.

Plasmar mi historia fue, de alguna manera, como el último paso del proceso de duelo en el que me vi envuelta ante la imposibilidad de procrear. Tuve mi fase de *shock*, mi etapa de agresividad, caí un sinfín de veces en la desesperanza, y poco a poco, fui reorganizando mi propia existencia. Me adapté y recoloqué mis emociones.

–¿A poco no te pondrías feliz si en este momento te dicen que milagrosamente uno de tus óvulos prosperó y estás embarazada? –me preguntó con sus centellantes ojos verdes Sofía, hace un par de semanas.

–Mmm, pues… tendría que cambiarme de nuevo el *chip* –titubeé.

Y esa pregunta me dejó pensativa. Es cierto que ocurren sucesos inexplicables cuando menos lo esperamos y no lo podría descartar. ¿Un hijo? ¿Después de todo el *coco wash* que me hice?

¿Después de sentirme liberada del tema que causó un tornado en mi interior? ¿Ahora que estoy disfrutando tanto esta etapa y que por fin tengo otros planes y proyectos? Claro, sería bienvenido. La vida siempre es bienvenida, aunque en los momentos de desazón no lo sintamos así. Entendería menos los procesos del Ser Supremo, pero ya no los cuestionaría; nunca daría con la respuesta, ahora confío en lo que la vida me quiera enviar. Por fortuna, los seres humanos tenemos esa capacidad de adaptación que nos permite seguir adelante y encontrarle el lado gracioso a nuestra situación, sólo es cuestión de querer.

Se dice que un proceso de duelo termina cuando somos capaces de mirar hacia el pasado y recordar sin dolor la pérdida. Hoy volteo hacia atrás y caigo en cuenta de que después de siete o más años de saltar la cuerda, postrando los pies en el mismo lugar, descubres algo que te mueve, algo imprevisto que te cambia la perspectiva de la vida, algo en tu mente se activa. Ese salto rítmico permite que después de tantos años de brincar viendo el suelo, para asegurar no pisar la cuerda, ahora brinques sin voltear al piso y, cuando dejas de preocuparte, porque estás segura de tus movimientos y volteas hacia el frente, el viento te regala un soplido que hace que las hojas de los árboles se muevan y que alcances a ver que, a veinte metros, hay un brincolín. Dejas la cuerda, te subes al brincolín y comienzas a saltar alcanzando mayor altura, logrando ver el horizonte a través de la barda que rodea tu jardín. Y son brincos sin ataduras, impulsos de gozo, rebotes de carcajadas, propulsiones que te permiten dar piruetas y saber que, si te caes, no hay bronca: te levantas y no necesitas ver hacia abajo para volver a agarrar vuelo.

–¿Y si a los setenta años me entra la depresión porque no tengo hijos? –no pude evitar sacar esa duda, temerosa, desde mi diván.

–No pasa nada. Ya sabes que se puede volver a salir.

Entendí que todo es temporal o nada es permanente; ni el gozo ni la tristeza.

Nada se arraiga para siempre. La felicidad puede durar el mismo tiempo que tardamos en sorber un raspado de chamoy; no estaría mal saborearlo antes de llegar a la última cucharada.

–¿Y de qué se trata la vida?

–De que cuando nos demos contra la pared, nos levantemos.

Después de siete, o más años, gesté un nuevo Proyecto que me permitió levar anclas para zarpar en mi buque y ser yo quien dirija el timón sorteando las olas: lo tienes en tus manos.